Klaus Horn · Christel Beier · Doris Kraft-Krumm
Gesundheitsverhalten und Krankheitsgewinn

W0201086

Klaus Horn
Christel Beier
Doris Kraft-Krumm

Gesundheitsverhalten und Krankheitsgewinn

Zur Logik von Widerständen gegen gesundheitliche Aufklärung

Westdeutscher Verlag

CIP-Kurztitelaufnahme der Deutschen Bibliothek

Horn, Klaus:
Gesundheitsverhalten und Krankheitsgewinn:
zur Logik von Widerständen gegen gesundheitl.
Aufklärung / Klaus Horn; Christel Beier;
Doris Kraft-Krumm. – Opladen: Westdeutscher
Verlag, 1984.
ISBN 3-531-11655-X

NE: Beier, Christel; Kraft-Krumm, Doris

Die Studie wurde gefördert von der Bundeszentrale für gesundheitliche Aufklärung im Auftrag des Bundesministers für Jugend, Familie und Gesundheit.

© 1984 Westdeutscher Verlag GmbH, Opladen
Umschlaggestaltung: Horst Dieter Bürkle, Darmstadt
Satz: Satzstudio Rolf-Erich Schulz, Dreieich
Druck und buchbinderische Verarbeitung: Lengericher Handelsdruckerei, Lengerich
Alle Rechte vorbehalten. Auch die fotomechanische Vervielfältigung des Werkes (Fotokopie, Mikrokopie) oder von Teilen daraus bedarf der vorherigen Zustimmung des Verlages.
Printed in Germany

ISBN 3-531-11655-X

Inhalt

Vorwort

II. Theoretische Vorannahmen: Gesundheitsverhalten als Konfliktlösungsverhalten

III. Zum methodischen Ansatz

Vorwort

1. *Wir bedanken uns*

Dies ist der Bericht über eine Untersuchung für eine Bundesbehörde. Die Kooperation zwischen Verwaltung und Wissenschaft war ungewöhnlich. Deshalb haben wir diesem Aspekt einen besonderen, den nächsten Abschnitt des Vorwortes gewidmet. Dessen dritter Abschnitt stellt diese Untersuchung in einen allgemeineren gesundheitspolitischen Rahmen. Zunächst gilt es, denjenigen Dank zu sagen, die zum Gelingen dieser Untersuchung beigetragen haben, die Klaus Horn geleitet hat.

Verpflichtet fühlen wir uns den Mitarbeitern der Bundeszentrale für gesundheitliche Aufklärung, die sich die Mühe gemacht haben, sich mit unserer Studie auseinanderzusetzen, weil sie sie für ihre eigene Arbeit als sinnvoll erkannten. Besonders verbunden sind wir Jürgen Töppich, der gerade deshalb, weil er Berufskollege, Soziologe, ist, das Interesse der BZgA uns gegenüber besonders gut, d.h. so eindringlich wie sachlich kompetent, vertreten konnte.

Der Leitung und der Verwaltung des Sigmund-Freud-Instituts, denen wir mit einer ganzen Reihe von Wünschen, die einem besseren Projektfortgang diente, auf die Nerven gegangen sind, wünschen wir auch weiterhin diese Geduld, Toleranz und Phantasie, die sie beim Regeln unserer Angelegenheit an den Tag legten. Unseren psychoanalytischen Kollegen Klaus Kennel und Rolf Klüwer gebührt besonderer Dank für ihre Bereitschaft, unsere Interviews nach ihren professionellen Maßstäben zu kontrollieren. Wir erinnern auch gerne die anfängliche Mitarbeit von Michael Wolf, der uns aus einem vorangegangenen Projekt verbunden war, dann aber wegen anderer Verpflichtungen nicht mehr mittun konnte. Die zum Teil besonders mühseligen Schreibarbeiten haben Helga Lux und Hermine Stoiber mit großem Einfühlungsvermögen gemacht. Wir danken für ihre Mühe.

2. *Eine sozialwissenschaftliche Untersuchung für eine Bundesbehörde. Erfahrungen*

Die Bundeszentrale für gesundheitliche Aufklärung bekam den Zwischenbericht eines Projektes zu Gesicht, in dem Krankheitsverhalten sozial Unterprivilegierter untersucht worden war. Ein neues interpretatives Forschungsinterview war dafür entwickelt worden, das sich ans psychoanalytische Erstinterview anlehnte und doch von psychoanalytischen Laien gemacht werden konnte. Mit dessen Hilfe war es möglich, sehr detailliert zu erfahren, wie sozial Unterprivilegierte sich unter den Bedingungen des vorherrschenden medizinischen Versorgungsangebots jeweils mit

Krankheit arrangierten, vor allem: inwieweit es ihnen möglich ist, das Entstehen von Krankheit auch im Zusammenhang mit persönlichen und sozialen Konflikten zu sehen oder Krankheit in allererster Linie bzw. ausschließlich als körperliche Dysfunktion im Sinne der naturwissenschaftlichen Medizin verstanden wird, nämlich als Einwirkung dritter Kräfte, also z.B. von Erregern.

Diese Untersuchung fand Interesse bei der BZgA, deren Arbeit sich aufgrund von Erfahrungen mit der begrenzten Verhaltenswirksamkeit von massenmedialen Aufklärungsstrategien in einem Prozeß der inhaltlichen Umstrukturierung befand: Neben einer Aufklärung über die gesundheitlichen Folgeprobleme von Risikoverhalten (z.B. Rauchen, Alkoholkonsum, Ernährungsverhalten usw.) und des Angebotes von Hilfen für die Veränderung bereits ausgeprägter Risiken (Sekundärprävention) galt es, einen neuen Schwerpunkt zu etablieren, dessen Ziel es ist, an den Entstehungsbedingungen von gesundheitsriskantem Verhalten anzusetzen (Primärprävention). Aus dieser neuen Aufgabenstellung resultierte ein Bedarf an Kenntnissen über die Ursachen/Bedingungen der Entstehung und Aufrechterhaltung gesundheitlichen Risikoverhaltens und über die Grenzen und Möglichkeiten von gesundheitlicher Aufklärung im Prozeß einer vorbeugenden Intervention.

Das in jener Untersuchung angelegte Forschungsverfahren sollte nun für die Untersuchung dieser Fragestellung angewendet werden.

Die Fragestellung der BZgA und die Intentionen der Forscher – so stellte sich im Prozeß der Untersuchung heraus – wurden von den Beteiligten je unterschiedlich bewertet. Diese Tatsache allein wäre nicht erwähnenswert; sie scheint konstitutiver Bestandteil anwendungsbezogener Auftragsforschung zu sein. Wichtig ist aber der Prozeß der Bearbeitung der im Verlauf der Projektarbeit sichtbar gewordenen Interessenunterschiede und der daraus entstandenen Spannungen, also das Entwickeln von Lösungen für die Probleme. Diese Bearbeitung erfolgte sozusagen in Übereinstimmung mit den Postulaten der in Frage stehenden Studie, die Verständigung und Selbstverständigung über bewußtlose Formen sozialen Handelns in den Forschungsprozeß so weit wie möglich integriert. Vielleicht kann eine kurze Skizze dieses Prozesses für künftige Projekte, die im Spannungsverhältnis von auftragsvergebenden Institutionen und Wissenschaftlern stehen, Hinweise zu einer produktiven Auseinandersetzung mit den – sozusagen strukturell angelegten – Konflikten geben.

Wie bereits erwähnt, entstand das Interesse der BZgA an dem Forschungsprojekt „Gesundheitsverhalten und Krankheitsgewinn bei sozial Unterprivilegierten" aus der begrenzten Reichweite traditioneller Aufklärungsansätze. Die Erfahrung, daß insbesondere Personen am unteren Ende der sozialen Hierarchie trotz des Wissens um die Folgen gesundheitsriskanten Verhaltens an diesem festhalten, führte zu der Auffassung, daß es spezifische, in der Lebenssituation und Biographie verankerte Wahrnehmungs- und Akzeptanzbarrieren geben muß. Neben der Klärung der Frage, *warum* herkömmliche Formen der Aufklärung nur begrenzt wirksam werden können, konzentrierte sich das Forschungsinteresse der BZgA auf die Untersuchung der Gründe und Motive, die Personen zum Festhalten an gesundheitsriskanten Handlungen bewegen und die Bedeutung, die dieses „Handeln wider besseren Wissens" für die Bewältigung von Alltagsproblemen besitzt. Über die Rekonstruktion der eigenen Logik des Gesundheits-/Risikoverhaltens von Personen in vergleichbaren sozialen Lagen wurde die Identifikation von strategischen Angelpunkten (Veränderungsmöglichkeiten der subjektiven und objektiven Bedingungen, die dieses Verhalten hervorbringen) erhofft, an denen gesundheitliche Aufklärung dann anzusetzen hätte. Darüber hinaus wurden Hinweise für die Umsetzung einer veränderten Aufklärung erwartet.

In dieser auf die Effektivierung von Aufklärung einzelner abzielenden Forschungsperspektive lagen — aus der Sicht der Forscher — einige Gefahren, insbesondere dann, wenn aus dem mittels der Forschung sich ergebenden intimen Blick auf das Gesundheits- und Krankheitsverhalten lediglich Strategien im Sinne einer verbesserten Sozial- und Psychotechnik entwickelt werden, demgegenüber aber die objektiven Bedingungen, die riskantes Verhalten mit provozieren, nicht Gegenstand politischer Aktivität werden.

Hatten die Vertreterinnen und Vertreter der BZgA von ihrem Auftrag, eine Erhöhung der Wirksamkeit gesundheitlicher Aufklärung zu erreichen, auszugehen, so lag seitens der Forscher der Anspruch vor, mit dieser ganz spezifischen Forschungskonzeption und dem daraus resultierenden besonderen wissenschaftlichen Vorgehen die Grenzen des Prozesses der Vergesellschaftung (von Gesundheit) und damit auch der Veränderung von (Gesundheits-)Verhalten im Sinne der Anpassung von Individuen an eine ihnen nicht einsehbare Rationalität sichtbar zu machen.

Diese — zunächst eher latente — Kontroverse prägte den Interaktionsprozeß zwischen Forschern und der auftraggebenden Institution von Beginn an und war häufig Auslöser von Diskussionen.

Glücklicherweise schlug sich diese Spannung in einer ständigen Diskussion miteinander und nicht etwa in einem ängstlichen Ausweichen voreinander nieder. In diesen Gesprächen haben wir einander nichts geschenkt — sachlich gesehen. Das war zwar nicht von Anfang an ausdrücklich vereinbart, erwies sich aber mit der Zeit als praktisch, ja unumgänglich. Zum einen waren alle Beteiligten der Ansicht, daß eine ganz offen geführte Diskussion am besten zur Lösung der anstehenden Probleme beitragen kann. Zum anderen ging es darum, bei niemandem den Eindruck aufkommen zu lassen, er habe inhaltlich begründete Positionen einfach preisgegeben.

Die vorbehaltlose Offenlegung der Interessenstandpunkte und der daraus hervorgehenden Perspektiven auf das Problem bildete die Voraussetzung der produktiven Bearbeitung der Kontroverse. Die permanenten Diskussionen hatten deshalb auch keine negativen Auswirkungen auf das Projekt, denn sie wurden zum Medium des gegenseitigen Lernens, sowohl was die Feinanpassung des Forschungsprozesses an die spezifischen Problemstellungen der BZgA anbelangte, als auch in bezug auf die Wahrnehmung der Grenzen einer Aufklärung, die das (Gesundheits)-Verhalten von Individuen in Richtung eines vom medizinischen Standpunkt aus als rational postulierten Verhaltens verändern will. Nicht zuletzt diese Bemühungen sind es gewesen, die mit dazu geführt haben, daß dieser Abschlußbericht nicht nur in einem Regal des Auftraggebers Platz wegnimmt, sondern eine gewisse Relevanz in der Diskussion innerhalb der BZgA und für weiterreichende Debatten erhielt.

Als schließlich der Abschlußbericht in der BZgA zu diskutieren war, der für den Druck um dieses Vorwort, einen Fall und eine Schlußpassage erweitert wurde, vertraten alle Projektbeteiligten das zentrale Ergebnis der Studie konsensuell: Dieser Forschungsansatz und seine Realisierung macht den Widerstand sichtbar, welcher unter den gegebenen gesellschaftlichen und persönlichen Bedingungen von den einzelnen gegen eine Gesundheitserziehung hervorgebracht wird, die sich lediglich an die einzelnen wendet, nicht aber zugleich die Lebens- und Arbeitsbedingungen, in denen der einzelne handelt, mitdenkt. Auch wurde aus den Ergebnissen dieser Studie deutlich, daß eine unmittelbar sozialtechnisch und psychotechnische Wendung der Forschungsergebnisse nicht nur nicht möglich ist, sondern mit negativen gesundheitlichen Konsequenzen verbunden sein könnte. Hatte diese Arbeit doch etwas sehr wichtiges sichtbar machen können: die Grenzen von Anpassungsprozessen von Menschen an eine ihnen nicht einsehbare Verhaltensrationalität. Eine gesundheitliche Aufklärung die – implizit oder explizit – dieses Ziel verfolgt, muß sich bewußt machen, daß ihre Strategien in eben jene Mechanismen umschlagen können, die einzudämmen sie gehalten ist: in individuelles Ausweichhandeln, ein „Coping" das als gesundheitliches Risikoverhalten oder als Krankwerden sich manifestiert.

Von der Frage, wie man die Effektivität der Gesundheitserziehung verbessern kann, wird zur Zeit nicht allein das Versorgungssystem der Bundesrepublik geplagt. Die Ressource Gesundheit ist bereits zu einem weltweiten Problem geworden. Der Versuch einer Umorientierung der Gesundheitserziehungsstrategie in der BZgA ist deshalb nicht der einzige Versuch, neue Wege zu beschreiten. Der Europäische Zweig der Weltgesundheitsorganisation veranstaltete im Herbst 1982 eine Tagung in Höhr-Grenzhausen, wo Empfehlungen verabschiedet wurden, Gesundheitserziehung nicht mehr nur in der alten individualistischen Weise zu verstehen, sondern als ein Moment einer umfassenden Gesundheitspolitik. Diese Studie steht im Kontext und Dienst dieser Politik.

3. *Zur gesellschaftlichen Situation von Gesundheit*

Gesundheit, so könnte man in ökonomistischer Weise formulieren, wird ein immer knapperes Gut. Die Kosten ihrer Herstellung, wenn man einmal nur das Medizinsystem (und nicht die gesamte gesellschaftliche Situation, insbesondere die Organisation der Arbeit) ins Auge faßt, steigen ständig. Zugleich aber, und das ist wohl noch schlimmer, nimmt die Produktivität der eingesetzten Mittel offenbar zunehmend ab. Wir können die gesamtgesellschaftliche Bedeutung dieser Entwicklung hier natürlich nicht umfangreich diskutieren. Nur einige Hinweise sollen aufgeführt und Argumente für deren Stichhaltigkeit können gegeben werden, weshalb „Krankheit" – was immer das heißen mag im Einzelfall – so zugenommen hat. Eine kurze Skizze dieses Kontextes wird in entscheidender Weise verdeutlichen, welchen Stellenwert Gesundheitserziehung im Rahmen von Gesundheitspolitik haben kann.

Zunächst einige wenige Zahlen zur Illustration der Behauptungen über die steigenden Krankheitskosten und die fallende Produktivität des medizinischen Systems. Dabei müssen wir uns im klaren sein, daß solche Zahlen der Logik des herrschenden medizinischen Blicks auf Krankheit entsprechen, und das ist ein höchst spezifischer. Maßgebend für diesen Blick ist die Vorstellung von einer pathologischen Körperlichkeit. Diese statistischen Größen werden also nicht gebildet auf der Basis sozialwissenschaftlicher Problemsichten von Erkranken und Gesunden, wie sie – in unterschiedlicher Weise – von der Sozial- und Arbeits- sowie von der psychosomatischen Medizin vertreten werden. Doch sagen auch die auf medizinischer Basis im engeren Sinn erhobenen Zahlen einiges über die Knappheit des Gutes Gesundheit aus.

Von 1960 bis zum Jahr 1982 stieg die Sozialleistungsquote des Bruttosozialproduktes von ungefähr einem Fünftel auf knapp ein Drittel. Noch drastischer jedoch stieg der Anteil der gesundheitsbezogenen Ausgaben eben dieser Sozialleistungsquote des Bruttosozialprodukts. Nach Deppe und Priester (1980, S. 78) stiegen die Aufwendungen für diese Leistungen zwischen 1960 und 1977 um mehr als das Sechsfache. Fox (1977, S. 470) teilt für die USA ähnliche Kostensteigerungen mit. Zu diesen offiziellen Kosten müssen die der Selbstmedikation hinzugerechnet werden, die Rosenbrock (1980, S. 227) auf 20–30 % des jeweiligen Arzneimittelverbrauchs der Bundesrepublik einschätzt. Selbst wenn wir davon absehen, daß bei einer so umfangreich sozialpolitisch abgesicherten Krankenversorgung wie der der Bundesrepublik soviele zusätzliche Privatleistungen allein schon in Form von Medikamenten als notwendig erachtet werden, also bereits auf der Ebene dieser groben Zahlen deutliche Diskrepanzen zwischen medizinischem Angebot und gesundheitlicher Nachfrage sichtbar werden, sind die hohen Steigerungsraten doch kaum verständlich, wenn wir das Problem isoliert als eine Frage der persönlichen Einstellungen und deren Veränderung interpretieren. Die Frage drängt weiter: Gibt es gesellschaftliche Gründe, die in Richtung auf eine solche Haltungsveränderung wirken? Bislang vorliegende Untersuchungen über Gründe für diese auffällige Kostenzunahme (vgl. z.B. Schicke, 1981) geben sozialwissenschaftlich wenig her. Zwar werden Erweiterungen des Leistungskatalogs im einzelnen als Teuerungsfaktoren verdeutlicht und dergleichen wichtige Details mehr. Aber die Frage nach der Relevanz langfristiger gesellschaftlicher Entwicklungen im Sinne des von Weber so genannten „Prozesses der Rationalisierung" taucht auf der Ebene solcher Fakten und Problemoperationalisierungen nicht auf. So verstehen wir das Zunehmen von Krankheit im Sinne vorübergehender oder chronifizierter Leistungsunfähigkeit sicher nicht zureichend, wenn man, wie der bereits erwähnte Schicke (1981, S. 16), einfach von der Zunahme der „Rentenneurotiker" und „Hypochonder" ausgeht. Zwar wird niemand leugnen wollen, daß es Simulanten gibt, die das Netz der sozialen Sicherung bewußt zu ihrem persönlichen Vorteil nutzen. Aber ist die Zahl dieser Menschen so groß, daß wir damit die gesellschaftlichen Probleme mit der Gesundheit bzw. Leistungsfähigkeit erklären können? Wäre nicht vielmehr zu fragen, ob es nicht vielleicht gesellschaftliche Gründe gibt, die mehr Menschen bewegen, „Krankheit" als vorübergehend erlaubten Entlastungsmechanismus in Anspruch zu nehmen? Eine Untersuchung des Hessischen Landesverbandes der Betriebskrankenkasse vom Ende der 70er Jahre (vgl. Funke u.a. 1983) zeigt, daß die These von der bewußten Ausnutzung der Leistungen des Sozialsystems nicht ohne weiteres haltbar ist. Von als gesund geltenden, d.h. im Arbeitsprozeß stehenden 3.500 Mitarbeitern zwischen 40 und 65 Jahren aus 10 Metall- und Chemiebetrieben, wiesen rund 80 % behandlungsbedürftige Gesundheitsstörungen auf, 21 % der Untersuchten wurden per Dringlichkeitsverfahren zu Rehabilitationsmaßnahmen eingewiesen und 3 % bedurften sofort stationärer Behandlung. Nimmt man diese Zahlen ernst – und das muß man wohl – wird deutlich, daß restriktive Veränderungen der sozialen Sicherung nicht so sehr viel Kosten einsparen dürften. Krankenkassen, die sich mit der langfristigen Entwicklung von Gesundheit und Krankheit beim einzelnen befassen müssen, sind ja eher beunruhigt, wenn in Zeiten ökonomischer Krisen einsbesondere der Krankenstand deutlich unter jene normalen 10 % sinkt und davon ausgegangen werden muß, daß sich Menschen aus Angst vor Arbeitsplatzverlust so überfordern, daß sie von ihrer gesundheitlichen Substanz zehren und ihr Leistungsvermögen, aber auch ihre Lebensfreude langfristig eingeschränkt wird.

Politisch wären jedoch nicht nur jene enormen Kostensteigerungen des Gesundheitssystems zu bewältigen, sondern auch der ganz deutliche Rückgang seiner Produktivität. Die Medizin sieht sich neuen Volkskrankheiten gegenüber (den Herz- und Kreislauferkrankungen, dem Krebs und Rheuma), die offenbar nicht mehr im Stil des Entdeckens und Bekämpfens von Erregern bewältigt werden können. Folgt man nämlich den Untersuchungen des Instituts für Arbeitsmarkt- und Berufsforschung (vgl. Funcke u.a. 1983), werden bis zum Jahre 1985 nur noch ein reichliches Viertel der männlichen Arbeitnehmer zum 65. Lebensjahr in den Ruhestand gehen. 35,3 % scheiden bereits vorher aus dem Arbeitsleben aus, weil sie sterben, und 37,4 % werden Frühinvaliden sein. Bei den Arbeiterinnen und Arbeitern sind diese Zahlen noch drastischer.

Als häufigste Ursache für Frühberentung werden fast durchgängig bei allen Gruppen mit großem Abstand Herz- und Gefäßerkrankungen genannt, an zweiter Stelle folgen Osteomyelitis und andere Knochen- und Gelenkerkrankungen (vgl. Daten . . . 1980, S. 110–122). Auch bei den Todesursachen standen 1972 Herz-, Gefäß- und Kreislauferkrankungen mit 45 % der Gesamtsterblichkeit an erster Stelle, an zweiter Stelle mit 19 % Krebs. An Infektionskrankheiten starben 1972 nur noch 3 % (Helberger 1978, S. 687).

Eine Form des Versuchs, die Kontrolle über diese insgesamt höchst prekäre Entwicklung zu gewinnen, ist, die Menschen zu Formen sozialen Handelns zu bewegen, die Gesundheit als generalisierbare Leistungsfähigkeit[1], als ökonomisch relevante Potenz des einzelnen möglichst lange zu erhalten helfen. Das ist, sozialwissenschaftlich gesehen, heute eine der wichtigsten prophylaktischen Funktionen von Gesundheitserziehung. Die hier dargestellte Untersuchung zeigt allerdings, daß dem

1 Sozialwissenschaftlich gesehen ist Gesundheit die Fähigkeit in gesellschaftlich organisierten Rollenanforderungen generalisierbares Leistungsvermögen zur Verfügung zu stellen. Krankheit ist in diesem (vor allem im von Talcott Parsons, vgl. z.B. 1964) entworfenen funktionalistischen Bezugsrahmen eine unter Bedingungen eingeräumte Möglichkeit, von der Leistungspflicht in bestimmten Rollen oder überhaupt von der Rollenübernahme vorübergehend entlastet zu werden. Darauf wird noch eingegangen.

Versuch, eine Kosten- und Produktivitätskorrektur des Gesundheitssystems allein oder vorwiegend auf der Basis von Verhaltenskorrekturen der Verbraucher zu erreichen, enge Grenzen gesetzt sind.

Weshalb sind einer solchen Politik, die als Teil von Gesundheitspolitik gleichwohl unerläßlich bleibt, so enge Grenzen gesetzt? Verhalten selber oder besser noch: soziales Handeln[2] muß als eine Antwort, als eine Verarbeitung einer ganzen Reihe von sozialisatorisch wirksamen Einflüssen auf die einzelnen Menschen verstanden werden. So gesehen wird deutlich, daß man von der Verarbeitungskapazität der einzelnen her, die persönliche Wünsche und soziale Verpflichtungen miteinander zu vereinbaren haben, nicht erwarten kann, daß jemand es sich zur Maxime machen wird, lediglich nach einer einzigen Gruppe solcher Ansprüche sich zu richten, eben der, die auf eine lang währende Gesundheit, sprich Leistungsfähigkeit hinwirken sollen. Wir wollen deshalb in diesem allgemeinen Teil des Vorworts auf andere sozialisatorisch wirkende Faktoren hinweisen, die unseres Erachtens die Gesundheitssituation zumindest mit zu einem so prekären Problem machen.

In unserer Untersuchung wird ja lediglich eine ganz spezifische Dimension, nämlich die der lebensgeschichtlich entstandenen und weitgehend unbewußten Sinnstrukturen erforscht, die ihre eigene Handlungsrelevanz haben und somit anderen Imperativen, also auch denen von Gesundheitserziehung, unter Umständen entgegenstehen. Sie schleichen sich, wie wir anhand von Fällen zeigen werden, in sozial akzeptierte Handlungsformen sabotierend ein. Aber es gibt natürlich nicht nur solche im psychoanalytischen Sinn unbewußt gewordene Motivationen, die sich – wie immer „gesund" definiert wird – einem gesundheitszuträglichen Lebensstil widersetzen. In dieser Weise wirken vielmehr eine ganze Reihe handlungsrelevanter Probleme allgemeiner Art. Im Ensemble dieser Probleme spielt die unbewußt gewordene Motivation, die wir gleichsam als den persönlichsten, intimsten Aspekt der Widerstandsfront gegen ein unter spezifischen Gesichtspunkten optimales Gesundheitsverhalten zeigen, eine relative Rolle, die sich in allen Konstellationen anteilmäßig bemerkbar macht. Auf einige solcher allgemein wirksamen Faktoren und Probleme soll hier vor der Darstellung unserer empirischen Arbeit noch eingegangen werden, vor allem auf die Bedeutung der gesellschaftlichen Organisation der Arbeit für die Gesundheit. Es ist nämlich, wie wir noch sehen werden, durchaus plausibel, daß jene unbewußt gewordenen persönlichen Motivationen, die jemanden bewegen, gegen gesundheitspolitisch wichtige Maximen zu handeln, analog strukturiert sind und Analoges bewirken wie auch bewußte persönliche Motivationen, die sich in einem Gegensatz wissen zu gesellschaftlichen Anforderungen. Es geht gleichsam um einen Streit, wofür menschliche Gesundheit eingesetzt werden soll. Für vorgeschriebene

2 In vielen Kontexten ist der Begriff Verhalten üblich geworden, z. B. sagt man Gesundheitsverhalten. Diesen Normalitäten kann man sich nicht einfach entziehen. Trotzdem möchten wir erinnern, daß Verhalten nur die Aktivität oder Reaktion eines Organismus meint, daß V. seiner Herkunft nach ein behavioristischer Begriff ist, wenngleich V. häufig auch als ganz allgemeiner Begriff gebraucht wird. Wir ziehen jedenfalls den Begriff Handeln vor, insofern er das Spezifikum menschlicher Aktivität hervorruft, daß nämlich absichtsvoll und sinnhaft gehandelt wird. Insofern solches Handeln sozial organisiert ist, sprechen wir von sozialem Handeln.

Rollenaufgaben in erster Linie und zu welchem Maß auch für solche Zwecke, die wir gemeinhin als privat bezeichnen?

Zunächst ist hervorzuheben, daß in letzter Zeit angezweifelt wurde, ob jene mit den neuen Volkskrankheiten (insbesondere des Kreislaufsystems) hoch korrelierenden Faktoren wie Übergewicht, Hochdruck, Bewegungsarmut usf., die auf eine spezifische medizinische Weise definiert wurden, überhaupt die eigentlichen Ausgangsgrößen sind. Göckenjan (1980, S. 159 f.) hat beispielsweise im Anschluß an Raucheruntersuchungen hervorgehoben, daß die bekannten Risikofaktoren, an welchen ein gesundes Leben sich bislang orientieren sollte, ebenso gut Begleiterscheinungen einer primären Krankheitsursache sein können, welche gar nicht mehr in den Blick tritt, weil sich jene Risikofaktoren zwischen sie und den Betrachter geschoben haben.

Eine kausale Prophylaxe, die wir heute allgemein fordern müssen, sollte hier also gründlicher vorgehen. So wird u.a. in dieser Untersuchung gezeigt, daß das aus medizinischer Sicht risikohafte Leben verschiedene Formen des Versuchs darstellt, mit subjektiv stark belastenden Situationen und Erfahrungen kompensierend umzugehen. Das kann an dieser Stelle freilich nur ein Hinweis bleiben, allerdings ein für die weitere empirische Forschung sehr ernst zu nehmender (vgl. Horn/Beier/Wolf 1984). Denn dabei geht es nicht nur um die Frage tatsächlicher Kausal- und nicht nur korrelativer Zusammenhänge, sondern wieder um das Problem, ob und in welchem Ausmaß man allein auf der Ebene sozialen Handelns überhaupt Einfluß in Richtung auf ein gesundheitlich risikofreieres Leben nehmen kann. Unsere Untersuchung, die in diesem Kontext steht, zeigt ja sehr deutlich, daß gerade jene ein gesundheitsförderliches Leben behindernden lebensgeschichtlichen Motivationen, wie wir heute gerne sagen, eine Strategie des „Coping" sind – selbstdestruktiver Art.

Wir kommen auf die Bedeutung solcher Normbezüge in der Gesundheitspolitik, welche sich für die einzelnen aufwirft, wiederholt zurück. Jetzt sind noch einige Hinweise zu geben auf die gesellschaftliche und persönliche Bedeutung des Arbeitslebens als einer gesellschaftlichen Wirklichkeit und seine Beziehung zur Gesundheit. Einerseits bildet die Gesundheit die Voraussetzung für Leistungsfähigkeit. Gleichzeitig wird aber Gesundheit, je nach Ausprägung der konkreten Arbeitsbedingungen, unterschiedlich stark verbraucht.

Die Konzeption, Ausprägung und Entwicklung von Maschine-Mensch-Systemen im Produktions-, aber auch im Verwaltungsbereich gibt uns eine Vorstellung davon, wie der Einsatz der menschlichen Leistungsfähigkeit und die daraus resultierenden Gesundheitsprobleme sich darstellen und entwickeln werden. Das Einführen von Daten-, Modell- und Methodenbanken, Prozeßsteuerungssystemen von Maschinen in der Produktion und die Verwaltungsautomation hat seit Jahren zur Folge, daß die menschliche Tätigkeit mit Hilfe wissenschaftlicher Mittel zunehmend auf die Erfordernisse eines optimalen, rationalen Arbeitsablaufs eingestellt wird. Insbesondere im Rahmen der Arbeitswissenschaft und der Psychologie wird menschliche Arbeit analytisch in ihre Elemente zerlegt und unter funktionalen Gesichtspunkten wieder zusammengesetzt (vgl. z.B. Holzkamp 1972). Ein bedeutender Anteil des wissenschaftlichen Bemühens dient heute diesem Gesichtspunkt der Steuerung menschlichen Verhaltens in Arbeitssystemen. Die Zerlegung von Personen in eine Vielzahl von Daten und die Sammlung und Verfügbarmachung dieser Daten in den seit geraumer Zeit sich durchsetzenden Personalinformationssystemen dient der Steuerung menschlichen Verhaltens zum Zwecke der Realisierung von Optima der Mensch-Maschine-Systeme. Dies hat zur Folge, daß ein Arbeitnehmer unter diesen Bedingungen mit dem Arbeitsvertrag gleichzeitig den wissenschaftlichen Zugriff auf sein Leistungsvermögen vereinbart.

An einem Detail aus der wissenschaftlichen Arbeitsplanung wird beispielhaft sichtbar, was diese Entwicklung für den hier relevanten Bereich der Gesundheit bedeutet. Friedrich (1982, S. 75 f.) berichtet von der Verwendung eines Persönlichkeitstests im Bereich der industriellen Leistungsdiagnostik. Es handelt sich um den Test „Freiburger Persönlichkeitsinventar". An der Art der ergonomie-zentrierten Umdeutung von Persönlichkeitskomponenten wird etwas deutlich, was man früher einmal „Umwertung aller Werte" genannt hat: Die Zentrierung der einzelnen Dimensionen des Persönlichkeitstests auf den Menschen (bzw. ein jener Testpsychologie immanentes bürgerliches Menschenbild) weicht einer anderen Zentrierung, nämlich der auf den ökonomischen Sinn der Mensch-Maschine-Systeme. So wird im Hinblick auf jene alte Persönlichkeitsdimension „Introvertiertheit" heute von „Monotoniefestigkeit" gesprochen, da sich erfahrungsgemäß „introvertierte" Menschen eher für monotone Tätigkeiten eignen. Auch die „Ungeselligkeits"-Dimension jenes Tests, ursprünglich ein eher negativ akzentuiertes Persönlichkeitsmerkmal, weil soziale Isolierung zur völligen Entfremdung und zur Entstehung gesundheitlicher Folgeprobleme beitragen kann, ist in der entsprechenden ergonomischen Fachliteratur heute bereits ins Positive gewendet. Sie wird nämlich als qualifizierende Eigenschaft von Arbeitnehmern verstanden, die „über längere Zeit Tätigkeiten ohne oder mit nur sehr geringem Seh- und/oder Hörkontakt zu anderen Arbeitskräften verrichten müssen" (Friedrich 1982, S. 77).

Dies sind nur wenige Andeutungen über die Art und Weise, wie die Persönlichkeit und das Leistungsvermögen von Arbeitnehmern in wissenschaftlich durchkalkulierter Form angewendet werden: Wie lassen sich demgegenüber auch noch private Zielsetzungen und d.h. auch Interessen in Bezug auf die eigene Gesundheit realisieren?

Augenscheinlich nehmen die privaten, je persönlichen Motiven entspringenden Zielsetzungen unter solchen Bedingungen häufig jene merkwürdige subversive Form an, wie wir es in dieser Untersuchung beschreiben: Dem je eigenen Bewußtsein nur noch schwer zugänglich, weil unerwünscht oder gar verboten und deshalb vor sich selber auch unterdrückt, um nicht ständiger Anspannung ausgesetzt zu sein – aber klar im sozialen Handeln wirksam.

Hierbei wächst dem Typ sozialen Handelns, welches als Risikoverhalten charakterisiert ist, und das sich im Grunde gegen die persönlichen Gesundheitsinteressen wendet, Legitimität zu: So wird z.B. der spezifische Gebrauch von Alltagsdrogen (wie Rauchen und Trinken) zu einem gleichsam inoffiziell anerkannten Kompensationsmittel für Streß.

Am deutlichsten demonstriert die Herzinfarktpersönlichkeit das Dilemma, in welchem sich der arbeitende Mensch heute befindet. (Vgl. Siegrist/Ritter 1980). Gerade jene Eigenschaften wie Ehrgeiz, Arbeitseifer, Pflichtgefühl usf., die im Hinblick auf die Arbeitsfunktion außerordentlich positiv sind, führen physiologisch zu einer Daueraktivierung des Sympathikussystems und zu kombinierten Belastungen, die schließlich die Anpassungsfähigkeit des Menschen je aktuell überfordern, und sich damit ganz deutlich als gesundheitliches Risiko niederschlagen. Hier zeigt sich besonders eindringlich, wie problematisch es ist, Gesundheitserziehung allein unter dem Aspekt der Veränderung von sozialem Handeln (d. h. Risikoverhalten) zu betreiben: Vom zentralsten Aspekt unseres Lebens her, daß wir alle arbeiten müssen, schlagen über die Art der gesellschaftlichen Organisation dieser Arbeit Imperative auf die Gesundheit durch, dem sich die einzelnen nicht unmittelbar entziehen können.

Auch dem Typ sozialen Handelns, welches wir Risikoverhalten nennen, wächst aus anderen Sinnzusammenhängen als der medizinischen Rationalität Legitimität zu. Das kann, im Fall problematischer Ernährungsgewohnheiten aufgrund überlieferter kultureller oder subkultureller Wertorientierungen der Fall sein, aber auch dann, wenn spezifischer Drogenmißbrauch (z.B. Rauchen und Trinken) ein gleichsam inoffiziell anerkanntes Kompensationsmittel für Streß ist. Der Widerspruch, daß sich der Mensch arbeitend verbraucht, diese seine Arbeit ihm aber zugleich dient, wird natürlich auch gesundheitspolitisch relevant. Wie diese beiden kontroversen Aspekte von Arbeit in der gesellschaftlichen Wirklichkeit miteinander verquickt sind, muß jeweils spezifisch untersucht werden. Unsere Untersuchung zeigt, daß die große gesellschaftliche Bedeutung von Arbeit heute, die private, die persönliche Bedeutung von Gesundheit und den Umgang damit zunächst einmal in den Hintergrund gedrängt hat.

Frankfurt am Main, im April 1983

Christel Beier/Klaus Horn/Doris Kraft-Krumm

I. Einführung

1. *Gegenstand der Untersuchung, erste Hinweise auf Verfahren und Ziel*

In dieser Untersuchung wird unter einem spezifischen Blickwinkel das Problem erörtert, warum herkömmlicher, insbesondere massenmedialer Gesundheitsaufklärung nur relativ bescheidene Erfolge zuteil werden. Weshalb folgen Menschen nicht einfach jener Vernunft, welche in wissenschaftlichen Erkenntnissen zum Ausdruck kommt, die am wirkungsvollsten massenmedial zur Verfügung gestellt werden können? Untersuchungsziel ist, an Einzelfällen[1] insbesondere Gründe für das Entstehen und Beibehalten gesundheitsgefährdender Verhaltensweisen herauszufinden; Gründe, die als persönliche Motive und Interessen auch Handeln einer Art stabilisieren, welches nach medizinischen Maßstäben langfristig Gesundheitsprobleme ergeben muß.

Obgleich wir *individuelle Ätiologien* erforschen, verstehen wir diese persönlichen Motive und Interessen *nicht als eine Größe „psychologischer" Art* in dem engen Sinn, daß sie letzten Endes nicht auch beeinflußbar sei durch Veränderungen objektiver Faktoren im gesellschaftlichen Umfeld der Betroffenen. Was wir aber mit unserer Methode zeigen können, ist, daß die gesellschaftliche Objektivität sich nicht etwa unmittelbar in den Köpfen der Menschen spiegelt, sondern durch die Brille lebensgeschichtlich erworbener Verarbeitungsmuster, also in Form individueller Varianten wahrgenommen wird. Aufgrund von ebenso entstandenen, ganz persönlichen Interessen wird auch individuell damit umgegangen, jedenfalls in einem Bereich, der den Menschen weitgehend noch als privat gilt, wie dem der alltäglichen Lebensführung außerhalb der Arbeitszeit.

Mit dieser an ganz persönliche Motivationen bzw. *private handlungsbestimmende Sinnstrukturen* anknüpfenden Problemstellung wird die herkömmlicherweise ins Auge gefaßte *Ebene beobachtbaren Verhaltens gezielt überschritten.* Daß in erheblichem Umfang „wider bessere Einsicht" gehandelt bzw. diese „bessere Einsicht" der Medizin aufgrund solcher persönlicher Interessenlagen nicht zur Kenntnis genommen wird, ist in empirischen Untersuchungen herkömmlicher Art bestätigt worden (vgl. Voigt 1978, S. 68 ff.). Was steckt aber hinter der Aufklärung abwehrenden Bemerkung eines Rauchers und Trinkers: „Ich habe zu wenig vom Leben gehabt, warum soll ich also auf die Vergnügungen des kleinen Mannes verzichten?"

1 Wir stützen uns vorwiegend auf die Auswertung der Einzelfälle, weil wider Erwarten die Familienerhebung nicht das erhoffte Material brachte. Das wird im einzelnen im Abschnitt V dargestellt.

Unter anderem hat die inzwischen kaum mehr praktizierte massenmediale Wirkungsforschung[2] Hinweise darauf gebracht, daß das Aufnahmevermögen bzw. das Aufnahmeinteresse der Menschen für Informationen relativ spezifisch ist. Mit ganz persönlichen Filtern ausgestattet ist es jedenfalls in Bereichen, wo ausgeformte Interessen bereits vorliegen. Diese Interessen selegieren Wahrnehmung und Verarbeitung der Informationen. Weit unparteiischer, gleichsam objektiver ist die Bildungsfähigkeit der Menschen hingegen in Bereichen, wo kaum oder keine (wichtigen) Vor-Urteile bestehen. Diesem bekannten Sachverhalt sind wir nun in einer ganz spezifischen Dimension nachgegangen.

Wir haben zumindest ansatzweise „Widerstand" gegen Gesundheitsaufklärung sichtbar gemacht, indem wir jeweils eine persönliche Logik des Gesundheitsverhaltens im Gespräch mit den Interviewpartnern zusammen entdeckten. Denn allein die Betroffenen selber kennen ihr auf Gesundheit bezogenes Handeln jeweils und nur sie selber wissen letzten Endes, weshalb sie sich so und nicht anders verhalten wollen bzw. können. Daß solches „Wissen" nicht immer explizit ist, sondern erst in der Gesprächssituation entdeckt und von den Gesprächspartnern formuliert werden muß, stellt unsere Methode in Rechnung.

Um über die Logik seines Handelns Auskünfte geben zu können, braucht der Interviewte einen Gesprächspartner, der ihn über den oberflächlichen Sinn von im Gespräch geäußerten Worten hinaus zur Sprache kommen läßt, indem die Aufmerksamkeit auf die wortlose Inszenierung der Beziehung gerichtet wird; einen Partner, der wahrnehmen helfen kann, in welchen Sinnzusammenhängen jemand sich bewegt, ohne diese ausdrücklich selber unmittelbar benennen zu können.

In diesem *methodisch reflektierten Gespräch* versuchten wir, den jeweiligen „Widerstand" der Interviewpartner insofern plausibel zu machen, als wir den „*Gewinn*" ansatzweise zum Vorschein brachten, welchen einzelne bzw. Familien aus ihrer Sicht bzw. aufgrund einer offenbar werdenden Logik ihres Handelns haben, wenn sie sich in ihrem Alltag *systematisch* und *spezifisch* anders verhalten, als es der Gesundheit nach Ansicht der Medizin heute langfristig zuträglich ist. „Systematisch anders verhalten" bedeutet, daß wir *gesundheitsrelevante Beziehungsmuster* finden wollten und gefunden haben, die nicht ohne weiteres argumentativ zugänglich und veränderbar sind; in der Regel deshalb nicht, weil die Betroffenen selber nichts davon wissen, wenngleich sie blindlings, aber doch sehr sicher und regelhaft danach handeln. „Spezifisch anders verhalten" bedeutet, daß es *vielfältige (aber typisierbare) Varianten solcher persönlichen Regelsysteme* gibt, die aus der besonderen Verarbeitung lebensgeschichtlicher Erfahrung entstehen. Sie sind typisierbar im Hinblick auf diese ihre lebensgeschichtliche Entstehung und daraus hervorgehende (stereotype) Formen der Interaktion. Dieser merkwürdige Sachverhalt des blinden, aber sicheren Handelns wird in Teil II eingehend theoretisch erklärt. Hier ist nur noch einmal zu unterstreichen, daß der „Widerstand" gegen Gesundheitsaufklärung gerade

2 Die Wirkung der Medien oder des Fernsehens auf Menschen war schwer von der Einwirkung anderer Faktoren abgrenzbar. Deshalb geht man heute eher vom Nutzenansatz aus: Man versucht zu erfahren, wie und weshalb Menschen Medien nutzen.

in dieser Unzugänglichkeit der Betroffenen für die entsprechenden, zweckrational abgestellten Argumente zu suchen ist und in ihrer ambivalenten Haltung gegenüber der Möglichkeit, diese ihre Haltung selber zu thematisieren. Daran könnten sie ja interessiert sein, sofern Risikoverhalten zumindest langfristig selbstschädigend sein kann.

Insgesamt gesehen haben wir also im Hinblick auf Widerstände gegen Gesundheitsaufklärung eine spezifische, auf die lebensgeschichtliche Dimension abgestellte Ätiologieforschung betrieben: Es wird an typisierbaren Einzelfällen und bezogen auf Familien gezeigt, wie dieser Widerstand zustande kommt, welchen Regeln bzw. welchem insgeheimen Sinn er folgt. Im Schlußkapitel wird dann die Frage erörtert, wie eine gesellschaftlich relevante Gesundheitsaufklärung damit umzugehen versuchen kann.

2. *Besonderheiten des Verfahrens*

Untersuchen als Verändern

Wenn wir diesen ganz persönlichen Widerstand sichtbar machen und ein Stück weit auch dessen in der Verarbeitung lebensgeschichtlicher Erfahrungen zustande gekommene Logik, so *stellen* wir das *nicht* im Sinne herkömmlicher messender Sozialforschung gleichsam über die Köpfe der auskunftgebenden Betroffenen hinweg (wenn auch mit deren Hilfe) *fest* (vgl. Horn 1980a): Vielmehr versuchen wir in diesen Gesprächen die Einsicht der Gesprächspartner in ihre eigene Lage im Hinblick auf den Umgang mit Gesundheitsproblemen paradigmatisch zu verbessern. Insofern *verbinden* wir *Forschung* über *Beweggründe* für letzten Endes selbstschädigendes Verhalten mit kontrollierten Interventionen zugunsten eines *Ingangsetzens von Veränderungen.* Es ging ja gerade nicht darum, Typen von Reaktionsmustern in Form klassischer Forschung im wörtlichen Sinn „festzustellen", sondern wir haben – die anderen Lebensbedingungen notgedrungen methodisch als gegeben nehmend – in dieser einen von uns thematisierten Dimension (gesundheitsbezogener Lebenserfahrung, ihrer Verarbeitung und aktiven Wendung) die Probe auf die Veränderbarkeit solcher „Attitüden" im persönlichen Gespräch gemacht. Unsere Ätiologieforschung zielt auf jene innerlich – unter den gegebenen Bedingungen – verfestigten Einstellungen, die als eigenständiger Faktor, als selbständige, soziales und privates Handeln mitbestimmende Größe auszumachen sind und womöglich einer größeren Flexibilität zugeführt werden sollen. (Auf das Problem „unter den gegebenen Bedingungen" kommen wir noch ausführlich zurück).

Indem wir unseren „Gegenstand", d.h. *die Gesprächspartner, verändernd zu beeinflussen suchten,* wenn im Gespräch das je eigene gesundheitsbezogene Handeln zum Problem gemacht und unter neu auftauchenden Gesichtspunkten (allerdings ohne „pädagogische" Vorgaben, wie noch eingehender darzustellen ist) zur Disposition gestellt wird, haben wir zwar eine systematische, aber doch nur sehr kurze Probe auf die Veränderbarkeit gemacht. Unser Versuch, die Möglichkeit solcher Veränderungen zu prüfen, die durch den Kopf und das Herz der Interviewten (um das Kognitive und das Emotionale so zu benennen) hindurch in eine veränderte Lebenspraxis münden, endet nach maximal drei Gesprächen.

Der Stand unseres Wissens im Hinblick auf solcherart zu bewirkende Veränderung ist – unter sonst gegebenen Bedingungen, ceteris paribus also – insofern gleichsam ein historischer. Die ,,Diagnose" am Ende des Gesprächs ist (aufgrund unserer noch im einzelnen darzulegenden Prozeßkontrolle) in diesem Sinn als vorläufige, d.h. auf den jeweiligen Dialogstand bezogen zu verstehen. Zwar wird in solchen Gesprächen erfahrungsgemäß meist recht schnell ein spezifisches Grundmuster der Interaktion zwischen den Interviewpartnern deutlich (und darauf stützen wir uns), und das verändert sich erfahrungsgemäß nicht so schnell. Es kann sich aber, falls über Gesundheit zu reden überhaupt einen Sinn macht, langfristig doch etwas daran verändern; insbesondere dann, wenn andere, ebenfalls determinierende Momente außer der im Gespräch thematisierten Weltsicht mit für diesen Veränderungsprozeß mobilisiert werden; solche also, welche die in Rede stehende innere Haltung zu Gesundheitsproblemen mit zuwege gebracht und von außen mit ,,festgestellt" haben.

Im Schlußteil dieses Buches werden wir über diese unsere methodische Ebene personaler, intervenierender und kontrollierter Kommunikation hinaus eine Reihe von theoretischen Schlußfolgerungen ziehen, welche die Erfahrungen unserer spezifischen Ätiologieforschung im Hinblick auf allgemein verwendbare Aufklärungsstrategien auswerten.

Gesellschaftliche Schwierigkeiten mit dem Sinnverstehen

In dieser Einleitung sind allerdings noch weitere Besonderheiten unseres Verfahrens zu skizzieren, eines Verfahrens, das Untersuchen und Verändern nicht trennt, sondern systematisch als integrierten Vorgang begreift. Obgleich wir erst in den folgenden Kapiteln die wissenschaftliche Vorgehensweise näher erläutern werden, sollen schon hier einige Blicke auf unser Verfahren aus der Vogelperspektive geworfen werden. Aus der Vogelperspektive allerdings nicht im Sinne wissenschaftstheoretischer Erörterungen; vielmehr schien es uns wichtig, den Leser auf einige Probleme vorzubereiten, mit welchen (fast) jeder Unbefangene zu tun bekommt, der sich mit unserer Studie auseinandersetzen und auf diese Weise für sich und seine Funktion Gewinn ziehen will.

Das wesentliche Mittel unseres Verfahrens ist es, *Szenen*, die sich zwischen den Gesprächspartnern und den Interviewerinnen abspielten, *im Hinblick auf die Interviewten*, d.h. im Hinblick auf von ihnen eingebrachte Interaktionsschemata, *zu interpretieren*, ihnen also einen Sinngehalt zuzuschreiben. (Aus diesen Interpretationen entnehmen wir Hinweise auf den Widerstand und versuchen, verändernd damit umzugehen). Wir haben diese Interpretationen von Psychoanalytikern kontrollieren lassen. Weil auf diese Weise die spezifische professionelle Qualität des Psychoanalytikers mit dem Können von Sozialforschern vereinigt werden konnte, müssen diesbezüglichen Laien trotz vieler auch ihnen offenbar werdenden Plausibilität dieser

Interpretationen in den Tonbandprotokollen, den Interview- und Supervisionsberichten und schließlich den Typisierungen hie und da Zweifel kommen an den von uns rekonstruierten Sinnzusammenhängen. Wir halten das für normal und möchten einige gute Gründe dafür nennen, weshalb solche Zweifel erwartbar sind.

Unser Verfahren hat, wie Verfahren mit vorwiegend quantifizierenden Methoden auch, seine professionellen Traditionen und wissenschaftlichen Selbst- bzw. *Wahrheitskontrollen*, die der Laie in der Regel so wenig nachvollziehen kann, wie das heutzutage im Hinblick auf alles wirklich professionelle Wissen und Können im engeren Sinn der Fall ist. Der *Laie* ist nicht eingeweiht. So ist beispielsweise nicht ohne weiteres nachvollziehbar, daß Bedeutungen einem Detail erst aus dem Gesamtkontext zuwachsen, nicht nach dem Erklärungsschema „wenn . . . dann." Sagt beispielsweise die Mutter der Familie P. beim ersten Telefonkontakt im Hinblick auf den Termin, die Familie sei nur schwer unter einen Hut zu bringen, so wird die sinngemäße Relevanz dieses Satzes im Hinblick auf das Familienklima erst aus dem Gesamtkontext deutlich. Wie aus unserer Dokumentation hervorgeht, mußte dieser Satz im Rahmen der uns zugänglich gewordenen Informationen als eine Aussage über die äußere Realität, nicht als eine über die innere Realität verstanden werden: Eine Familie mit zwei erwachsenen Töchtern hat erhebliche Terminprobleme. In einer anderen Familie hätte solch eine Aussage womöglich auf dynamische Konflikte unausgesprochener und vielleicht sogar unaussprechlicher Art bezogen werden müssen. Übrigens ist jene Familie P. ein Beispiel für eine „gesunde" Familie; dort braucht im Familienverband Krankheit nicht als Ersatzlösung für Konfliktaustragungen geschaffen werden.

Dennoch stellt sich die Frage der Laienkompetenz in unserem Kontext der Sinninterpretationen (dem Laienleser) insofern eher, als wir heutzutage zwar gewillt sind, einer uns unbekannten, von Experten zur Verfügung gestellten mathematischen Formel einfach zu glauben (nach welcher eine Wahrscheinlichkeit des Zutreffens einer Eigenschaft X für den Fall A berechnet wird), nicht jedoch einer im Prinzip zwar ebenfalls, allerdings in anderer Weise nachvollziehbaren *Sinninterpretation* lebensgeschichtlich entstandener Regelsysteme. In diesem Bereich ist man unsicher und mißtrauisch. Schließlich lebt jeder Mensch im Rahmen derartiger Sinnzusammenhänge! Gibt es in diesem Bereich überhaupt so etwas wie Experten und Laien? Man selbst würde dies und das aber ganz anders verstanden, d.h. interpretiert haben! Ist ein solches (willkürliches) Interpretieren „Wissenschaft"? Ist die Interpretation, aus welcher allerlei Schlußfolgerungen gezogen werden, nicht ebenso „subjektiv" wie vielleicht der gesamte Bereich, in welchem hier geforscht wird?

Weshalb Sinnverstehen der Lebenspraxis anderer Menschen wissenschaftlich möglich ist und wie, wird in Kapitel III kurz erörtert werden. An dieser Stelle geht es nur um eine ganz allgemeine Bemerkung zu dieser *Interpretationskompetenz*. — Die Welt in der wir heute leben, ist wesentlich unter dem Aspekt spezifischer Mittel-Zweck-Beziehung organisiert. Wir bewegen uns in einem Geflecht von „Sachzwängen", in welchem persönlich zustande gebrachte, selbst erarbeitete, d.h. praktisch hergestellte und begriffene Sinnzusammenhänge allerhöchstens noch eine private Rolle spielen (vgl. Rammstedt, 1981, S. 64 ff.). In einer „verwalteten Welt" (Adorno und Kogon) handelt man vorwiegend nach vorgeschriebenen, zweckgebundenen Sinnfälligkeiten – das ist normal erwartbar.

Zusammenfassend läßt sich zu diesem Problem sagen: Im Hinblick auf den hier relevanten Bereich, die Interpretationsfähigkeit für soziale Mikrosituationen und deren Dynamik, für die ganz persönliche (bis zur im strengen Sinn unbewußten) Seite unseres Lebens sind wir gemeinhin sehr schlecht vorbereitet (Horn 1979a); hier bewegen wir uns in erster Linie mithilfe von Konventionen, von welchen das ganz Persönliche, das Besondere der individuell gemeinten Handlung eher zugedeckt als zur Sprache gebracht wird. Einer der berühmtesten Kinderärzte und Psychoanalytiker, René A. Spitz (1965, S. 151 ff.), beschreibt, wie unsere „zweckrational" organisierte Gesellschaft diese (um noch weiter mit Max Weber zu formulieren) „zweckirrationale Seite" unseres Lebens an Spezialisten delegiert hat, z.B. an Psychotherapeuten. Mit anderen Worten: Unser Interpretationsverfahren ist keine Hexerei, sondern professionalisiert, wie andere Wissens- und Praxistraditionen in unserer arbeitsteiligen Gesellschaft auch, wobei wir an wenig entwickelte Alltagskompetenzen anknüpfen.

Das öffentliche Diskutieren des Privaten und Peinlichen

Nicht nur unsere Form des Sinninterpretierens ist ungewöhnlich; sie geht ja, wie noch im einzelnen dargelegt werden wird, systematisch über die in der Sozialforschung heute gebräuchlichen offenen Interviewformen hinaus. Darüber hinaus ist es ungewöhnlich, in unserer Weise in gemeinhin für privat gehaltenen Bereichen zu diskutieren: Krankheit und Gesundheit gelten immer noch weitgehend als zum *Intimbereich* gehörig. Zudem ist es nicht üblich, leidvolle und peinliche Erfahrungen zu thematisieren. Das berührt die soziale und persönliche Identität der Beteiligten.

Auf diesen möglichen Einwand soll auch gar nicht beschönigend geantwortet werden. Einige Hinweise können dem besseren Verständnis dienen.

Auch wir hatten solche Bedenken. Im Hinblick auf die Einzelgespräche stellte sich aber bereits in einem früheren Projekt ähnlicher Art (Horn/Beier/Wolf 1984) zu unserem Erstaunen heraus, daß unsere Gesprächspartner häufig sehr froh waren, endlich einmal mit jemandem über Probleme reden zu können, die sie schon lange bewegten, über Probleme, die sie wahrscheinlich gerade mit Menschen des näheren Umkreises aus Scham und anderen Gründen lieber nicht besprechen wollten. Einer der psychoanalytischen Kollegen, die uns mit der Supervision halfen, nannte unsere Interviewsituation nach einem literarischen Vorbild *„Bahnhofsgespräche"* und kennzeichnete damit eine entscheidende Voraussetzung für die Öffnung unseres Gesprächs für das Unkonventionelle: Man trifft sich (aller Wahrscheinlichkeit nach) einmal im Leben, geht für eine kurze Zeit eine relativ intime emotionale Beziehung ein (die man in dieser Art des unparteiischen Zuhörens sonst entbehrt) und braucht nach dem Auseinandergehen weiter keine Folgen zu fürchten, die man nicht selbst will.

Es zeigte sich darüber hinaus, daß alle Interviewten (und auch die Interviewerinnen) dann, wenn ihnen das Gespräch emotional zu brenzlig wurde, gleichsam automatisch von der intimen auf eine konventionellere Ebene überwechselten. Auf diese Weise wußten sich die Partner klar vor unbewältigbaren Thematisierungen zu schützen, welche in die Hände professioneller Psychotherapeuten gehören, die anders damit umgehen können. Diese Abwehrstrategie funktionierte ganz mechanisch, bewußtlos. Das Private, Intime, schützt sich, wenn es zu peinlich zu werden droht, auf diese Weise vor Veröffentlichung – es bildet einen *„Widerstand"*.

Für den Leser, der nicht jenes Interesse an dem Gespräch hat wie die Interviewpartner (und die Interviewerinnen), zumal für den im mikrosozialen Bereich wahrnehmungsmäßig nicht besonders geschulten Leser mag jene Intimität, in welcher wir uns bewegen müssen, gelegentlich unangenehm sein. Wir hoffen, daß der Leser sich dagegen nicht zu häufig wird schützen müssen, „abwehrend", mit „Widerstand" reagierend. Unsere Interviews zeigten ganz klar: Wo das Mitdenken der Betroffenen und/oder der Interviewerinnen aus Angst vor irgendeiner Form von Intimität aufhörte, dort versiegten auch die für uns wichtigen Informationen. Der eine Partner gab sie nicht mehr und/oder der andere nahm sie nicht mehr wahr. Dasselbe gilt natürlich auch für die Leser dieser Untersuchung: Je mehr sie sich auf unsere Darstellungen einzulassen vermögen, desto mehr werden sie für ihre Arbeit daraus gewinnen können. Ich erinnere hier an den oben gegebenen Hinweis, daß Details aus den Interviews nur im Gesamtkontext eines Interviews verständlich werden und für sich genommen und interpretiert mißverstanden werden können. Das gilt auch für die anderen Aussagen dieser Studie.

3. *Abgrenzung des von unserer Methode erfaßten Realitätsausschnitts*

Wird hier etwas „bloß Subjektives" erhoben?

Trotz dieser allgemeinen und methodischen Hinweise mag dem Laien die Sorge bleiben, ob hier nicht (im Sinne des „Etikettierungsansatzes" – worauf noch einzugehen sein wird) den Interviewpartnern Probleme als persönliche Motive angelastet, ihnen also gleichsam Eigenschaften unterschoben werden, die ihrem Schicksal unangemessen sind. Immerhin haben wir es mit Menschen aus dem unteren Bereich der sozialen Pyramide zu tun, deren Realität in aller Regel besonders schwierig zu bewältigen ist. Ihre Motivationen kritisch zu hinterfragen, könnte als Zuschreibung von Problemen verstanden werden, die einerseits vergleichsweise unerheblich sind und andererseits im Sinne „irrationalen, abweichenden Verhaltens" interpretiert werden. Ginge es in diesen Fällen schwergewichtig nicht eher darum, die restriktiven Lebensumstände zu verändern? Macht diese Studie letzten Endes, psychologisierend, nichts anderes als *„blaming the victim"*?

Wir werden mehrmals und noch systematisch und unter pragmatischen Gesichtspunkten auf diese wichtigen Probleme eingehen. Hier geht es zunächst einmal darum, das gängige Vorurteil aufzugreifen, Forschung, die mit subjektiv gemeintem Sinn interpretierend verfährt, habe mit „bloß Subjektivem" zu tun und sei gleichsam unerheblich angesichts des Schwergewichts der gesellschaftlichen Realität. Der Hinweis, daß dieses „bloß Subjektive" sich, wie wir zeigen werden, als „Widerstand" gegen Gesundheitserziehung, als naives oder bewußtes Risikoverhalten bemerkbar macht und sich insofern schon als ein Moment der gesellschaftlichen Wirklichkeit erweist, genügt natürlich nicht als Entgegnung auf diesen Einwand des common sense. Entscheidend im Hinblick auf diesen Einwand ist, wie wir aufgrund unseres Ansatzes dieses – auf den ersten Blick – *„bloß Subjektive"* verstehen. Vorwegnehmend: Wir sehen es als *hochkomplexe Größe*, die aufgrund individueller *Erfahrungsverarbeitung* zustande kommt und auch in aktuellen Situationen mit Erfahrung im emphatischen Sinn, teilweise jedenfalls, verknüpft bleibt. Entscheidend ist für unseren methodischen Zugriff, daß er diese individuelle Erfahrungsverarbeitung in einer *situativen Reproduktion* – den interpretierten *Beziehungsmustern* zwischen den Interviewpartnern – sichtbar macht. Dieses Moment wird in vorwiegend quantitativ orientierter Sozialforschung in aller Regel vernachlässigt. Deshalb ist auf der Basis jener Art wissenschaftlicher Erfahrung auch kein Umgehen mit dem persönlichen „Widerstand" möglich; dieses subjektive Moment taucht darin in aller Regel nicht auf.

In dieser Studie wird nach dem gesundheitsbezogenen Verhalten von solchen Menschen gefragt, die aufgrund ihres sozialen Ortes im gesellschaftlichen Gefüge generell, aber wegen ihrer relativ großen sozialen Distanz zum Medizinsystem insbesondere in Bezug auf dessen Leistungen minderprivilegiert sind. Wenn wir paradigmatisch erfahren wollen, wie einige dieser Menschen mit Gesundheitsproblemen umgehen, dann kommen wir nicht umhin, einen methodisch klaren Weg zu gehen, der uns zu diesbezüglichen Informationen verhilft: Wie *unter sonst als gegeben anzunehmenden Umständen ihre jeweils ganz persönliche und nicht irgendeine durchschnittliche gesundheitsbezogene Lebenserfahrung und -praxis* aussieht; ob sie unter den gegebenen Umständen vielleicht besonders starr, auffällig mit Stereotypen durchsetzt oder auch flexibel ist; ob sie (wie beispielsweise die Familie P., eine Familie allerdings, die bereits am oberen Rand des sozialen Stratums liegt, das wir untersucht haben) ihre Probleme des Miteinanderlebens eher untereinander diskutieren und so in der Rede, d.h. flexibel halten können und nicht darauf angewiesen sind, sie als seelische Konflikte oder körperliches Symptom zur Geltung bringen zu müssen, in einer verstummten Form also, die Ausgangspunkt vieler „medizinischer" und persönlicher Probleme ist.

Unsere Methode ist auf dieses ganz persönliche Moment abgestellt. Es kann nur „erhoben", d.h. sichtbar gemacht und letzten Endes auch „behandelt" werden, wenn die Methode darauf abgestellt ist. Die naturwissenschaftlich orientierte Medizin beispielsweise abstrahiert vom „subjektiven Faktor", von dieser seiner situativen Spontaneität und Befangenheit beim Entstehen und Heilen von Krankheiten. Deshalb hat sie diagnostisch und therapeutisch die größeren Probleme mit den „funktionellen" Gesundheitsstörungen. Und sozialwissenschaftliche Untersuchungsmethoden, die ebenfalls aus (guten) methodischen Gründen von Subjektivität abstrahieren, haben von daher ebenfalls systematische Schwierigkeiten, dieses Moments „Subjektivität" überhaupt habhaft zu werden, das in aller persönlich verarbeiteten gesellschaftlichen Objektivität als eben diese höchst persönliche Verarbeitungsweise steckt.[3]

Die Konzentration unserer Methode auf diese *subjektive Seite der Geschichte* als besondere Form gesellschaftlicher Objektivität bedeutet jedoch (noch einmal) nicht – wie insbesondere im abschließenden Kapitel noch hervorzuheben sein wird –, daß sich in unserem methodischen Kontext Veränderungsstrategien sinnvoll lediglich auf den „subjektiven Faktor" richten können. In dieser Frage ist unsere Studie theoretisch weit komplexer angelegt. Wir bestehen mit unserer Methode lediglich darauf, daß *Subjektivität als in sich sowohl gesellschaftlich, aber eben auch individuell organisierte und Lebenspraxis organisierende auch als aktive, teils nach ganz eigenen Sinnzusammenhängen handelnde Größe mit in den Prozeß der Auseinandersetzung über Gesundheitsverhalten einbezogen werden muß, nicht darauf, daß dies der einzige Weg der Veränderung von Gesundheitsverhalten ist.* Sie muß als diese aktive mit einbezogen werden, weil sie im wirklichen Leben ja auch als lebendige fungiert. Wenn die Wissenschaft das nicht abzubilden vermag, entgeht ihr ein wichtiger Teil der Realität.

Unser Forschungsverfahren im Verhältnis zu anderen Ansätzen

Um den von uns ins Auge gefaßten Realitätsausschnitt so hervorzuheben, daß deutlich wird, welchen Stellenwert er im Verhältnis zu anderen hat, sollen skizzenhaft Unterschiede zu anderen Ansätzen erläutert werden, die andere Realitätsausschnitte herausgreifen.

Man kann die Problemebene der *Untersuchung und Veränderung sozialstruktureller Bedingungen* für unseren Kontext weit fassen und beispielsweise Probleme schichtspezifischer Sozialisation, also den Ausfluß gesellschaftlicher Herrschaftsverhältnisse mit in die Argumentation einbeziehen, sofern sie in der Beziehung zwischen Patient und medizinischer Versorgung eine Rolle spielen. So weit soll hier nicht ausgeholt werden. Schließlich geht es nur darum, mittelbar den Stellenwert unseres „Gegenstands"-Bereichs im Vergleich mit anderen Ansätzen zu kennzeichnen. Konkretisierend diskutieren wir deshalb als objektiven Sachverhalt im Sinne einer gesellschaftlich vorgegebenen Lebensbedingung die Bedeutung der Krankenkassenregelung für Psychotherapie.

3 In einem Interview mit einem Arbeiter, der eine psychoanalytische Behandlung gemacht hatte, zeigt dieser Arbeiter gerade deshalb, weil das Interview im Kontext sich äußerst kritisch mit Psychoanalyse befaßt, welche Weltsichten und Auseinandersetzungsformen sich aufgrund eines längeren Dialogs im Sinne unserer Methode und wie sie sich aus der Perspektive dessen, der sich diese Veränderungen erarbeitet hat, eben des Arbeiters, verändert haben. Die letzte Frage, ob er seine Analyse nicht als Luxus sehen würde, beantwortete der fünfunddreißigjährige Schriftsetzer: „Keineswegs. Unter dem Vorwand, es sei Luxus, hat man den Arbeiter schon von viel zu vielen Dingen ferngehalten." (Przytulla 1972, S. 122).

Dührssen (1971, 1972) hatte die Krankenhausverweildauer psychotherapeutisch Behandelter und Unbehandelter verglichen und kam auf signifikante Unterschiede: Die Behandelten nahmen die Krankenhausleistungen im Durchschnitt weniger in Anspruch. Aufgrund dieser Erkenntnisse fanden sich die Krankenkassen Ende der sechziger Jahre bzw. Anfang der siebziger Jahre bereit, im gewissen Rahmen Psychotherapie zu finanzieren. Trotz dieser außerordentlich wichtigen Veränderung im Bereich der materiellen Voraussetzungen für die Nutzung im Prinzip zur Verfügung stehender medizinischer Versorgung hat sich das Mißverhältnis zwischen Unterschicht und Psychoanalyse nicht wesentlich verändert (vgl. dazu Menne/Schröter 1980, passim), obgleich sich psychogenetische Erkrankungen in der Bevölkerung gleichmäßig verteilen (Brähler u.a. 1977). Der ohne weiteres als sinnvoll einleuchtende verändernde Zugriff auf objektive Lebensbedingungen erwies sich als nicht zureichende Bedingung für eine entscheidende Veränderung der Versorgungs- bzw. Nutzungslage. Es ist zu vermuten, daß alle wichtigen Veränderungen objektiver, auch grober sozialstruktureller Faktoren nicht unmittelbar wie die Beseitigung solcher Barrieren wirken, die nun den Strom der vorher Ausgeschlossenen nicht mehr abhalten. Vielmehr müssen wir davon ausgehen, daß die objektive gesellschaftliche Lage ihre Spuren auch in ganz anderer Weise (denn als bloß äußere Barriere) hinterläßt, jedenfalls nicht auf „Geld oder kein Geld" zu reduzieren ist. Vor allem aber wird nicht zu erwarten sein, daß die Veränderung formaler Lebensvoraussetzungen in jedem Fall sogleich eine dementsprechend andere subjektive Entfaltung zur Folge haben kann. Verändert werden heute ja in aller Regel nur Details eines komplexen äußeren Lebenszusammenhanges. Eine unmittelbare Kausalwirkung auf eine demgegenüber relativ autonome innere Struktur ist nicht gegeben. Insofern muß mit deren Manifestationen in der Interaktion auch unmittelbar, dialogisch eben, umgegangen werden, wie wir das versuchen. – Deutlich wird in diesem Argumentationszug auch, daß von objektiven Strukturänderungen für den hier diskutierten Bereich nur langfristig Problemveränderungen zu erwarten sind: Zusätzlich sind stets flankierende Maßnahmen notwendig.

Subjektnäher als Elemente der Sozialstruktur sind die als *Normen institutionalisierten Handlungsmuster*, die als *reziproke Erwartungseinstellungen* eine inter- und intrapersonelle Entsprechung haben. Dies ist das Gebiet, welches der Etikettierungsansatz bearbeitet. Von den Normen und den institutionalisierten Erwartungseinstellungen her werden Menschen „Eigenschaften" zugeschrieben, die ihnen nicht wirklich „eigen" sind, sondern in der jeweiligen Intraktion im sozialen Feld von außen an sie herangetragen werden. Es sind Orientierungsschemata, mittels welcher beispielsweise Patient und Arzt sich in aller Regel gegenseitig wahrnehmen und „behandeln". Dafür stellt das Medizinsystem und stellt auch die Subkultur des Patienten die entsprechenden Muster und Regeln zur Verfügung.

Hier haben wir die theoretisch gefaßten sozialen Medien vor uns, mittels welcher der Psychiater ihm unbekannte psychische Phänomene in die für „Schizophrenie" vorgesehenen gesellschaftlichen Kanäle leitet und diffuse („funktionelle") Krankheitsbilder in die Schemata der naturwissenschaftlichen Medizin eingeordnet, d.h. an deren Rand geschoben und damit als mehr oder weniger „abweichende"

Form von Krankheit definiert werden. Vermittels solcher Definitionen eignen sich die vorhandenen gesellschaftlichen Strukturen also selbst dann Probleme an, wenn diese nicht angemessen darin verarbeitet werden. Der „Problempatient" (vgl. z.B. v. Mehring/Early 1966) zeugt davon. Auch unter unseren Gesprächspartnern waren solche (vgl. Frau B. beispielsweise).

Eines der entscheidenden, in dieser Studie theoretisch erfaßten Probleme, welche dem Patienten aus der Unterschicht beim (normalerweise) Mittelschichtarzt begegnen, ist, daß auch dann, wenn bei angemessener Diagnose eine psychotherapeutische Behandlung angezeigt wäre, er diese in der Regel nicht bekommt, sondern lediglich medizinische Behandlung im engeren Sinn, allenfalls an die Psychiatrie überwiesen wird (vgl. dazu Menne/Schröter 1980).

Solche zur Institution gewordenen Erwartungseinstellungen und Situationsdefinitionen gibt es natürlich nicht nur auf seiten des Arztes, sondern auch beim Patienten. Eine ganze Reihe von Faktoren werden deshalb im Begriff des Gesundheitsverhaltens zusammengefaßt. Um bei unserem Beispiel zu bleiben: Viele Gründe führen auch dazu, daß Patienten, je weiter unten sie im sozialen Stratum sind, in der Regel immer weniger mit Psychotherapie anfangen können und eher Pillen und Spritzen erwarten. Generell läßt sich hier als Grund nennen, daß aufgrund ihrer Sozialisation für sie das Wort, die Rede nicht jene Bedeutung hat gewinnen können, welche diese grundlegend wichtigen Momente unseres gesellschaftlichen und persönlichen Lebens für den Mittelschichtpatienten (und „seinen" Arzt) in der Regel haben; diese „Persönlichkeitsmerkmale" sind natürlich auf das Problem sozialisatorischer Chancen zurückzuführen.

Mit dieser Art von Patienten selbst hereingebrachter Kontraindikation für Psychotherapie kommen diese Patienten dem Bild, das der Arzt im Durchschnitt stereotyp von ihnen hat, entgegen. Das führt im Hinblick auf eine angemessene Versorgung bzw. Nutzung des Versorgungssystems zu einer „unheilvollen Koalition" (Horn/Beier/Wolf 1984) zwischen normalen naturwissenschaftlichen Definitions- und Behandlungsschemata des Versorgungssystems und den Erwartungseinstellungen vieler Patienten, insbesondere solcher aus der Unterschicht. Eine angemessene „sprechende Medizin" wird dann überhaupt nicht praktiziert und der Patient womöglich einer kontraproduktiven Behandlung zugeführt.

Es ist deutlich geworden, welche enorme Rolle in der alltäglichen Lebenspraxis derartige Zuschreibungen spielen, wie schwierig es vor allem sein muß, sich normativ gehandhabten Erwartungen zu entziehen. Dementsprechend wichtig ist es, auf dieser Ebene kritisches Bewußtsein zu wecken und zu intervenieren. Doch erreicht man mittels dieses Zugangs weder sozialstrukturelle Faktoren einerseits, noch internalisierte Interaktionsstrukturen, soweit sie sich gegenüber ihrer Ätiologie funktional verselbständigt haben.

Über Ansätze hinaus, die auf sozialstrukturelle Probleme zielen (und von daher auch soziales Handeln beeinflussen), und auch über den soeben gestreiften interaktionistisch-institutionstheoretischen Etikettierungsansatz hinaus ist im Bereich der Fragestellung, wie man von der subjektiven Seite her die Ergebnisse medizinischer Versorgung vermittels Aufklärung verbessern kann, insbesondere der *lerntheo-*

retische Ansatz von Bedeutung. Wenngleich die lerntheoretisch orientierte Psychotherapie heute immer mehr die von der Psychoanalyse thematisierten psychischen Strukturbildungen in Rechnung stellt (vgl. z.B. Metzger 1979), ist dieses Denkmodell mit seinem Krankheitsverständnis nach wie vor zu wenig komplex. Das, was die Psychoanalyse lediglich als Symptom betrachtet, d.h. als eine Ausdrucksform eines anderen, tiefer sitzenden Problems, wird in diesem theoretischen Kontext als die ,,Krankheit" selber angesehen. Sozial- und Psychotechniken auf dieser Ebene rechnen also nicht mit dem, was von der psychoanalytischen Position Symptomverschiebung genannt wird: Daß ein dynamisch unbewußtes Problem unterschiedliche Ausdrucksformen hat, sich also unter Druck verändern, in neuer Gestalt auftauchen kann, ohne seine unbeherrschte Dynamik zu verlieren. So ist es durchaus vorstellbar, daß aus dieser zu wenig komplexen Sicht die Entwöhnung von Rauchern auch dann als Erfolg gesehen wird, wenn man zugleich bei den Entwöhnten eine Entwicklung von Übergewicht feststellt.

Aber gerade weil wir diesen Ansatz mit seinem Modell von Lernfähigkeit für zu wenig problembewußt halten, soll hier ausdrücklich hervorgehoben werden, daß Aufklärungskampagnen im Sinne des Begriffs der ,,Verstärkung" durchaus ihren Sinn haben. Sie können, massenmedial verbreitet, beispielsweise mit dazu beitragen, in allen Köpfen besseres Klima und Problembewußtsein für Gesundheitsbelange zu schaffen, parallel zu sozialstrukturellen Veränderungen, parallel zu institutionell-interaktionistischen Umwandlungen und vor allem jenseits des mit besonderen, d.h. unbewußten Interessen ausgestatteten Widerstandes gegen Gesundheitsaufklärung: in von jeweils persönlichen Interessen wenig vorstrukturierten Bereichen. –

„Unser" Realitätsausschnitt und seine Praxisperspektiven

Inzwischen ist deutlich geworden, daß die Veränderungen im Bereich des Gesundheitsverhaltens wahrscheinlich stets einer komplexen Strategie, sozusagen konzertierter Aktionen bedürfen. Wir kommen im Schlußkapitel auf den *Stellenwert unseres Ansatzes* in diesem Ensemble zurück, wenn wir die Umsetzung unserer Art der Ätiologieforschung in politische bzw. *gesellschaftliche Praxis* diskutieren.

Diese Einleitung dient insbesondere dazu, den Leser auf ein Problem vorzubereiten: Unser Verfahren und seine Ergebnisse angemessen einschätzen zu können. Zwar wird dieses Thema erst im letzten Kapitel abgeschlossen werden. Wichtige Voraussetzungen für das Verständnis waren aber bereits hier zu formulieren. Denn wenn einmal neue Wege beschritten werden – und das haben wir getan –, so ist nicht ohne weiteres voraussetzbar, daß jener Realitätsausschnitt, welchen dieses neue Verfahren sichtbar macht, deutlich ist; vorausgesetzt werden darf ebensowenig, daß Schlußfolgerungen in pragmatischer Hinsicht und natürlich auch dementsprechende Begrenzungen, welche dieses Verfahren wie alle anderen auch hat, selbstverständlich sind.

Solche Probleme werden unseres Erachtens deshalb besonders relevant, weil wir mit diesem Verfahren die Konvention der Nicht-Beziehung zwischen Forscher und Interviewtem methodisch radikal aufgeben, weil wir Forschung und beabsichtigte Veränderung des Forschungsfeldes in ein und demselben Arbeitsgang betreiben.

Wie alle Forschungsergebnisse sind natürlich auch die unseren nur sinnvoll verständlich im Hinblick auf diese Art ihrer Herstellung: In unserem Fall also eingedenk ihres Zustandekommens im als intervenierend und verändernd begriffenen Forschungsgespräch, in welchem – wie im einzelnen noch dargestellt wird – die interpretierten aktuellen Beziehungen zwischen den Gesprächspartnern zu den wichtigsten Informationen überhaupt gehören. Damit verbietet sich die übliche strategische „Anwendung" unserer Forschungsergebnisse; Schlußfolgerungen daraus bleiben strukturell an die Möglichkeit solcher Gesprächssituationen gebunden.

Natürlich ist unsere Studie keineswegs „einzigartig" in dem Sinn, daß sich daraus keine generalisierenden Schlüsse ziehen ließen. Solche Schlüsse müssen lediglich anders gezogen werden als im Rahmen einer herkömmlichen, „feststellenden" Empirie. Unsere Ergebnisse sind keine Diagnose im Sinne eines durchschnittlichen Ist-Zustandes einer Grundgesamtheit (mit der und der Wahrscheinlichkeit auf den Einzelfall zutreffend), und wir haben auch keine hypothetische Wenn-Dann-Beziehung, sondern die Veränderbarkeit von „Gesundheitsverhalten" im Gespräch geprüft, also eine *Prozeßanalyse* betrieben. Damit lassen wir die persönlichen Strukturbildungen kognitiver, emotionaler und konativer Art situativ dynamisch zur Geltung kommen. Konsequenzen aus unserem Verfahren zu ziehen, heißt immer, dieses zentrale Moment unseres Verfahrens im anderen sozialen Kontext entsprechend zu reproduzieren. Wir werden paradigmatische Mikrosituationen aus einer wissenschaftlichen Prozeßanalyse präsentieren und versuchen dann, deren strukturelle Elemente auf die gesellschaftliche Normalsituation übertragend, sozialstrukturelle Voraussetzungen für die Realisierung unserer Veränderungsperspektive zu formulieren, in welchen „Widerstand" zunächst zur Geltung, dann aber auch zur Sprache kommen und offen diskutiert werden kann. Wir begreifen unser Verfahren nur als *einen,* allerdings unerläßlichen Beitrag zur Beantwortung der Frage, wie unter prophylaktischer, aktiver Einbeziehung der potentiellen Patienten selber ein besserer gesellschaftlicher Gesundheitszustand erwirkt werden kann. Die bereits eingeleitete Erörterung dieser Stellenwertproblematik soll insbesondere von punktuellen (Erziehungs-)Maßnahmen weg und zu umfassenden Konzepten von Gesundheitspolitik bewegen, die wir uns allein als pragmatisch erfolgreich vorstellen können.[4]

4 Dieser Untersuchung ging eine Studie voraus, an welcher Christel Beier, Bernhard Floßdorf, Klaus Horn, Klaus Strzyz und Michael Wolf mitgewirkt haben. Im Rahmen jener Studie, (Horn u.a. 1984) wurden viele wichtige Voraussetzungen für die hier vorgelegte Arbeit entwickelt. Am Zustandekommen der hier vorgelegten Untersuchung hat außer den drei genannten Autoren auch Michael Wolf mitgewirkt. Obgleich von den methodischen Grundlagen des vorangegangenen Projekts vieles übernommen werden konnte, haben wir für die hier vorgelegte Untersuchung manches vertiefen und vor allem den Gang unserer Untersuchung und Auswertung verfeinern können.

II. Theoretische Vorannahmen: Gesundheitsverhalten als Konfliktlösungsverhalten

1. Problemstellung

Bevor wir in diesem Kapitel den theoretischen Rahmen der Untersuchung vertiefen und die zentralen Begriffe erläutern, wollen wir im folgenden zunächst auf einige grundsätzliche Voraussetzungen der Untersuchungskonzeption eingehen.

Im Sinne von Motivationsforschung versteht sich die vorliegende Studie als ein Beitrag zur Ätiologie des Gesundheitsverhaltens. Jeder Motivationsforschung ist die Aufgabe gestellt, Entstehungsbedingungen gesundheitsgerechten sowie gesundheitsschädigender Verhaltensweisen herauszufinden und mithilfe dieser Kenntnisse Bedingungen der Veränderbarkeit zu formulieren. Sofern es sich um Gesundheitsrisiken handelt, welche durch individuelle Handlungsweisen verursacht werden, [illegible] Motivation im engeren Sinne interessiert, sind [illegible] zur Förderung gesundheitsgerechter Verhaltensweisen auch immer darauf angewiesen, [illegible] Änderung der persönlichen Lebensführung [illegible]. Weil es sich dabei um relativ stabile individuelle Handlungsmuster handelt, wird deren persönliche [illegible] (vgl. [illegible] 1980).

[illegible]

Dementsprechend [illegible]

[illegible]

II. Theoretische Vorannahmen: Gesundheitsverhalten als Konfliktlösungsverhalten

1. *Problemstellung*

Bevor wir in diesem Kapitel den theoretischen Rahmen der Untersuchung vorstellen und die zentralen Begriffe erläutern, wollen wir im folgenden zunächst auf einige grundsätzliche Voraussetzungen der Untersuchungskonzeption eingehen.

Im Sinne von Motivationsforschung versteht sich die vorliegende Studie als ein Beitrag zur Ätiologie des Gesundheitsverhaltens. Jeder Motivationsforschung ist die Aufgabe gestellt, Entstehungsbedingungen gesundheitsgerechter sowie gesundheitsschädigender Verhaltensweisen herauszufinden und mithilfe dieser Kenntnisse Bedingungen der Veränderbarkeit zu formulieren. Sofern es sich um Gesundheitsrisiken handelt, welche durch individuelle Handlungsweisen verursacht werden, sofern also Motivation im engeren Sinne interessiert, sind Interventionsmaßnahmen zur Förderung gesundheitsgerechter Verhaltensweisen auch immer darauf angewiesen, eine Änderung der persönlichen Lebensführung anzustreben. Weil es sich dabei um relativ stabile individuelle Handlungsmuster handelt, wird deren persönliche Motivierung zum entscheidenden Ansatzpunkt (vgl. Siegrist 1980).

Motivation ist aber nicht, wie dies in den herkömmlichen epidemiologischen Untersuchungen versucht wird, mit psychologischen Persönlichkeitsmerkmalen schon zureichend erfaßt. In solchen statistisch relevanten (und nicht paradigmatischen) Ergebnissen sind zwar motivational bedeutsame Faktoren festgehalten, die aber als bereits verallgemeinerte ihren Bezug zu den Individuen verloren haben: Verhalten erscheint so als ausschließlich von faktoriell auflösbaren Bedingungen abhängig.

Dementsprechend sind in aller Regel auch die in Forschungen dieses Typs gegebenen Empfehlungen strukturiert. Dem ist entgegenzuhalten, daß motiviertes Handeln immer sinnvolles Handeln bedeutet, d.h. Gesundheitsverhalten unterliegt einer jeweils subjektiven Sinnhaftigkeit, die nur als (wie immer widersprüchlich strukturierte) Ganzheit zu verstehen und zu verändern ist. Diesen Sinnzusammenhang, der Gesundheitsverhalten zugrunde liegt, verstehen wir als „Motivation".

Die Entstehungsbedingungen der subjektiven Sinnhaftigkeit von Gesundheitsverhalten sind nun aber keineswegs als rein subjektive aufzufassen. Denn in die subjektiven Orientierungen der einzelnen gehen sowohl die lebensgeschichtlich besonderen Verarbeitungsformen der äußeren Realität als auch solche Realitätsinterpretationen ein, die bereits weitgehend soziokulturell vorgegeben sind. Diese subjektiven Verarbeitungsformen von Realität verselbständigen sich und treten als subjektive

Orientierungen in ein jeweils eigenes Verhältnis zur Realität. Darüber hinaus wirken im Handeln verschiedene Realitätsebenen zusammen: Gesundheitsverhalten ist somit Resultat eines sich individuell herstellenden Verhältnisses von verschiedenen Realitätsebenen, die in einer gegebenen Handlungssituation zusammenwirken. Insofern ist Motivation von subjektiv-lebensgeschichtlichen, interpersonellen und sozialstrukturellen Voraussetzungen abhängig. Als Teil psychosozial organisierten Handelns ist Gesundheitsverhalten daher zugleich situationsabhängig.

Dieses situative Moment kommt in der vorliegenden Studie auf verschiedene Weise zur Geltung: Es wird die infantile, also lebensgeschichtlich bedeutsame Situation aufgenommen, in der Bereitschaften für spätere Verhaltensweisen ausgebildet werden. Wichtig wird insbesondere die je aktuelle Lebenssituation, in der sich die lebensgeschichtlich gebildeten Motivationen aktualisieren, sich aber auch aufgrund veränderter sozialer Anforderungen modifizieren. Schließlich wird das situative Moment empirisch in einer Gesprächsform wiederaufgenommen, die die Entfaltung einer situationsabhängigen Beziehungsdynamik ermöglicht. Die psychosozialen Entstehungsbedingungen subjektiver Orientierungen sind es also, die hier als subjektive Entstehungsbedingungen der Motivation verstanden werden. Dieses komplexe Verständnis der Ätiologie ist wichtig für Veränderungsabsichten; darauf kommen wir wiederholt zurück.

In diesem Zusammenhang ist deshalb auch die gesellschaftliche Bedeutung von Gesundheit und Krankheit und damit das System gesundheitlicher Versorgung zu berücksichtigen, denn es entscheidet über die Definition dessen, was als gesund oder krank gilt, und es übt durch seine Definitionsmacht eine soziale Kontrollfunktion aus. Motivationsbildung im Bereich des Gesundheitsverhaltens wird deshalb nicht zuletzt durch die Logik des institutionalisierten medizinischen Denkens und Handelns bestimmt.

Damit die subjektive Sinnhaftigkeit von Gesundheitsverhalten erfahrbar wird, sollen im empirischen Teil der Untersuchung exemplarische Rekonstruktionen an Einzelfällen vorgenommen werden. Manifeste Verhaltensweisen lassen sich in einem Sinnzusammenhänge rekonstruierenden, verstehenden Verfahren auf ihre psychosozialen Entstehungsbedingungen zurückführen. Dabei geht es nicht darum, vom Einzelfall isolierbare und abstrahierbare Bedingungsfaktoren der Motivationsbildung zu benennen, sondern ausschließlich darum, die Sinnhaftigkeit individuellen Handelns ätiologisch und aktuell aufzuzeigen. Aus der Perspektive subjektiver Orientierungen werden der Sinn von Gesundheitsverhalten und damit auch die Barrieren gegen Verhaltensänderungen verstehbar. Der einmal artikulierte Sinn ist dann auch im Hinblick auf Veränderungsabsichten diskutierbar – nicht als „Faktor", sondern als nur persönlich handhabbarer Sinnzusammenhang.

Somit werden zwar empirisch die psychosozialen Organisationsformen von Gesundheitsverhalten lediglich aus der Perspektive der Interviewsituation, also aus einer subjektiven Darstellung, sichtbar. Diese ist aber nicht als bloß subjektive Information einzuschätzen, sondern als eine persönliche Information über die Wahrnehmung und Handhabung von Situationen. Eine sozialwissenschaftlich aufgeklärte

Psychoanalyse[1] hat hierzu sowohl für das theoretische Verständnis als auch das empirische Vorgehen entscheidende Anregungen gegeben. Sie eröffnet die Möglichkeit, am Subjekt anzusetzen und zugleich sozialwissenschaftlich vorzugehen.

Die aus psychoanalytischer Sicht zu unterstellende Strukturähnlichkeit der genannten Situationen – die infantile, aktuelle und die Interviewsituation – ermöglicht es im Interpretationsverfahren der Auswertung, dem Handeln einen konsistenten Bedeutungszusammenhang und damit einen Sinn zu unterlegen. So verschieden dabei die Motivationen des Gesundheitsverhaltens in den Einzelfällen auch sein mögen, so sind sie doch in dem Sinne objektivierbar, als sie sich in einen schichtspezifischen Bedingungszusammenhang von allgemein vorfindlichen und relativ gleichförmigen Lebensumständen einordnen lassen.

2. *Funktionalistischer Krankheitsbegriff und Gesundheitsverhalten*

Im folgenden wollen wir uns kurz mit der in der medizinsoziologischen Forschung verbreiteten rollentheoretischen Vorstellung über Krankheitsverhalten auseinandersetzen. Ein Grund dafür ist, daß deren konzeptuelle Unzulänglichkeiten uns veranlassen, Gesundheitsverhalten im Rahmen eines psychoanalytisch orientierten Konzepts zu begreifen. Ein weiterer Grund liegt darin, daß die Funktionen der Krankenrolle als soziale Realität beschreibende Elemente in den Begriff des Krankheitsgewinns eingehen.

Zunächst greifen wir deshalb „Gesundheit" und „Krankheit" unter dem Aspekt sozialer Kontrolle auf, beide also unter funktionalen Gesichtspunkten. Im strukturell-funktionalen Modell ist das Verhalten einzelner den Zielen des sozialen Systems untergeordnet. Krankheit wird deshalb als eine Form abweichenden Verhaltens begriffen. Durch die Zuweisung der Krankenrolle eröffnet die Gesellschaft dem einzelnen auf Zeit und unter besonderen Bedingungen eine Entlastungsmöglichkeit (Parsons 1964).

Beim Versuch jedoch, gesundheitliches Risikoverhalten in dieses Konzept einzuordnen, begegnen wir einer zentralen theoretischen Schwierigkeit: Während dem Erkrankten die Krankenrolle mit der ihr innewohnenden normativen Verhaltenserwartung zur Wiederherstellung der Gesundheit zugeschrieben wird, fehlen entsprechende Sanktionsmöglichkeiten für denjenigen, der als gesund gilt, zugleich aber die allgemeine Wertorientierung Gesundheit durch Risikopraktiken unterläuft. Der Gesundheit steht nämlich in diesem Konzept kein eigenständiger Rollentyp zur Verfügung, sondern Gesundheit umschreibt, wie Parsons es formuliert hat, einen „Zu-

1 Wir orientieren uns an einem insbesondere in Frankfurt/Main entwickelten Verständnis der Psychoanalyse als Sozialwissenschaft. Dieser Ansatz, der aus der Tradition der Frankfurter Schule sowie der Arbeit Alexander Mitscherlichs zu verstehen ist, eignet sich vor allem, antagonistische Verhältnisse zwischen einzelnen und gesellschaftlichen Strukturen darzustellen. Dies wird für unsere Untersuchung insofern wichtig, als Psychoanalyse eine dem Akteur selbst nicht bewußte Logik individuellen Handelns entfalten kann und diese Logik in ätiologischer wie auch funktionaler Hinsicht als individuelle Brechung einer gesellschaftlichen Logik interpretierbar macht.

stand optimaler *Leistungsfähigkeit* eines Individuums für die wirksame Erfüllung der Rollen und Aufgaben, für die es sozialisiert ist" (Parsons 1964, S. 11).

Das Gesundheitsverhalten jenseits der Krankenrolle ist deshalb nicht als typisches Rollenhandeln analysierbar (vgl. Voigt 1978). Daraus folgt, daß die Legitimität auch Gesundheit beeinträchtigender Verhaltensweisen solange gesichert bleibt, wie der einzelne seine Integration durch Erfüllung der Rollenverpflichtungen aufrechterhält. Gesundheitliches Risikoverhalten, dem ja in diesem Sinne ebenfalls kein Symptomwert zugeschrieben wird, bewegt sich somit in einem sozial integrierten und anerkannten Bereich, solange wenigstens, wie sich keine formellen oder informellen Sanktionen öffentlicher oder privater Art durchsetzen können (also etwa Arbeitgeber keine starken Raucher oder Leute mit Hochdruck mehr einstellen). Nicht mit sozial definierten Erwartungen an Rollenhandeln ausgestattet, ist der Bereich des gesundheitlichen Risikoverhaltens offen für zahlreiche widerstreitende gesellschaftliche Normen, abhängig von unterschiedlichen individuellen Bedürfnissen, sozialen Lagen etc.

Durch Gesundheitsaufklärung vermittelte Normen treffen deswegen auf eine Vielzahl konkurrierender Wertsetzungen und Interessen, die bis in die Persönlichkeitsdimension der Adressaten hineinreichen. Außerdem wird deutlich, daß gesundheitliche Aufklärungsmaßnahmen an das Individuum tendenziell zur Krankenrolle gehörende Ansprüche herantragen, ohne aber deren Vorteile anzubieten. Denn die Eigenverantwortung sowohl für die Krankheitsentstehung als auch für die selbständige Reproduktion des Lebens, von der die Krankenrolle vorübergehend entbindet, wird dabei stets vorausgesetzt. Es werden beispielsweise Einschränkungen der Lebensweise verlangt (Essen, Trinken, Rauchen), zugleich wird aber die volle Arbeitsleistung gefordert, weil z.B. der Fettsüchtige nur risikohaft lebt, aber eigentlich nicht krank ist. Gesundheitliches Risikoverhalten läßt sich also im funktionalistischen Konzept bestenfalls als eigentlich widersinnige Spekulation auf die Vorteile der Krankenrolle interpretieren: Diese könnten schließlich nur um den Preis einer manifesten Erkrankung realisiert werden.

Wir möchten die zentralen Unterstellungen des funktionalistischen Modells, soweit sie die auch in der Gesundheitserziehung wirksame medizinische Krankheitsdefinition betreffen, kurz zusammengefaßt verdeutlichen:

a) Weder die gesellschaftliche Handhabung von Krankheit als Entlastungsmechanismus mit spezifischen Rückgliederungsbedingungen, die bei Nichterfüllung Sanktionen zur Folge haben, noch das Angebot derjenigen Institutionen, welche die Rückgliederung sachlich zu leisten haben, also das System medizinischer Versorgung, werden von einer Gesundheitserziehung, die vornehmlich am medizinischen Angebot orientiert ist, grundsätzlich in Frage gestellt bzw. in den Problemhorizont einbezogen. Der strategische Blick der Veränderung ist deshalb, oft eher implizit als explizit, auf Verhalten gerichtet und geht vom Funktionieren der Rückgliederungsmechanismen aus.

b) Auch wenn es sich um rollentheoretische (also soziologische) Vorstellungen von Verhalten handelt, ganz offensichtlich jedoch dann, wenn Verhalten sozialpsychologisch oder individualpsychologisch konzipiert ist, wird als Veränderungseinheit wissenschaftlich ein abstrakter Homunkulus geschaffen. Er ist sowohl hinsichtlich seiner Genese als auch hinsichtlich seiner Funktion kein gesellschaftliches Wesen mehr, das in vielfältiger Weise in innere und äußere Beziehungen und Strukturen verwikkelt ist, sondern eine Art funktionales Informationsverarbeitungszentrum ohne eigenwillige Strukturbildung.

Weil Primärprävention im Sinne der Veränderung gesellschaftlich hervorgebrachter Risiken im funktionalistischen Konzept nicht angelegt ist, soll der einzelne dafür sorgen, daß er der naturwüchsigen Entwicklung der Risiken immer auf der Spur bleibt. Lebensplanung wird zu einer Art Wettlauf mit Gefahren, auf deren Produktion (konzeptuell gesehen) keine Einflußmöglichkeit besteht und die zudem – wie es die Art von Risiken ist – für den einzelnen nur im strengen Sinn der Wahrscheinlichkeit zutreffen, also aus der Sicht des einzelnen nicht notwendig auf ihn zutreffen müssen.

Die Last der Regulierung des Systems ist damit wesentlich den einzelnen (bzw. Risikogruppen) aufgebürdet, die sich, strenggenommen, wie Funktionen einer ihnen ständig bekannt zu machenden und von ihnen unabhängigen Entwicklung verhalten müßten, wenn sie die mittelbar, nämlich konzeptuell in sie gesetzten Erwartungen erfüllen wollten.

An dieser Perspektive auf Gesundheitsverhalten hat sich in den letzten zwanzig Jahren so gut wie nichts geändert (Naschold 1974, Heimbach 1980).

Nun scheint es uns nicht sinnvoll zu sein, den strategischen Blick nur in die entgegengesetzte Richtung zu wenden, also die gesellschaftliche Risikoproduktion allein zum Gegenstand des wissenschaftlichen und des Veränderungsinteresses zu machen. Damit wäre zwar der Mensch als gesellschaftliches Wesen anerkannt, und man bekäme mehr primärpräventiv relevante Vorstellungen an die Hand. Es wäre jedoch die subjektive Verarbeitung dieser Lebensbedingungen, die Umgangsweise mit den Zumutungen des Lebens, wiederum nicht in der gebotenen Differenziertheit mit in die Argumentation einbezogen und deshalb auch praktisch nicht angemessen zugänglich. Wir haben deshalb ein Konzept gewählt, das sowohl die subjektiven als auch die gesellschaftlichen Bedingungen von Gesundheit berücksichtigt.

3. *Psychoanalytischer Krankheitsbegriff und Krankheitsgewinn*

Die erwähnte Schwierigkeit, gesundheitliches Risikoverhalten rollentheoretisch zu bestimmen, verweist auf ein grundlegendes theoretisches Problem, nämlich die Grenzziehung zwischen Gesundheit und Krankheit, wie sie das funktionalistische Modell in Übereinstimmung mit dem naturwissenschaftlichen der Medizin vornimmt. Die psychoanalytische Theorie bietet die Möglichkeit, uns begrifflich mit diesem Problem auseinanderzusetzen.

Die psychoanalytische Krankheitslehre konnte an den psychischen und psychosomatischen Erkrankungen zeigen, daß Gesundheit und Krankheit als Stadien mit gleitenden Übergängen vorstellbar und somit im Sinne eines Kontinuums zu relativieren sind. Beide bedeuten gleichermaßen je unterschiedliche Umgangsweisen mit lebensgeschichtlich entstandenen und unbewußt wirksamen Konflikten. So meint Gesundheit nach psychoanalytischer Auffassung das – allerdings fiktive – Ideal der vollständigen Verfügung eines Individuums über sich selbst im Sinne leibseelischer Selbstaneignung, und entsprechend meint Krankheit deren Mißlingen, das sich auf verschiedene Weise und in unterschiedlichem Ausmaß herstellt. Deshalb markieren Gesundheit und Krankheit ein Kontinuum und stehen demselben methodischen Zugriff offen. Dies gilt sowohl in ätiologischer als auch therapeutischer Hinsicht. Auf diese Weise wird es darüber hinaus möglich, unterschiedliche Formen sozialer Abweichung (z.B. Kriminalität) in einem einheitlichen Konzept zu interpretieren (vgl. Kutter 1980). Insofern wird deutlich, daß es gesellschaftliche Bestimmungen sind, die auf dem Wege medizinisch und rechtlich geleisteter Abgrenzungen „gesund" und „krank" unterscheiden, ganz im Sinne der oben angesprochenen Funktion sozialer Kontrolle abweichenden Verhaltens.

Ein derart relativierter Krankheitsbegriff erlaubt es nun, gesundheitliches Risikoverhalten in dieses Kontinuum von Gesundheit und Krankheit einzuordnen. In einem weiteren Schritt ist das an der individuellen Lebensgeschichte entwickelte Verständnis von Krankheit als Konflikt sozialwissenschaftlich zu erweitern. Wir begreifen den psychoanalytischen Krankheitsbegriff als Bestandteil eines nicht-funktionalistischen sozialwissenschaftlichen Konfliktmodells (vgl. Horn 1974). Denn selbst die individuellen Sozialisationsprozesse, die den Gegenstand der Psychoanalyse ausmachen, verlaufen in der interpersonellen Interaktion der Familie, also in einer sozialen Institution. Ein sozialwissenschaftlicher Krankheitsbegriff berücksichtigt deshalb ein umfassendes Konfliktfeld, mißt also auch solchen Konflikten Bedeutung bei, mit denen der einzelne sich aufgrund seiner sozialen Lebensumstände jeweils aktuell auseinandersetzen muß. Daraus folgt eine Auffächerung in verschiedene psychosoziale Konfliktebenen, die eine entsprechend differenzierte Fragestellung ermöglicht. Damit erhalten wir nicht nur eine Interpretationsfolie für den persönlichen Umgang mit anders offenbar nicht zu lösenden Konflikten, sondern dieses Krankheitsverständnis bietet neben der Möglichkeit, den psychosozialen Sinnzusammenhang von Handlungen zu entfalten, auch ein Konzept, das sich kritisch mit dem medizinischen Versorgungssystem auseinandersetzt. Dort wird ja gemeinhin ein organologisches, ein traditionell naturwissenschaftliches Krankheitskonzept praktiziert. Dieses isoliert Krankheit ätiologisch und funktional weitgehend von menschlichen Beziehungen und gesellschaftlichen Verhältnissen.

Die Relativierung des Krankheitsbegriffs bleibt nicht ohne Konsequenzen für den Symptombegriff. Wenn Gesundheit und Krankheit als Resultate unterschiedlichen Umgangs mit psychosozialen Konflikten verstanden werden, so ist gleichfalls der Symptombegriff unter dieser veränderten Perspektive zu bestimmen.

Nach psychoanalytischer Auffassung stellt das Symptom eine Kompromißbildung dar aus dem unbewußt gewordenen Konflikt zwischen infantilen Wünschen und elterlichen Versagungen, in denen zugleich gesellschaftliche Normen vertreten sind. Beides ist im Symptom ersatzweise und in verschlüsselter Form präsent. Dies macht, ätiologisch betrachtet, den Sinn der Kompromißbildung aus. Funktional betrachtet, besteht die Entlastung, die das Symptom bietet, darin, den problematischen Konfliktgehalt dem Bewußtsein fernzuhalten. Beide Aspekte faßt der Begriff des primären Krankheitsgewinns zusammen. Sinngemäß handelt es sich also bei der Symptombildung um einen Umgang mit Konflikten, der die Probleme (auf den Körper) verschiebt.

Der Begriff des Krankheitsgewinns (Freud, z.B. 1905, S. 202–205; 1926, S. 251–253) bietet nun die Möglichkeit, die Sinnlogik des gesundheitlichen Risikoverhaltens als eine eigene, von der Rationalität medizinischer Gesundheitsnormen unterschiedene Form der Rationalität zu beschreiben.

Krankheitsgewinn ist auf zwei Ebenen zu registrieren: Zunächst, wie oben beschrieben, als primärer im psychischen System, ein „Gewinn", der mit einer autoplastischen Veränderung erkauft wird (beispielsweise einer hysterischen Lähmung), einer Veränderung, über die zudem, insofern sie dynamisch unbewußt ist, nicht mehr ohne weiteres verfügt werden kann; dann als sekundärer, weil mit dieser in die Bewußtlosigkeit absinkenden Konfliktstillegung soziale Gratifikationen eingehandelt werden (beispielsweise die Krankenrolle mit all ihren vorübergehenden Vorzügen der Entlastung und Zuwendung).

Der Begriff des sekundären Krankheitsgewinns meint also die durch eine Erkrankung veranlaßten äußeren Vorteile. Im sekundären Krankheitsgewinn verschränkt sich deshalb der primäre Krankheitsgewinn, die psychodynamische Konfliktabwehr, mit überindividuellen, zusätzliche Gratifikationen sicherstellenden Angeboten der Konfliktlösung. Beide Gratifikationen sind in der Krankenrolle vereinigt. Der Übernahme der Krankenrolle geht zunächst die medizinische Attestierung der Krankheit voraus. Da aber der medizinische Krankheitsbegriff keine konflikthafte Beteiligung des Kranken an seinem Symptom unterstellt, bleibt der Konflikthintergrund unangetastet. Die unbewußte Konfliktabwehr im Sinne des primären Krankheitsgewinns wird also durch die medizinische Definition des Symptoms gestützt. Das anerkannte Symptom entlastet außerdem im Sinne des sekundären Krankheitsgewinns den Kranken von einer Reihe sozialer Verpflichtungen, die während der Dauer der Erkrankung von Institutionen medizinischer und sozialer Versorgung übernommen werden.

Darüber hinaus führt eine Erkrankung in der Regel Veränderungen in den sozialen Beziehungen herbei, welche die psychodynamische Konfliktabwehr zumeist zusätzlich stützen. Der primäre Krankheitsgewinn ist daher in den psychosozialen Handlungszusammenhängen organisiert und bekommt eine für diese ebenfalls funktionale, sekundäre Bedeutung. Das Modell des Krankheitsgewinns, das im psychoanalytischen Rahmen jeweils in bezug auf den einzelnen und seiner Auseinandersetzung mit psychosozialen Konflikten entwickelt wurde, läßt sich daher auch auf größere soziale Einheiten übertragen, wie etwa auf die Familie (vgl. Mentzos 1976). Sie übt einen entscheidenden Einfluß auf das Gesundheitsverhalten aus und ist somit eine wichtige Interventionsebene.

Neben der Psychoanalyse haben interaktions- und kommunikationstheoretische Modelle darüber Aufschluß gegeben, welche spezifischen Konfliktpotentiale in einer Familie angelegt sind und durch welche besonderen Arrangements sie gelöst werden. Wird Familie nämlich modellhaft als System mit Subsystemen (z.B. Ehepaarbeziehung) begriffen, so lassen sich die interpersonellen Beziehungen in Funktionsregeln für das System beschreiben (vgl. Stierlin et al. 1977). Interaktionsstile einer Familie weisen demnach eine psychosoziale Dynamik auf, die auf die Bestandserhaltung des Systems bezogen ist. Das Verhalten einzelner ist dann nicht allein aus ihrer Persönlichkeit heraus erklärbar, sondern darüber hinaus zirkulär aus dem Zusammenhang aller Familienbeziehungen. Auf dieser Beziehungsebene betrachtet, werden die Verhaltensauffälligkeiten eines Familienmitglieds zum Resultat von familialen Verhaltensweisen der Problemlösung. Sie sind damit als Teil der psychosozialen Abwehrkonstellationen einer Familie bestimmbar. Sowohl intrapsychische Konflikte einzelner als auch interpersonelle Konflikte innerhalb von Subsystemen können auf eine Weise gelöst werden, daß sie sich auf die Gesamtfamilie verlagern und nur noch verschoben erscheinen. Alle Familienmitglieder sind dabei komplementär am Konfliktlösungsmuster beteiligt.

Familienkonflikte beeinflussen also Interaktionsstile und Beziehungsformen. Diese werden in familientherapeutischen Modellen als Strategien der unbewußten Rollenzuweisung beschrieben und können in der pathogenen Variante zur Abspaltung eines Symptomträgers führen (Richter 1969). Der eigentliche Konflikt verbirgt sich hinter diesen Strategien und ist der bewußten intrafamilialen Auseinandersetzung entzogen. Wir haben es also wiederum mit Krankheitsgewinn zu tun, nur kommt hier der Vorteil der Kompromißbildung nicht nur dem einzelnen, sondern auch einem Familiensystem zugute. Die interpersonelle Konfliktentlastung hält zugleich das Familiensystem als Ganzes aufrecht.

Motivationen des Gesundheitsverhaltens lassen sich somit auch unter einer eigenständigen familiendynamischen Fragestellung aufgreifen.

4. *Gesundheitliches Risikoverhalten als selbstschädigende Anpassung*

Im Anschluß an unsere Argumentation, gesundheitliches Risikoverhalten als symptomatisches Verhalten zu begreifen und deshalb den Krankheitsgewinn als (weitgehend unbewußte) Motivationsgrundlage zu veranschlagen, wollen wir nun den Gedanken über die psychische Funktion des primären und sekundären Krankheitsgewinns weiterverfolgen, um den Widerstand gegen eine an Normen des Gesundheitssystems orientierte Gesundheitsaufklärung plausibel werden zu lassen.

Wir greifen zu diesem Zweck nochmals auf die psychoanalytisch orientierte psychosomatische Medizin zurück. Diese unterstellt eine unbewußte Intentionalität der Symptombildung, eine unbewußte Absicht, Konflikte auf diese Weise zu lösen. Es ist daher in der psychosomatischen Theorie von „Symptomwahl" die Rede, wenn eine unbewußte Konfliktdynamik sich symptomatisch nicht auf den Bereich des psychischen Erlebens beschränkt, sondern auf Organisches übergreift. Davon ausgehend, ist die Vermutung gerechtfertigt, daß sich diese unbewußten Intentionen sowohl auf den primären als auch auf den sekundären Krankheitsgewinn richten können (vgl. Brede 1971, S. 166). Denn die organische Erkrankung gefährdet die soziale Integration in weit geringerem Maße als die psychische. So erzielt die organische Symptomwahl, die sich die Interpretationen und Regeln der Krankenrolle zu eigen macht, Krankheitsgewinn mit geringerem Aufwand. Weil die somatische Erkrankung ein legitimes und normativ angebotenes Konfliktlösungsmuster darstellt, kann eine solche sozial integrativ wirkende Lösung, soziologisch betrachtet, als geradezu zwingend erachtet werden (vgl. Brede 1974, S. 25).

Wir gehen nun in der vorliegenden Untersuchung davon aus, daß sich diese unbewußte psychische Ökonomie der Symptomwahl entsprechend der Erweiterung des Krankheits- und Symptombegriffs verallgemeinern läßt. Gesundheitliches Risikoverhalten, so die Hypothese, stellt eine unter anderen möglichen Formen sozial akzeptierter und zugleich mit persönlichem Sinn unterlegter Konfliktlösungsmuster dar. Der Sinn des Symptoms ist unbewußt geworden, und nur der sekundäre Gewinn kann bewußt sein. Offenbar fällt die individuelle Ökonomie zwischen Erkrankungsrisiko und Gewinn hier so aus, daß die – analog zur psychosomatischen Symptomwahl – gesellschaftlich nicht nur tolerierten, sondern oft sogar sozial erwünschten Abweichungen vom optimalen Gesundheitsverhalten primäre und sekundäre Gratifikationen beinhalten, gegenüber denen gesundheitliche Beeinträchtigungen gering zählen.

Die ihm eigentümliche Vernunft bezieht dieses nach konventionellen medizinischen Standards unvernünftige Verhalten demgemäß daraus, konfliktuöse Lebenserfahrungen kompromißhaft und im Rahmen sozialer Legitimität bewältigen zu können. Denn gesundheitliches Risikoverhalten ist durch tradierte kulturelle (z.B. im Falle des Alkoholkonsums) und subkulturelle (z.B. im Falle der Ernährungsgewohnheiten) Wertorientierungen abgestützt. Kollektiv praktizierte Gesundheitsrisiken, die nicht als abweichende Verhaltensweisen deklariert sind, eignen sich deshalb wie die organischen Symptome, den Konflikt in einem oftmals gar nicht als symptomatisch auffälligen Verhalten zur „Selbst-Verborgenheit" (Mitscherlich) kommen zu lassen.

Die Vorteile, welche sich aus der sozialen Organisation gesundheitlichen Risikoverhaltens und seiner (unbewußten) Sinnhaftigkeit ergeben, machen die Motivation der Entstehung und Beibehaltung gesundheitlichen Risikoverhaltens aus. Beispielsweise kann sich legales Suchtverhalten als zunächst biographisch motiviertes Problemlösungsverhalten zusätzlich jeweils situativ-aktuell bewähren. Zu denken ist etwa an die Anerkennung durch wichtige Bezugsgruppen, wie sie z.B. jugendliche Subkulturen bilden, die sich über ritualisiertes Mißbrauchsverhalten stabilisieren.

5. *Krankheitsgewinn als Widerstand gegen Gesundheitsaufklärung*

Wir wollen nun den Zusammenhang zwischen diesen Erörterungen und den Konsequenzen für gesundheitsbezogene Aufklärung weiter verdeutlichen, indem wir den vielseitigen Kompromiß „Risikoverhalten" mit einigen Aspekten bisher üblicher Gesundheitsaufklärung konfrontieren. Dabei geht es darum, plausibel zu machen, daß sich Gesundheitsaufklärung (wie im übrigen auch unser auf Veränderung zielender Forschungszugang) auf einen vielschichtig organisierten Widerstand einstellen muß.

Psychoanalyse geht aus den soeben dargelegten Gründen davon aus, daß problematisches Verhalten eines Patienten, z.B. unmäßiges Essen, in der Regel keines ist, was vermittels bloßer Information über die mit Übergewicht verbundenen Gesundheitsrisiken zu bewältigen ist. Denn häufig ist der Betreffende nicht in der Lage und im Hinblick auf sein wenngleich im engeren Sinn unbewußtes Interesse (weil vielleicht Essen für ihn bedeutet, daß er sich Liebe verschafft) auch nicht ohne weiteres willens, die ihm zur Verfügung stehenden Informationen zu verarbeiten und seine Lebensführung entsprechend zu ändern. Nur von solchen „schwierigen" Fällen, die, weil man die relative Erfolglosigkeit von Aufklärungskampagnen kennt, wohl in der Überzahl sind, ohne allesamt gleich als „krank" gelten zu müssen, ist hier also die Rede; nur von jener Mehrheit, die trotz verfügbarer Information risikohaft lebt. Eine Minderheit wird sich stets von (massenmedialen) Aufklärungskampagnen ansprechen, „vernünftig" aufklären lassen. Das sind solche Menschen, bei denen eine Interessenkollision nicht vorliegt oder nur so schwach ist, daß sie angesichts der neuen Information zugunsten eines veränderten Verhaltens nicht relevant wird. Bei einer offenbar relevanten Mehrheit bestimmt allerdings die innere und die äußere, die psychische und die soziale Organisation des Widerstands das alltägliche Handeln. Aber: Darüber kann, sofern unbewußt Gewordenes involviert ist, nicht ohne weiteres gesprochen werden. Vor allem: Man kann den Betreffenden nicht einmal sinnvoll direkt nach seinem Interesse, das hinter seinem „irrationalen" Verhalten steckt, fragen. Rationalisierungen, d.h. plausible, aber falsche Erklärungen, erübrigen es im Alltagsverkehr, ständig nach diesem dynamischen Hintergrund zu forschen. Auf seine Existenz wird aus dem Widerstand geschlossen, den Aufklärungs- und Veränderungsversuche zu spüren bekommen. Aber nicht nur Unbewußtes im dynamischen Sinn, sondern auch in die Bewußtlosigkeit abgesunkene Alltagsroutinen sind in aller Regel nicht einfach abfragbar, sondern können nur in angstfreien und nicht von Konventionen bestimmten Gesprächen explizit gemacht werden.

Diese psychoanalytische Erfahrung mit der Dynamik des Widerstandes läßt sich im Prinzip auch auf andere Lebensbereiche übertragen. Sie kann im Hinblick auf implizit konkurrierende Rationalitäten auch außerhalb der auf biographische Bildungsprozesse beschränkten Selbstverständigung fruchtbar gemacht werden. Übertragungsversuche in diesem Sinn bedeuten natürlich, daß das Verfahren entsprechend modifiziert werden muß. Je nachdem, wie ein „Gewinn", welcher aus einem Risikoverhalten sich ergibt, zustandekommt, wird man diesen „Gewinn" auch anders angehen müssen. Aber man kann im Prinzip Elemente des psychoanalytischen Verfahrens zur Bereicherung des Alltags mobilisieren[2], zunächst im Sinne des Versuchs herauszufinden, welche Interessen denn im Einzelfall oder im Fall von Gruppen verhindern, daß beispielsweise die massenmedial zur Verfügung gestellte Aufklärung angemessen verarbeitet wird. Allerdings ist „Gesundheitsverhalten" als

2 Zum Unterschied zwischen Alltags- und psychoanalytischer Situation vgl. Bernfeld 1941; Schröter 1974, 1979.

Produkt der persönlichen Verarbeitung widersprüchlicher gesellschaftlicher Anforderungen zu diskutieren, und es ist, wie wir bereits erläutert haben, Skepsis angebracht, wenn einzig die Verhaltensebene als zu verändernde ins Auge gefaßt wird (Horn 1979a, 1980a).

Welche Elemente psychoanalytischer Erfahrung des Umgangs mit konfligierenden Wertsetzungen lassen sich sinnvoll auf eine außerpsychoanalytische Situation übertragen? Welche methodischen Überlegungen sind fällig? Natürlich kann sich die öffentliche Propagierung eines risikobewußten Gesundheitsverhaltens nicht unmittelbar in psychoanalytischer Weise, nämlich mit im strengen Sinn unbewußten Problemen, befassen. Die müssen ja auch nicht für jeden Fall mißlingender Aufklärung die systematisch relevanten sein. „Krankheitsgewinn" als allgemeines Phänomen, mit dem sich jede Aufklärung über Gesundheitsverhalten auseinandersetzen muß, können wir zwar als formale Bezeichnung festhalten, müssen uns jedoch noch darüber verständigen, was das jeweils, d.h. bezogen auf den Diskussionskontext bzw. die Ebene, auf welcher letzten Endes praktisch angesetzt werden soll, bedeutet.

Es ist aufgrund der allgemeinen Erfahrungen mit Gesundheitsverhalten wohl davon auszugehen, daß beim Versuch, Gesundheitsverhalten massenhaft zu verändern, sich Interessen von Angesprochenen querstellen, die ebenfalls nicht ohne weiteres diskutierbar sind, auch wenn sie nicht im strengen Sinn unbewußt sind. Das trifft z.B. auf Alkoholkonsum im Sinne von Entspannungsversuchen zu wie überhaupt auf den Umgang mit legalen Drogen. Insofern der Gesundheitserzieher sich in der Regel weniger in Einzelgesprächen um einzelne Klienten wird bemühen können, als sich an größere Gruppen wird wenden müssen, bleibt der Versuch, die Gründe für Risikoverhalten herauszufinden, wohl auf paradigmatische Erkundungen der Interessen beschränkt. Es geht darum, in detaillierter Untersuchung einer sozialen Lage die typische Konfliktsituation herauszufinden, die letzten Endes in jenen Kompromiß mündet, der als Risikoverhalten auffällt. Selbst wenn statistisch relevante Betroffenheiten (z.B. Berufskrankheit) im Sinne von Merkmalshäufungen bekannt geworden sind, sagt dieses Wissen noch nichts aus über die Logik der Ätiologie im Einzelfall. Deshalb ist es im Rahmen solcher Erkundungen besonders wichtig — ebenso wie in den daraus hervorgehenden Kampagnen —, nicht etwa die Vernunft eines risikofreien Verhaltens gegen die Unvernunft des Risikoverhaltens zu stellen. Solche „Unvernunft" könnte sich bei näherem Hinsehen eben als eine jener Kompromißbildungen herausstellen, an der die Betroffenen unbedingt festhalten möchten, weil nur so auch einige ihrer persönlichen Interessen zur Geltung kommen können — um welchen persönlichen und gesellschaftlichen Preis ist in jedem Fall herauszufinden. Jede Frühinvalidisierung erhöht einerseits zwar gesellschaftliche und persönliche Kosten, bedeutet aber offenbar zugleich auch irgendeine Form persönlichen Gewinns, selbst wenn der so verzweifelte Formen annehmen kann wie Alkoholismus.

So kann sich, werden diese Interessen übersehen, gar kein offener Streit, keine wirklich freie Diskussion ergeben, wenn der Gesundheitserzieher mit öffentlicher Autorität auftritt und zu vernünftigem Gesundheitsverhalten mahnt. In der Regel erhält er weder die wichtigen Informationen, aufgrund derer er allein erfahren könnte, wogegen er eigentlich mit seiner Propaganda praktisch ankämpft, noch kann er sich realistische Hoffnungen machen, daß die sich „irrational" Verhaltenden ihre ihnen zum Teil selbst nicht klar bewußten Interessen aufgeben und ihr Verhalten ändern. Soviel läßt sich aus psychoanalytischer Erfahrung jedenfalls abstrahieren: In einer Quasi-Streitsituation werden sich die Betroffenen eher noch auf ihr Risikoverhalten versteifen. Gesundheitserziehung möchte ihnen dann ja – aus ihrer Sicht – etwas wegnehmen, ohne Ersatz bzw. eine angemessene Kompensation anzubieten. Werden die kompromißhaften Lösungen infrage gestellt, so wird vor allem Angst mobilisiert, die in aller Regel gar nicht berücksichtigt wird; Angst nicht nur um jene selbstzerstörerischen „Gewinne", sondern auch davor, der Komplexität der widerstreitenden Kräfte offen und schutzlos ausgeliefert zu sein. Deshalb muß der Gesundheitserzieher eine Konfrontation zwischen den von ihm repräsentierten Normen und Ansprüchen einerseits und den sich im Handeln der Zielgruppen zwar ausdrückenden, aber – hinsichtlich der sie begründenden Sinnzusammenhänge – unklaren Interessen andererseits vermeiden. Vielmehr sollte er, analog zum Analytiker, sich mit seinen Adressaten im Hinblick auf deren Konflikte zu solidarisieren trachten. Eine solche Haltung erst fördert diese Interessen wirklich zutage und macht sie verhandlungsfähig, wenngleich dann auch (wie bereits hervorgehoben) die Ebene individuellen Verhaltens nicht die einzig plausible Lösungsrichtung bleibt, sondern auch sozialstrukturelle Gegebenheiten veränderungspolitisch ins Licht rücken.

Der oben entwickelten Logik des Gesundheits- und Risikoverhaltens sollte aber nicht nur die Aufklärungspolitik folgen, wie wir es eben diskutiert haben. Dieser Sinnlogik psychosozialer Problembewältigung wollen wir vor allem mit unserer Untersuchungsmethode folgen, die wir im nächsten Abschnitt vorstellen.

III. Zum methodischen Ansatz

1. *Allgemeine methodologische Hinweise*

Der Ausgangspunkt unserer Untersuchung, nämlich Widerstand gegen Gesundheitsaufklärung als Krankheitsgewinn zu begreifen, legt es nahe, auch für die empirische Seite auf psychoanalytische Erfahrungen zurückzugreifen. Da wir außerdem eine Interventionsstudie und nicht nur „feststellende“ Forschung im engeren Sinn vorhatten[1], konnten wir es uns zunutze machen, daß die Psychoanalyse immer schon einen Forschungs- und Veränderungsaspekt in ihrem therapeutischen Verfahren unterscheidet und vereinbart (Klüwer 1974). Auch für diese empirische Wendung ist die bereits erwähnte Diskussion der Psychoanalyse als Sozialwissenschaft Voraussetzung. Hervorgehoben sei an dieser Stelle lediglich, daß gerade für den Transfer wichtiger Elemente des psychoanalytischen Verfahrens in andere Bereiche deren metatheoretische Diskussion von besonderer Bedeutung war. Erst nachdem die Logik des Verfahrens selber deutlich zutage getreten war und nicht mehr nur psychoanalytisch dargestellt werden konnte; erst nachdem auch der zentrale Vorgang von Übertragung und Gegenübertragung als das Medium der Erkenntnis von Fremdpsychischem metatheoretisch aufgeschlüsselt worden war (Lorenzer 1970), wurde es überhaupt möglich, psychoanalytische Laien für kompetent zu halten, am psychoanalytischen Verstehensmodell orientierte Verfahren zu praktizieren. Aus einer anderen Perspektive formuliert: Erst nachdem deutlich geworden war, daß Psychoanalyse implizite Momente des Alltagsdialogs methodisiert hat (Schröter 1974, 1979), wurde auch der Gebrauch von Elementen dieses Verfahrens durch Laien plausibel.

Unsere Untersuchung begreift sich somit im Kontext eines kommunikativ-hermeneutischen Forschungsparadigmas, in welchem es darum geht, den Sinn von Handlungen im dialogisch-affektiven Umgang mit Subjektivität verstehend zu rekonstruieren und darüber (blind) praktizierten Konfliktlösungsstrategien und Veränderungschancen auf die Spur zu kommen.

Insofern erfüllt unsere besondere empirische Arbeit eine ganz andere Funktion als eine an statistischer Repräsentativität orientierte Datenerhebung: Sie konkretisiert und aktualisiert Erfahrungen, die aus unserem theoretischen Ansatz resultieren. Diesem ist nicht nur die intimere Beziehung zum Gegenstand eigentümlich — eine Voraussetzung, die zu genaueren Erkenntnissen führt —, sondern er eröffnet

1 Im Bereich der Psychotherapieforschung, spezifisch im Verhältnis der Patienten aus unteren Sozialschichten zur Psychoanalyse, hat methodisches „Feststellen“ im Sinn der Erfahrungswissenschaft in der Tat zu einer Stagnation und erst das gezielte Inszenieren von Veränderungspraktiken aus einem wissenschaftlich festgeschriebenen Vorurteil herausgeführt (Horn 1980b).

auch eine interventionsorientierte Perspektive. Der dabei unumgängliche „Eingriff" in den Untersuchungsgegenstand wird somit zum entscheidenden Erkenntnismittel. Demgegenüber muß die konventionelle empirische Sozialforschung solche Eingriffe stets als Störung betrachten, die es möglichst auf ein Minimum zu reduzieren und durch Standardisierung zu kontrollieren gilt.

Zudem legt auch der spezielle Forschungsgegenstand „Krankheitsgewinn" eine methodische Orientierung am Verstehensmodell der Psychoanalyse nahe – gilt es doch gerade herauszufinden, wie sich private, lebensgeschichtlich entstandene Rationalität in Verbindung mit interpersonellen und institutionellen Organisationsformen in oftmals ruinöser Weise gegen die langfristig vernünftigen Interessen der Betroffenen wendet. Eine solche Sichtweise vermag jedoch nicht nur aufzuklären, wie sich die jeweils individuelle, als Resultat einer Beziehungsgeschichte entstandene, unbewußt gewordene Konfliktdynamik mit den psychosozialen und gesellschaftlichen Systemebenen verschränkt, in ihr ist auch der Veränderungsaspekt von Forschung methodisch am radikalsten gefaßt: Im klassischen psychoanalytischen Verfahren fällt ja der Erkenntnisvorgang, der die Bedeutungsdimensionen „neurotischen" Verhaltens aufdeckt, mit dem therapeutischen Veränderungsprozeß zusammen. Obwohl es sich bei unserem Ansatz nicht um ein therapeutisches Verfahren handelt, läßt sich in Anlehnung an die skizzierte methodische Radikalität doch auch hierbei davon ausgehen, daß Aussagen über Sinn und Veränderungschancen eines Gesundheit riskierenden Verhaltens daran gebunden sind, inwieweit der Gesprächsverlauf sowohl als Forschung, aber eben auch als eingreifende und damit auch verändernde Praxis begriffen werden kann. Erst wenn ein bisher impliziter Sinnzusammenhang, der handlungsbestimmend ist, explizit geworden ist, läßt sich auch ausdrücklich dazu Stellung nehmen und bewußt in einem anderen Sinn handeln. Dies unterscheidet unser Verfahren deshalb auch grundsätzlich von den „narrativ" genannten Interviewformen (vgl. Schütze 1977).

An dieser Stelle kann nicht im einzelnen begründet werden, weshalb Psychoanalyse dadurch, daß sie menschlichen Beziehungen Bedeutungen unterlegt, einen Forschungs- und Veränderungsaspekt aufweist. Im Verstehensprozeß zwischen Patient und Analytiker handelt es sich zwar um ganz persönliche, zugleich aber auch um Varianten historischer Erfahrungen. Darüber ist unter anderem in der bereits erwähnten Frankfurter Diskussion über die paradigmatische Bedeutung der Psychoanalyse als eines besonderen Typs historisch-systematischer Erfahrungswissenschaft diskutiert worden (Habermas 1968, Lorenzer 1974). Wir beschränken uns hier auf einige metapsychologische Ergebnisse, soweit sie begründen, daß psychoanalytische Laien Aspekte der psychoanalytisch methodisierten Gesprächsform im Sinne eines Forschungs- und Veränderungsverfahrens praktizieren können (Horn 1979b).

2. *Szenische Wahrnehmung: Übertragung und Gegenübertragung*

Die psychoanalytische Erfahrung lehrt, wie wir bereits diskutiert haben, daß in prekären Bereichen, die insbesondere den Patienten selber irritieren, eine Verhaltensänderung nicht unmittelbar möglich ist. Wie erfährt man unbewußt gewordene Interessen, die hinter so vielen Barrieren organisiert eingeschlossen sind?

In der psychoanalytischen Situation (Muck 1974a, b; Schröter 1974) „inszeniert" der Patient in seiner „Übertragung" auf den Analytiker Beziehungskonflikte, über welche er nicht sprechen kann; dementsprechend handelt er, ohne daß es ihm bewußt ist, in der verbalen Auseinandersetzung mit dem Analytiker. Damit macht er den Analytiker zum Teilnehmer einer „Szene" (Argelander 1970), wie sie der Patient in seiner Kindheit verarbeitet hat und die er immer wieder inszeniert, weil für ihn deren Sinngehalt aufgrund unerträglicher Konflikte nicht mehr zugänglich, aber dennoch hoch bedeutsam geblieben ist. Eine solche Szene (in der bürgerlichen Gesellschaft insbesondere die ödipale) gehört zu den in einer Kultur generell möglichen Szenen, die sich zwischen Eltern, Geschwistern und Kindern abspielen können. Dieser Sachverhalt versetzt den Analytiker auch in die Lage, Fremdpsychisches zu verstehen. Denn der Patient zieht ihn in eine Szene hinein, die zu den in seiner Gesellschaft möglichen Szenen gehört, deren Elemente in jedem Einzelfall zwar in höchst persönlicher Weise vermischt sein mögen, aber aufgrund der allgemeinen Lebenspraxis und deren Sprachfassung doch grundsätzlich zugänglich sind – nur dem Patienten nicht, der aufgrund ernster Konflikte das Bewußtsein davon verloren hat (Lorenzer 1970a, b).

Der Patient stülpt dem Analytiker also Rollen über („überträgt" auf ihn), in welchen dieser nicht sich, sondern Interaktionspartner des Patienten aus dessen Kindheit bzw. Vorstellungen des Patienten über jene vergangenen Interaktionsverhältnisse wiedererkennt. Er kann dem Patienten solche Szenen dementsprechend deuten und so aus dem Verständnis der Übertragungssituation Schemata bewußt machen, nach denen der Patient im Alltag sich zu verhalten pflegt, ohne das zu wissen. Auf diese Weise lernt der Patient, zu sich selber, zu den unbewußt gewordenen Anteilen seines Handelns wieder Stellung zu beziehen, lange blind praktizierte Alltagsverhältnisse im Sinne einer Revisionsmöglichkeit durchzuarbeiten und sie so einer freien Gestaltung im Sinne der Realisierung bewußter Interessen zuzuführen.

Dieses der Veränderung vorausgehende Bewußtwerden im Zusammenspiel Patient-Analytiker wird jedoch nur möglich, weil der Psychoanalytiker dem Patienten nicht als Pädagoge oder gar als Moralprediger gegenübertritt; vor derartigen Personen müßte der Patient seine ihm ja gerade peinlichen, mit großen Konflikten verbundenen und angsterweckenden verdrängten Interessen, die zum „irrationalen" Verhalten führen, weiterhin zu verbergen suchen. Das unter Konfliktdruck zum Geheimnis gewordene Interesse kann nur jemandem offenbart werden (zentral vermittels der Übertragung und deren Deutung), der das Prekäre in der Übertragung auch ganz zur Entfaltung kommen läßt, ohne mit seiner tatsächlichen Haltung an irgendwelche Verbote zu erinnern, womit ja die ohnehin vorhandene Angst des Patienten nur verstärkt werden müßte. Die Interventionen sind lediglich klärender und deutender Art, so daß der Patient mit der Zeit verstehen lernt, was er aufgrund welcher seiner infantil begründeten Wahrnehmungsverzerrungen und -blockierungen normalerweise mit anderen Leuten macht.

Diese neutrale, einfühlsame Haltung des Analytikers ist die erste Voraussetzung für eine Verhaltensänderung, die das Interesse an „irrationalem" Handeln beseitigen kann, weil jenes Interesse nur so überhaupt wieder ausdrücklich thematisierbar wird. Ein Mensch verändert sich auf diese Weise also nicht nur an der Oberfläche seines Verhaltens. Man geht vielmehr davon aus, daß vermittels der Verständigung über jenes insgeheime Interesse, das die Gestalt einer unbewußt realitätsstiftenden Phantasie („selbsterfüllende Prophezeiung") angenommen hat, der dem Symptom zugrunde liegende, unbewußte Konflikt der Tendenz nach aufgehoben werden kann. Nur indem man den primären, im Symptom lediglich manifestierten „Krankheitsgewinn" beseitigt, verschwindet auch die „Krankheit". Im psychoanalytischen Verfahren führt der Weg dorthin über das Bewußtmachen jener unbewußt gewordenen Interessen.

Die sensibilisierte Wahrnehmung des Analytikers, über die er insbesondere aufgrund seiner Ausbildungsanalyse professionell verfügt, ermöglicht ihm Erkenntnisse in einem gesellschaftlichen Mikrobereich, der in der Regel routinisiert, d.h. entproblematisiert, gehandhabt wird. Nicht Geschulte nehmen demzufolge in Beziehungen zu anderen zumeist nur grobe Fremdheitserlebnisse („Übertragungen") bewußt wahr. Der Psychoanalytiker hingegen ist im Bereich menschlicher Beziehungen ausschließlich auf öffentlich weder kultivierte noch thematisierte Feinwahrnehmung eingestellt. Diese berufsmäßig praktizierte Fähigkeit ist die Grundlage für die „Gegenübertragung": Die bewußte Wahrnehmung von Gefühlen, die der Patient auslöst und die der Analytiker in ihrer Bedeutung für die Erlebnisrealität des Patienten interpretieren kann.

Aufgrund seiner spezifischen Schulung sind dem Analytiker also nicht nur seine eigenen unbewußten Probleme (der Tendenz nach) bewußt geworden, sondern er hat überhaupt gelernt, solchen mikrosozialen Prozessen in einer „zweckrational" organisierten Gesellschaft Gewicht beizumessen, sie ausdrücklich und genau zu formulieren: als Bedeutungen, in welche er sich vom Patienten hineingezogen fühlt. Übertragung und Gegenübertragung sind deshalb innerhalb eines vom Patienten herbeigeführten szenischen Arrangements die Vehikel der psychoanalytischen Erkenntnisform (Heimann 1964, Muck 1977). Das ist, wie wir bereits sahen, keineswegs ein geheimnisvoller Vorgang. Er erklärt sich aus der gesellschaftlichen Einschränkung unserer Wahrnehmungs- und Ausdruckfähigkeiten und auch daraus, daß es offenbar einer professionalisierten Kompensation in den Fällen bedarf, in welchen diese nicht zur Sprache kommende anthropologische Dimension besondere Probleme verursacht.

Bezogen auf die Zwecke unserer Untersuchung bedeuten diese Überlegungen, daß in der jeweiligen Ausgestaltung der Forschungsbeziehung eine entscheidende Erkenntnismöglichkeit sowohl für die Erhebungs- als auch für die Auswertungssituation liegt (vgl. auch Devereux 1976). Begreift man das Forschungsgespräch in dieser Weise selbst als „Szene", als eine spezifische Konstellation von Übertragung und Gegenübertragung, in der etwas über den Zusammenhang von primärem und sekundärem Krankheitsgewinn bei den Interviewten erfahrbar gemacht werden soll, so heißt dies, daß insbesondere szenische Informationen erhoben werden müssen (vgl. Argelander 1970, Lorenzer 1970a, b). Szenische Informationen ergeben sich aus der Art und Weise, wie der Interviewte die Beziehung zum Interviewer strukturiert, wie beide mit den jeweiligen Themenbereichen verfahren, welche Themen Ängste und Hemmnisse oder spezifische Aktivitäten auslösen.

Diese für die Bedeutung des primären Krankheitsgewinns, der lebensgeschichtlichen Konfliktdynamik so entscheidende Sinnebene setzt beim Interviewer eine gegenüber anderen Verfahren nicht-standardisierter Gesprächsführung veränderte Wahrnehmungsweise voraus: Der Interviewer muß in der Lage sein, vermittels der Wahrnehmung der Gefühle, die der Gesprächspartner in ihm auslöst (Gegenübertragung), zu einem Verständnis des Probanden zu gelangen und es ggf. durch gezielte Interventionen in die Gesprächssituation miteinfließen zu lassen.

3. *Intervenierende Forschung und psychoanalytische Kompetenz*

Über solche Kompetenzen verfügen in der Regel ausgebildete Psychoanalytiker. Die Verstehensmöglichkeiten der Sozialwissenschaftler als psychoanalytischen Laien reichen normalerweise nicht über jene einfühlenden Fähigkeiten hinaus, wie sie für das routinemäßige Funktionieren von Zwischenmenschlichkeit in der Alltagssituation erforderlich sind. Diese Fähigkeiten lassen sich jedoch in Richtung einer „gegen die Gewohnheiten des Alltäglichen" (vgl. Argelander 1974) operierenden Wahrnehmungsweise erweitern, sofern die Forscher bereit sind, über die kognitive Aneignung psychoanalytischen Wissens hinaus sich jenen affektiven Reaktionen zu stellen, die der jeweils Andere/Fremde in ihnen auslöst. Dies erfordert der Tendenz nach eine Umorientierung von Selbst- und Fremderlebensweisen, ein Training zumeist nicht gänzlich verschütteter Wahrnehmungsformen.

Für die methodisch kontrollierte Weiterentwicklung solcher Fähigkeiten bietet sich die psychoanalytische Supervision an. Im Unterschied zum psychoanalytischen Verfahren geht es im Forschungsgespräch allerdings nicht um die gezielte therapeutische Anwendung von Deutungstechniken. Erforderlich ist vielmehr „nur" eine Annäherung an den szenischen Wahrnehmungsmodus, der es gestattet, den handlungsrelevanten lebensgeschichtlich motivierten Konflikten näher zu kommen, näher jedenfalls als standardisierte Forschungsverfahren.

Die Kompetenzfrage wird sich dem an herkömmlicher empirischer Sozialforschung orientierten Leser auch aus pragmatischen Gründen stellen: Können psychoanalytische Laien derartige Selbstkontrolle in einer Praxissituation leisten, taugt deshalb ein solches Verfahren überhaupt als Forschungsmethode (vgl. dazu Schülein 1979)? Die Beantwortung dieser wichtigen Frage wird dem Leser leichter fallen, wenn er die anschließenden Teile zu Ende gelesen haben wird, die die praktische Seite der Interviews im Kontext der Gesamtauswertung abhandeln. Zuvor wollen wir einige Hinweise allgemeiner Art geben.

Metatheoretische Überlegungen haben deutlich gemacht, wie die Erkenntnis von Fremdpsychischem möglich ist. Kann das erst einmal als gesichert gelten, ist es weiterhin von entscheidender Bedeutung, daß die psychoanalytische Form der

Wahrnehmung ein durchaus allgemeines anthropologisches Potential darstellt (im Anschluß z.B. an Spitz 1965, S. 151 ff.), welches in unserer Gesellschaft aber aufgrund des vorwiegend zweckrationalen Trainings der Wahrnehmung allgemein ungeschult bleibt und verkümmert. Das kann nicht eindringlich genug hervorgehoben werden. Wir waren darauf bereits im Kontext Übertragung und Gegenübertragung eingegangen. Dafür lassen sich auch interessierte Laien sensibilisieren; zumindest ansatzweise, denn die Sensibilisierung muß nicht in Kompetenzen münden, wie sie dem Psychoanalytiker selber zu eigen sind. Es genügt zunächst, wenn eine generell offene Haltung gegenüber der emotionalen Darstellung des Gesprächspartners eingenommen wird und dies dann zu Interviewberichten führt, die in einer psychoanalytischen Supervision interpretiert werden können. Von anderen in der Sozialforschung üblichen Tiefeninterviews unterscheidet sich jedoch unser Verfahren radikal. Auch wenn Interventionen nur in minimalem Umfang möglich sind, stellt die psychoanalytische Orientierung einen Kontext bereit, in dem selbst Einzelheiten in einem ganz anderen Licht, ja gelegentlich überhaupt erst als relevant und sinnvoll erscheinen. Die psychoanalytisch methodisierte Gesprächsform stellt der Sozialforschung jedenfalls ein bereits weitgehend erprobtes Handwerkszeug ganz neuer Art zur Verfügung.

Eine Nebenbemerkung ist noch am Platze, die anfänglichen Bedenken gilt, welche uns selbst und anderen gekommen waren, Bedenken wegen der möglichen Fahrlässigkeit, mit der Sozialwissenschaftler, psychoanalytische Laien also, das Verfahren handhaben könnten. Im nachhinein hat sich aber herausgestellt, daß an besonders prekären Gesprächsstellen, gleichsam in von Laien nicht mehr zu handhabenden psychischen Gefahrensituationen, der im Alltag routinisierte Widerstand ganz normal – eben wie bei Laien – funktionierte. So kam es erst gar nicht zu unverantwortlicher „wilder Analyse".

Die dem Forscher möglichen Interventionen beschränken sich auf solche, die bewußte und vorbewußte Prozesse beim Interviewten gleichsam synthetisierend aufgreifen. Anders als im psychoanalytischen Dialog kann es sich aus systematischen wie aus Kompetenzgründen nicht um Deutungen handeln, die darauf zielen, mit psychodynamisch unbewußten Widerständen gegen eine Preisgabe des symptomatischen Verhaltens umzugehen, sondern allenfalls um die Zusammenfassung von Sinnzusammenhängen, von denen aufgrund des Gesprächsverlaufs angenommen werden kann, daß sie dem Betroffenen zumindest vorbewußt präsent sind. Diese Zusammenfassung von angesprochenen Sinnzusammenhängen kann dabei durchaus die Gestalt einer Konfrontation oder eines weitertreibenden Klärungs- bzw. Interpretationsversuchs annehmen. Denn nur durch Interventionsversuche in diese Richtung kann der Anspruch an das Gespräch, Forschung und Veränderung zugleich zu sein, eingelöst werden: Nur durch die Herstellung einer Interaktionssituation, die lebensgeschichtlich und alltäglich verfestigte Problembewältigungsformen verstehbar macht und sie zumindest ansatzweise reflexiv zur Disposition stellt, werden Aussagen über Veränderungspotentiale beim Interviewpartner möglich. Es geht also im wesentlichen darum, je subjektiv verschiedene Möglichkeiten der Veränderung zu erkunden. Dabei ist selbstverständlich nicht beansprucht, daß lebenslang eingespielte Konfliktlösungsmuster oder gar Krankheitsgewinn so schnell transparent und veränderbar werden. Selbst wenn dies kurzfristig gelänge, wäre doch ein dauerhafter Erfolg zweifelhaft. Denn dem spontanen Wunsch, leidvolle Kompromisse aufzugeben, stünden immer noch die institutionellen Zwänge gegenüber, mit denen sich der Betroffene, zumal in Form des Krankheitsgewinns, arrangiert hat.

Diese Forschungsform ist nun freilich nicht jedermanns Sache. Die für den Forscher bedeutsame Funktion methodischer Ritualisierungen (Devereux 1967), die sich zwischen ihm und dem Gegenstand etablieren und auf diese Weise seine Angst vor dem Gegenstand bewältigen helfen, wird in unserem Verfahren hinfällig. Daher sind die an den Forscher gestellten Anforderungen besonderer Art, vor allem im Hinblick auf Selbst- bzw. Fremdwahrnehmung und Intervention. Aber auch die herkömmliche standardisierte Forschung und deren Form der Selbstkontrolle ist nicht jedermanns Sache. Jedenfalls haben beide Verfahrensweisen einen je eigentümlichen Abstand zum Alltag. In der herkömmlichen Erfahrungswissenschaft fällt dies nur nicht als etwas Besonderes auf, weil das weitgehend routinisierbare Vorgehen als „Naturwissenschaft" mit grundlegenden kulturellen Schemata der hochindustrialisierten Gesellschaften übereinstimmt, insbesondere was die Kontrolle individueller Subjektivität betrifft (Horn 1981). Deshalb ist die „Wiedereinführung individueller Subjektivität in die Wissenschaft" (Reinke-Köberer/Horn 1979) im Sinne situativ bezogener Selbstkontrolle kein Grund, die Verwilderung von Wissenschaft zu fürchten.

4. *Zur Bedeutung des Kriteriums „sozialer Unterprivilegierung"*

Es ist noch zu erläutern, weshalb wir mit Personen aus der sozialen Unterschicht gearbeitet haben. Wir haben diese Eingrenzung vorgenommen, weil die zu bearbeitenden objektiven und subjektiven Bedingungen der Existenz eine besonders auffällige Konfliktlage anzunehmen nahelegen und wir es sowohl quantitativ als auch qualitativ mit einer gesundheitspolitisch besonders relevanten Bevölkerungsgruppe zu tun haben. Aus sozial-epidemiologischen Untersuchungen ist bekannt, daß Angehörige der unteren Sozialschichten erhöhte Morbidität, Mortalität und Frühinvalidität aufweisen (Geissler/Thoma 1975). Zu diesen Ergebnissen, die einen insgesamt schlechteren Gesundheitszustand dokumentieren, kommt die für den Bereich der Gesundheitsaufklärung wichtige Tatsache hinzu, daß Gesundheitsinformationen weniger verbreitet sind und sich auch seltener in Verhaltensänderungen niederschlagen (Voigt 1978). Dies allein ist Grund genug, in einer Untersuchung, die auf Veränderungsmöglichkeiten aus ist, sozial benachteiligte Bevölkerungsgruppen ins Zentrum der Aufmerksamkeit zu stellen.

Neben diesen gesundheitspolitischen Gründen lassen sich jedoch auch Gründe benennen, die aus unserem Krankheitskonzept folgen. Wenn von Krankheit als Konflikt und von Gesundheitsverhalten als Konfliktlösungsverhalten die Rede ist, so ist dabei ja an eine umfassende Konfliktsituation gedacht, also nicht zuletzt an die soziale Lage. Zugehörigkeit zur sozialen Unterschicht bedeutet aber zugleich eine Lebenslage, in der die zur Verfügung stehenden Ressourcen zur Erreichung des über alle Schichten hinweg angestrebten Zieles Gesundheit knapper sind und somit die Chancen, sich gesundheitsbewußt zu verhalten, geringer sind. Auch die interpersonellen Konflikte, die sich aus der Form der Arbeit[2] und der durch diese bestimmten übrigen Lebensumstände ergeben, dürften in dieser Schicht insgesamt schwieriger zu lösen sein. Daraus ergeben sich erhöhte Anforderungen an die vom einzelnen zu leistende Konfliktverarbeitung, die, wie die erwähnten Befunde der sozialen Epidemiologie zeigen, nicht zufriedenstellend gelöst werden können. Es scheint uns deshalb sinnvoll, zunächst einmal etwas über die gesundheitsrelevanten Einstellungen und Verarbeitungsformen derjenigen Menschen zu erfahren, welche systematisch die größte Distanz zum medizinischen Versorgungssystem haben.

Medizinsoziologische Untersuchungen (Ritter-Röhr 1975) haben bereits einige typische Verhaltensweisen im Bereich des Krankheitsverhaltens beschrieben, die auch das Gesundheitsverhalten beeinflussen. Der Umgang mit Krankheit, die Krankheitsdefinitionen und die Einstellung zur medizinischen Versorgung, die schichtspezifisch variieren, sind kollektiv tradierte Muster, die aus einer relativ ähnlichen Arbeits- und Lebenserfahrung hervorgehen und die neben den jeweils aktuellen Restriktionen zusätzliche, zugleich außen und innen verankerte Barrieren der Verhaltensänderung darstellen.

Zunächst scheint es daher eine ganze Reihe solcher kulturellen Muster zu geben, die einer Präventionspraxis entgegenwirken. So erschwert ein rein somatisches Verständnis von Krankheit etwa als Infektion oder Verschleiß solche Einsichten, die Gesundheitsverhalten an eigenverantwortliches Verhalten binden: Gegen „Schicksal" ist kein Kraut gewachsen. Deshalb muß einem derartigen Krankheitsbegriff der Gedanke der Prävention zunächst fremd erscheinen, denn das im somatischen Krankheitsmodell steckende entscheidende Moment von Heterogenität läßt Vorsorge als individuelles Verhalten kaum zu. Die vergleichsweise geringe Präventionsneigung erklärt sich weiterhin aus der sozialen Distanz zum medizinischen Versorgungssystem. Vor allem aber ist sie Resultat geringerer Planungsmöglichkeiten auch in anderen Lebensbereichen, insbesondere Resultat der generell geringeren Verfügung über sich selbst. Wo Lebensplanung insgesamt aus Gründen etwa geringerer Arbeitsplatzsicherheit oder kürzerer Bildungswege eher auf relativ kurzfristige Existenzsicherung eingestellt ist, läßt sich nicht erwarten, daß im Gesundheitsbereich zukunftorientiertes Handeln ausgebildet wird.

Zwar rechtfertigen tradierte soziale Erfahrungen, nämlich in der Arbeit vornehmlich Befehlsempfänger und gesellschaftlich machtlos zu sein, die Vermutung

2 Gemeint ist hier zwar in einem ganz allgemeinen Sinn das *Milieu* körperlicher Arbeit, welches ein bestimmtes Verhältnis zum Körper als Arbeitsinstrument resp. Verwertungsgrundlage und damit auch ein bestimmtes auf diesen Körper bezogenes Gesundheitsverhalten impliziert. Was wir unter Unterprivilegierung im Hinblick auf das medizinische Versorgungssystem verstehen, geht hierin jedoch nicht ganz auf. Vor dem interessierenden Hintergrund der *sozialen Distanz* zum Gesundheitssystem und dessen Anforderungen erschien uns die Orientierung an den Merkmalen „unteres Einkommen- und Bildungsniveau" sinnvoll, weil so auch Hausfrauen und kleinere Angestellte in den Kreis der Interviewten aufgenommen werden konnten.

eines insgesamt eher passiven Einstellungs- und Verhaltensmusters. Zugleich aber stimmt sowohl das konstruierte, strikt somatische als auch zweckrationale Verständnis von Gesundheit als Arbeitsfähigkeit mit dem naturwissenschaftlich verkürzten Krankheitsverständnis des medizinischen Versorgungssystems überein. In diesem Rahmen gilt es jedoch zu bedenken, daß solche in der herkömmlichen medizinsoziologischen Literatur verbreiteten defizitären Zuschreibungen sich einer Forschungsweise verdanken, die sich eher an den normativen Vorgaben des medizinischen Versorgungssystems als an den Interessen der Betroffenen orientiert. Sie vernachlässigt die für unseren Ansatz konstitutive Frage nach Thematisierungs- bzw. Veränderungspotentialen im Verständnis von Krankheit und Konflikt und damit generell auch im Hinblick auf Gesundheitsverhalten. (vgl. hierzu ausführlicher VI. 2) Aufgrund unserer Erfahrungen[3] ergibt sich aus einem Ansatz, der systematisch „Subjektivität“ zu Wort kommen läßt, indes eine nur scheinbare Übereinstimmung von Gesundheitsnachfrage und medizinischem Angebot. Denn diese „unheilvolle Koalition“ verhindert es geradezu, daß Nachfragepotentiale, die in dieser Bevölkerungsschicht ebenfalls vorhanden sind, überhaupt wirksam werden können.

Aus der Sicht unseres Gesundheitsbegriffs ist Gesundheitsverhalten in der sozialen Unterschicht, zusammengefaßt, in zwei Dimensionen verankert: Zum einen bedeutet es Anpassung an die besonderen Lebensumstände, unter denen insbesondere die Arbeitsform eine herausragende Rolle spielt, zum anderen die Bewältigung erhöhter psychosozialer Belastung. Vermehrte Gesundheitsbeeinträchtigung geht hier zugleich mit einer vermehrten Bedeutung sekundärer Formen des Krankheitsgewinns einher. Wenn vermehrter Krankheitsgewinn den erhöhten Widerstand gegen Veränderungen ausmacht, so ist diese Bevölkerungsgruppe auch besonders geeignet, das Phänomen des Widerstands überhaupt sichtbar zu machen.

Diese Überlegungen sollten verdeutlichen, daß das Kriterium ‚Unterprivilegierung‘ bzw. ‚Unterschicht‘ in diesem speziell auf das System der gesundheitlichen Versorgung zentrierten Zusammenhang nicht in einer Unterscheidung von klassischen Schichtungsmerkmalen aufgeht, sondern vielmehr einen allgemeineren subkulturellen Arbeits- und Lebenszusammenhang umgreift, an dem prinzipiell erst einmal auch diejenigen teilhaben, die eine gewisse Aufstiegsorientierung (etwa in der angestrebten Position des Meisters) dokumentieren.[4]

3 In einer unmittelbar vorangehenden Untersuchung (Horn/Beier/Wolf 1984) hatten wir herausgefunden, daß an das medizinische Versorgungssystem deutlich auch Erwartungen nach Lebenshilfe herangetragen werden, die jedoch in aller Regel durch die schnelle Medizinalisierung der Probleme enttäuscht werden. Häufig kann ein Zusammenhang zwischen Lebensproblemen und „medizinischen“ Beschwerden gar nicht thematisiert werden.

4 Die hieraus und durch den uns möglichen Zugang überhaupt (s.u.) entstandene interne Differenzierung zwischen den Gesprächspartnern ist in der Gesamtauswertung berücksichtigt worden (vgl. Kapitel IV, insbesondere den Typus Kontrolle).

5. Die Interviewten[5]

Damit die Gesprächspartner jene typische Problemlage repräsentierten, waren folgende Bedingungen an ihre Auswahl gestellt: Sie sollten ein unteres Einkommens- und Bildungsniveau aufweisen, verheiratet sein und Kinder haben. Angestrebt war außerdem, jeweils zur Hälfte Männer und Frauen zu interviewen, die möglichst zwei Altersgruppen (18 bis 35 Jahre und 35 bis 55 Jahre) angehören sollten. Berufstätigkeit der Frauen stellte dabei eine erwünschte, jedoch keine notwendige Bedingung dar. Schließlich war darauf zu achten, daß bei der Auswahl nicht bereits spezielle Symptomgesichtspunkte eine Rolle spielten.

Für die Vermittlung von Interviewten, die die oben skizzierten Voraussetzungen erfüllen sollten und bereit wären, sich für jeweils drei Gespräche über „Gesundheitsprobleme" zur Verfügung zu stellen, haben wir mit folgenden Institutionen bzw. Arztpraxen im Raum Frankfurt Kontakt aufgenommen:
- drei Sozialämtern geeigneter Stadtteile
- einer Kindertagesstätte
- einem Gesundheitszentrum
- einem niedergelassenen praktischen Arzt
- und einer bei der Berufsgenossenschaft angestellten, mehrere Betriebe im Großraum Frankfurt betreuenden Ärztin.

Über die Sozialämter wurde uns lediglich eine Gesprächspartnerein vermittelt – hier lag die besondere Schwierigkeit wohl darin, daß die Zwiespältigkeit der Institution unserem Vorhaben gegenüber sich bereits vorab in der Haltung ausdrückte, die Klienten würden sich nicht zur Verfügung stellen, weil sie sich dann noch zusätzlich kontrolliert fühlten. Über die Kindertagesstätte erklärte sich niemand bereit, und die Verhandlungen mit dem Gesundheitszentrum (einem Zusammenschluß von Ärzten mit verschiedener Fachrichtung einschließlich einer neuerdings eingerichteten psychosozialen Beratungsstelle) blieben mangels entsprechenden Interesses für unser Projekt bereits in den Anfängen stecken. Als sichere Quellen verblieben die Betriebsärztin und der praktische Arzt – Personen übrigens, die uns bereits bei einem anderen Projekt sehr interessiert unterstützt haben und zudem in ihrer Praxis bemüht sind, Patienten nicht nur nach herkömmlichen naturwissenschaftlichen Maximen zu behandeln, sondern auch in ihren Konflikten zu verstehen.

Der mögliche Einwand, man habe über die Wahl der Anlaufstellen doch bereits den verhängnisvollen Weg einer medizinalisierten Vorab-Organisierung von Alltagsproblemen und gesundheitlichem Risikoverhalten beschritten, trifft im Rahmen unserer methodischen Anlage deshalb nicht zu, weil wir einerseits im Forschungsgespräch selbst diese Ebene unterlaufen und zum anderen davon ausgehen müssen,

5 Wir beziehen uns in diesen und den beiden folgenden Abschnitten auf die Gespräche mit Einzelnen, die ja im Zentrum unserer Forschung standen. Die besonderen Probleme der Familieninterviews sowohl im Hinblick auf den Zugang als auch die Gesprächsbedingungen werden im Zusammenhang mit zwei exemplarischen Falldarstellungen gesondert diskutiert (vgl. Kapitel V).

daß das Thema Gesundheit für jeden bereits im Sinn der naturwissenschaftlichen Medizin, die ja das Hauptversorgungsangebot ausmacht, organisiert ist.

Davon unabhängig hat natürlich die Wahl der Vermittlungsinstanz, d.h. die Struktur der Beziehung zwischen den Interviewten und dieser Institution bzw. Person einen Einfluß auf die anfängliche Gesprächssituation zwischen Forscher und Interviewtem. Diese Vorab-Übertragungen lassen sich auf einem Kontinuum ansiedeln, das sich zwischen den Polen Vertrauen bzw. Kontrolle bewegt. Ein über ein Sozialamt beispielsweise vermittelter Gesprächspartner wird zunächst eher fürchten, daß seine Normenkonformität zumindest latent zur Debatte steht, während man es bei jenen, die von Hausärzten für die Untersuchung interessiert wurden, stärker mit unterschwelligen Hilfe- und Heilserwartungen zu tun haben wird. Allerdings sind diese anfänglichen Erwartungen zwar schon jeweils mitzureflektieren; unsere Erfahrungen belegen indes, daß sie im Verlauf der Gespräche keine so große Rolle mehr spielen, weil der besondere Charakter der psychoanalytisch orientierten Interviewführung ohnehin eine eigene Dynamik entfaltet und es dann darauf ankommt, welche Beziehung sich zwischen den beteiligten Personen jeweils aktuell herstellt.

Insgesamt haben sich zehn Personen aus Arbeiterfamilien für unsere Gespräche bereitgefunden, sechs Männer und vier Frauen. Die ursprüngliche Absicht, zwei Altersgruppen zu interviewen, um einen Vergleich der entsprechenden Problemlagen und ihrer Auswirkungen auf Gesundheitsverhalten anzustellen (Familiengründung — Familienauflösung durch den Auszug der Kinder) konnte dabei nur bedingt realisiert werden. Die meisten Interviewten waren im Alter von durchschnittlich dreißig Jahren und hatten Kinder im frühen Schul- Kleinkind- oder Säuglingsalter. Von den drei älteren Interviewten standen nur zwei in ihrer Familiensituation vor dem Problem der baldigen Ablösung des jeweils ältesten Kindes. Im einzelnen handelte es sich bei den Gesprächsprtnern, die teils direkt in Frankfurt, teils im industriellen Großraum Frankfurts wohnten, um

- einen 45-jährigen Maler, sechs Kinder
- einen 32-jährigen Schlosser, ein Kind
- einen 28-jährigen Handwerkshelfer, ein Kind
- einen 31-jährigen Handwerksmeister, zwei Kinder
- einen 30-jährigen Elektriker, ein Kind
- einen 44-jährigen Elektriker, ein Kind
- eine 27-jährige Hausmeisterin, ein Kind
- eine 50-jährige Hausfrau, drei Kinder
- eine 27-jährige Putzfrau, drei Kinder
- eine 28-jährige Hausfrau, zwei Kinder

Drei Interviewpartner waren mit allen drei Gesprächen, drei weitere mit zweien einverstanden. Bei vier Untersuchten kam lediglich ein Interview zustande. Unsere Gesprächserfahrungen legen nahe, daß diejenigen, die ein starkes Interesse an den Interviews hatten und dies durch ihre Mitarbeit auch bekundeten, unter einem stärkeren aktuellen Problemdruck standen. Bei denjenigen, die bereits nach einem Gespräch abbrachen, waren jeweils ganz unterschiedliche Gründe im Spiel (vgl. hierzu die Einzelfallauswertung im Kapitel IV.). Allgemein läßt sich dazu sagen, daß sowohl das Thema als auch der Stil der Interviewführung hier jeweils besondere Ängste mobilisiert haben, die dann zu entsprechenden ‚Abwehrmechanismen' führten.

6. *Gesprächsverlauf und Interviewführung*

Die bereits dargestellte Anknüpfung unseres Forschungsverfahrens an psychoanalytische Erfahrungen – hier vor allem die Bedeutung des szenischen Wahrnehmungsmodus für ein Verständnis latenter handlungsleitender Orientierungen – begründet einen besonderen Stil der Gesprächsführung bei der Durchführung der Interviews.

Die Interviews wurden als Zweiergespräche in den Wohnungen der Betroffenen durchgeführt, weil wir annahmen, daß in privater Umgebung eine höhere Bereitschaft zur gefühls- und erlebnisbetonten Erzählweise zu erwarten ist. Wir vereinbarten vor dem ersten Treffen jeweils drei Gespräche im Abstand von einer Woche. Die Interviews wurden dann mit einer absichtlich allgemein und vage gehaltenen Vorgabe eingeleitet, die zugleich das Forschungsthema einführte. Der Gesprächsanreiz sollte dem Interviewten einen möglichst großen Assoziationsspielraum eröffnen. Die einheitliche Formulierung lautete: „Wir sind der Ansicht, daß es einen Zusammenhang zwischen Gesundheit und Lebensproblemen gibt. Deshalb sind wir daran interessiert, daß uns Leute aus ihrer Lebenserfahrung berichten. Vielleicht erzählen Sie jetzt einfach mal etwas, das sie für wichtig halten." Das offen formulierte Thema sollte die Betroffenen dazu anregen, im Zusammenhang mit irgendeiner gesundheitlichen Beeinträchtigung über für sie wichtige Alltagssituationen bzw. lebensgeschichtliche Erfahrungen zu sprechen.

Die Interviewführung ist allgemein dadurch gekennzeichnet, daß der Interviewer mit seinen Nachfragen und Interventionen weitgehend dem assoziativen Erzählfluß des Interviewten folgt. Wenn es sich nicht gleichsam von selbst ergibt, ist es darüber hinaus jedoch erforderlich, teils auch über gezielte Fragen etwas über die Lebensgeschichte, die Konfliktbewältigung in der Familien-, Arbeits- und Freizeitsituation in Erfahrung zu bringen. Dadurch sollen Problemzusammenhänge abgedeckt werden, die Gesundheitsverhalten entscheidend beeinflussen. Neben der Möglichkeit, die Ergebnisse der Supervision als vertieftes Verständnis des Interviewpartners ins zweite oder dritte Gespräch einbringen zu können, ist es der Vorteil mehrmaliger Gespräche, daß die kognitiven Strukturierungsleistungen der Forscher sich auf einen längeren Zeitraum verteilen können, so daß genügend Aufmerksamkeit für die szenischen Anteile und die Beziehungssituation verbleibt. Das, was in den einzelnen Gesprächen einer Sequenz jeweils thematisiert wird, steht also nicht von vornherein fest, sondern ergibt sich aus dem Gesamtverlauf.

Der Interviewer nimmt grundsätzlich eine rezeptiv-verstehende Haltung ein, bleibt also als Privatperson im Sinne der Alltagsebene neutral. In dieser Hinsicht ist er – wie in anderen Interviewformen auch – seiner Berufsrolle verpflichtet. Nur so kann er eine Wahrnehmungshaltung einnehmen, die es ihm ermöglicht, neben dem sachlichen Gehalt der Mitteilungen deren affektive Bedeutung aufzuspüren. Da der Interviewer, ähnlich dem Therapeuten, in seiner Berufsrolle erscheint, ist er von Erwartungen an einen alltäglichen Kommunikationspartner entbunden. Diese Art der Entpersönlichung in der Interviewbeziehung gewährleistet, daß sich unterschwellige Übertragungsanteile konturieren können.

Die rezeptive Haltung wird jedoch zur Aufrechterhaltung des Forschungsdialogs immer dann unterbrochen, wenn entweder interessierende Themenfelder abzudecken oder aber Interventionen zu plazieren sind. Erst beides zusammen, rezeptive und intervenierende Elemente der Gesprächsführung, fördern die Entwicklung einer dialogischen Gesprächsbeziehung.

7. *Supervision und Einzelfallauswertung*

Die erste Stufe der Auswertung bildet die Supervision. Nach jedem Interview fertigt der Interviewer ein Gesprächsprotokoll an, das er in der Supervisionsstunde mündlich vorträgt. Dieser Bericht beschreibt den Verlauf des Interviews aus dem Gedächtnis und der Sicht des Interviewers. Er enthält insbesondere szenische Materialien: Überlegungen zur Übertragungssituation und zur jeweiligen affektiven Reaktion des Interviewers wie des Gesprächspartners auf den Verlauf des Interviews. Für die psychoanalytische Supervision sind also alle Informationen bedeutsam, die über die kognitiv strukturierte Wiedergabe der Gesprächsinhalte hinaus Auskunft darüber geben, in welches affektive Klima, welche Beziehungssituation oder in welche „Szenen" die Inhalte jeweils eingebettet waren.

Dieses Material dient in der psychoanalytischen Supervision zum Verständnis der psychodynamischen Konfliktlage des Interviewten. Es bildet die Grundlage für erste Aussagen über den primären Krankheitsgewinn, über den lebensgeschichtlichen Sinn des symptomatischen Verhaltens. Durch die besondere Berichtsform entsteht in der Supervision wiederum eine Verstehenssituation, die strukturell analoge Züge zum ursprünglichen, als Szene verstandenen Interview aufweist: Zentrales Erkenntnismittel für den Supervisor bildet die Wahrnehmung jener Gefühle und Reaktionen, die der Bericht in ihm auslöst; er wird damit – und dies gilt für alle an dieser Situation Beteiligten – nachträglich zum Teilnehmer einer Szene, in die er jedoch nicht in gleicher Weise verwickelt ist wie der Interviewer.

Die Voraussetzungen für Wahrnehmung und Reproduktion von Eindrücken auf der Beziehungsebene haben wir bereits im Abschnitt über Übertragung und Gegenübertragung dargestellt. Zwar überlagern sich in der Supervision zwei Beziehungsebenen (Argelander 1980), nämlich die zwischen Interviewtem und Interviewer und die zwischen Interviewer und Supervisor, thematisch wird aber nur die erstere. Da Supervision einen Lernprozeß am Material darstellt und keine therapeutische Situation, bleiben die persönlichen Anteile des Interviewers im Sinne unbewußter Übertragungen außer Betracht. Gleichwohl ist die persönliche Berichterstattung, die ja das Moment der Gegenübertragung – der affektiven Reaktion auf den Interviewten impliziert, eine notwendige Voraussetzung dafür, etwas über psychodynamische Prozesse bei diesem erfahrbar zu machen. Unbewußte Konfliktthemen können, weil sie als Beziehungskonflikte zu verstehen sind, nur in Beziehungen wiedererscheinen. Entsprechend der je verschiedenen Beziehungskonstellationen verändert sich auch die Aktualisierung der Konflikte. Die Erscheinungsform, in der unbewußte Themen auftreten, ist somit an die jeweilige Beziehung gebunden, d.h. hier weitgehend an die Person des Interviewers. Diese Beziehung nun wird aus der subjektiven Perspektive des Interviewers dargestellt. Dabei bringt der Interviewer gegenüber dem Supervisor (analog dem Probanden gegenüber dem Interviewer) implizit mehr zum Ausdruck, als er explizit schildern kann. Im Interviewbericht ergeben sich deshalb der geschulten Wahrnehmung des Analytikers Gegenübertragungsreaktionen des Interviewers auf den Interviewten zu erkennen, denn in der Schilderung bilden sich, wie gesagt, Beziehungsbedeutungen heraus, ohne daß der Interviewer sich dieser Bedeutungen voll bewußt sein muß. In der Art und Weise, wie er das Material strukturiert, also beispielsweise welche Beobachtungen und Gefühle in seinem Bericht in welchen Formulierungen auftauchen, produziert der Interviewer einen Sinnüberschuß, den der Analytiker aufzugreifen und zu explizieren in der Lage ist. Diese Konstellation ermöglicht es dem Supervisor, die „vermittelten" Phänomene auf die Beziehungsebene des Interviewten zurückzuspiegeln, sie als bedeutsame Informationen zu dessen Verständnis zu nutzen (vgl. Argelander 1980).

Entlang der Vertiefung erster szenischer Eindrücke im Verlauf des Berichtens bildet sich allmählich ein konsistenter Bedeutungszusammenhang heraus, der es ermöglicht, den lebensgeschichtlichen Sinn symptomatischer Verhaltensweisen zu formulieren. Abschließend werden anhand der Fallinterpretation Hinweise auf günstige thematische Anknüpfungspunkte und Interventionsrichtungen gegeben, die für die Fortführung der Interviews genutzt werden.

Die Ergebnisse der Supervision bilden zugleich die Grundlage der späteren Einzelfallauswertung in der Forschergruppe. Dabei wird als Material nicht nur die wörtliche Tonbandabschrift herangezogen. Zur szenischen Reproduktion des Interviews eignet sich vor allem die Wiedergabe der Tonbandaufnahme. Die Interpretationsrichtung zielt jetzt auf das Verhältnis des primären Krankheitsgewinns, des lebensgeschichtlich motivierten Sinns des Symptoms, welches als Krankheit oder gesundheitliches Risikoverhalten erscheint, zu den psychosozialen Organisationsformen, die jenes Verhalten noch zusätzlich stabilisieren und absichern. Diese Sicherungen sind im Begriff des sekundären Krankheitsgewinns angesprochen. Eine zentrale Rolle nimmt dabei das Familiensystem ein: Symptomatisches Verhalten wird oftmals durch die Struktur der innerfamilialen Beziehungen und Rollenzuweisungen in spezieller Weise nochmals organisiert, d.h. das Symptom des einzelnen gewinnt auf dieser Ebene noch eine zusätzliche Sinndimension. Solche Bedeutungsverschiebungen lassen sich auf dem Hintergrund der in der Familientherapie formulierten dynamischen Mechanismen erhellen (vgl. Stierlin u.a. 1977, Richter 1972).

Für die Stabilisierung gesundheitlichen Risikoverhaltens sind darüber hinaus jene Umgangsweisen mit Gesundheit oder umfassender: „mit sich selbst" verantwortlich, die sich aus den Arbeitsumständen bzw. den dort wirksamen subkulturellen Handlungs- und Wertmustern ergeben. Dazu gehören im weiteren Umfeld auch geschlechtsspezifische Orientierungen, welche Bedürfnisse weitgehend stereotyp organisieren. Die Ergebnisse dieser Auswertungsebenen – Biographie, Familie, Arbeit und Subkultur – werden dann in einem nächsten Schritt auf die Frage möglicher Veränderungspotentiale bezogen. Dazu sind insbesondere die Auswirkungen der „aufklärenden" Interventionen heranzuziehen, welche die Forscher in die Gespräche eingebracht haben. Dort, wo es möglich war, mehrere Interviews durchzuführen, galt es darüber hinaus, die Veränderungen von Gespräch zu Gespräch auszuwerten, weil diese einen Hinweis auf eine gelungene Erweiterung des Themen- und Beziehungshorizonts geben können, auf eine Bereitschaft zur Reintegration konfliktbesetzter Inhalte. Diese Erkenntnisrichtung ergibt sich aus dem Verständnis unseres Interviewverfahrens als Interventionsforschung: Das bedeutet, daß die Eingriffe, die wir durch die Gesprächsführung in den „Forschungsgegenstand" vornehmen, den entscheidenden Gegenstand der Auswertung darstellen. Nur so sind Aussagen über dialogisch vermittelte Veränderungsmöglichkeiten eingefahrener auf Gesundheit bezogener Problembewältigungsstrategien möglich. Das Interview selbst gilt dabei als die Probe aufs Exempel.

8. *Gesamtauswertung der Einzelfälle: Das Verfahren der Typenbildung*

In dem von uns skizzierten theoretischen und methodischen Verweisungszusammenhang, der sich in der Tradition hermeneutischer, sinnverstehender und -rekonstruierender Verfahren begreift, kann eine Verallgemeinerung von an Einzelfällen gewonnenen Einsichten selbst wiederum nur ein interpretatives Vorgehen sein. Bezugspunkt der Interpretation ist dabei jener psychoanalytisch aufgeklärte sozio-psychosomatische Theoriekontext von Krankheit als Konflikt, in welchem der Forschungsgegenstand „Gesundheitsverhalten und Krankheitsgewinn" entfaltet wurde (vgl. Kapitel I.). Wie wir gesehen haben, ermöglicht es dieser, die primären und sekundären Aspekte des Krankheitsgewinns unter der Perspektive von Veränderungsmöglichkeiten aufeinander zu beziehen.

Verallgemeinerung von an Einzelfällen gewonnenen Ergebnissen bedeutet hier, den in der Detailanalyse bereits implizierten Zusammenhang von erfahrungsgestützter und theoriegeleiteter Interpretation als Muster eines Falles zu rekonstruieren und damit in typisierender Absicht über diesen hinauszugehen: Die an den jeweiligen Einzelinterpretationen sichtbar werdenden zentralen gesundheitsrelevanten Konfliktbearbeitungsformen können jenseits ihrer ganz individuellen Ausgestaltung deshalb als „typisch" für diese und damit auch für andere vergleichbare Fälle gelten, weil sie eben selbst schon vor dem Hintergrund von – die Erfahrungen der Psychoanalyse sowohl methodisch im Konzept des szenischen Verstehens wie auch theoretisch in den Annahmen zur Symptomgenese in besonderer Weise aufgreifenden – Vorstellungen über Stufen der individuellen Aneignung der Lebensgeschichte und ihrer Einbettung in psychosoziale ‚Organisationsformen' bearbeitet wurden.

Im Verfahren der Verallgemeinerung stellen sich also die aus der Perspektive der lebensgeschichtlichen Rekonstruktion („primärer Krankheitsgewinn") dechiffrierten – das jeweilige Verhältnis von innerer und äußerer Realität bestimmenden – latenten konfliktspezifischen Beziehungsmuster als typische Strukturen dar.

Unsere besonderen empirischen Erfahrungen haben uns bei einer vergleichenden Durchsicht der Einzelfälle zur Extrapolation von drei gut gegeneinander abgegrenzten Strukturmustern bzw. Typen gesundheitsbezogener Konfliktlösungsformen angeregt. Dies bedeutet nicht, daß hierein das Spektrum möglicher typischer Beziehungs-Sinnstrukturen erschöpft wäre; vor dem Hintergrund der theoretischen Vorannahmen ist jedoch die Annahme berechtigt, daß die rekonstruierten Typen, insbesondere was die implizierten symptomatischen Verhaltensweisen anbelangt, einen relativ breiten Realitätsausschnitt im Milieu sozialer Unterprivilegierung repräsentieren.

Wir haben diese interpretierten typischen Beziehungsmuster in Anlehnung an die Systematisierung der Ergebnisse in einer vorangegangenen Studie über Krankheitsverhalten (Horn/Beier/Wolf 1984) Abhängigkeit, Inszenierung und Kontrolle genannt. Der charakteristische lebensgeschichtliche Sinnhintergrund Gesundheit beeinträchtigenden bzw. -riskierenden Konfliktlösungsverhaltens ist dabei

– im Fall des Typus *Abhängigkeit:* eine auf dem Hintergrund entbehrungsreicher, geschlechtsspezifisch unterschiedlich erlebter und verarbeiteter Erfahrungen nicht gelungene Ablösung von dem primären Liebesobjekt, die als narzißtische Beeinträchtigung verstanden werden kann und zu Suchttendenzen, psychosomatischen Erkrankungen und psychischen Leidenssymptomen führt;
– im Fall des Typus *Inszenierung:* eine womöglich frauenspezifische Variante eines unbewältigten ödipalen Konflikts, welche den Körper zum langfristig ruinösen unerschöpflichen Darstellungsreservoir der Spannung zwischen Triebwünschen und ‚elterlichen' Normierungen (Geboten und Verboten) macht;
  und schließlich
– im Fall des Typus *Kontrolle:* eine möglicherweise männerspezifische Variante der ‚Bewältigung' der ödipalen Thematik, welche den Konflikt zwischen Über-Ich-Anforderungen und lustbetonten Autonomiewünschen zugunsten einer weitgehenden sozialen Angepaßtheit, jedoch nicht ohne persönliche Folgekosten (im Sinne chronifizierter Krankheitssymptome und einer Anfälligkeit gegenüber gesellschaftskonformem Risikoverhalten), „löst".

Was diese hier nur grob skizzierten jeweils typischen lebensgeschichtlichen Sinnzusammenhänge für den sekundären Krankheitsgewinn und die Möglichkeiten einer aufklärenden Intervention bedeuten, soll im nun folgenden Auswertungskapitel unter Berücksichtigung exemplarischer Falldokumentationen ausführlich zur Sprache kommen. Dabei haben wir uns für eine Darstellungsweise entschieden, die zuerst ganz allgemein den Typus charakterisiert, im Anschluß daran eine oder mehrere Falldokumentationen zur Konkretion darstellt und schließlich das gesamte typusspezifische Fallmaterial im Rahmen der explizierten allgemeinen Typus-Sinnstruktur interpretiert.

IV. Gesamtauswertung der Einzelfälle

1. *Zum Typus Abhängigkeit*

Mit dem Typus „Abhängigkeit" sind all jene auf den Komplex Gesundheit/Krankheit bezogenen Konfliktverarbeitungsformen angesprochen, die in ihrer Genese um ein lebensgeschichtlich nicht bewältigtes frühes Trennungsproblem kreisen: Es handelt sich hierbei – psychoanalytisch gesehen – um gravierende Störungen der frühen Mutter-Kind-Beziehung, d. h. der „symbiotischen Phase" der menschlichen Entwicklung, welche die individuelle Autonomiewerdung vorbereitet und die ‚normalerweise' durch verläßliche Liebeszuwendungen von seiten mindestens einer konstanten Bezugsperson geprägt ist.[1] Wo diese Liebe und Sicherheit fehlt bzw. nur mangelhaft oder in überfürsorgender, ebenfalls Autonomie verhindernder Weise vermittelt wird, entsteht eine spezifische die Loslösungsversuche von der Mutter beeinträchtigende narzißtische Grundstörung (bzw. eine orale Fixierung) – eine tiefgehende Beeinträchtigung des Selbstwertgefühls bzw. -erlebens, zu deren fortdauernder Bewältigung eine Reihe von auf der Ebene des psychischen Systems als Selbstheilung bzw. Krankheitsgewinn fungierenden Abwehrstrategien eingesetzt werden müssen.

All diese Abwehrmaßnahmen dienen dazu, jenen frühen Mangelzustand durch eine halluzinatorische Wiederbelebung der als befriedigend phantasierten ungeschiedenen Mutter-Kind-Dyade zu kompensieren. Innerpsychisch stellt sich dieser Prozeß als Einverleibung von bzw. Verschmelzung mit denjenigen Objekt- bzw. Teilobjektrepräsentanzen dar, die sich als Niederschlag der Erfahrungen mit dem primären Liebesobjekt ausgebildet haben. Das wesentliche Ziel dieser Abwehrvorgänge kann darin gesehen werden, einen nicht bewältigten Zustand der Trennung im Dienste der symbiotischen Wiedervereinigung rückgängig zu machen – die Grenzen zwischen Selbst- und Objektwelt zu nivellieren.

Der damit einhergehende Realitätsverlust bezieht sich einmal auf die Wahrnehmung des Selbst: Auf dieser Ebene kommt es zu unangemessenen Größenvorstellungen bzw. zur Verleugnung eigener Handlungsmotive. Zum anderen zeigt er sich auch auf der Ebene der Wahrnehmung der Außenwelt bzw. wichtiger Bezugspersonen: Hier verzerren insbesondere primitive Idealisierungen sowie auf dem Hintergrund der Spaltung der Welt in gut und böse entstandene unangemessene Projektionen den Realitätsbezug.

1 Diese einleitenden Überlegungen beziehen sich auf Erkenntnisse psychoanalytischer Entwicklungstheorie insbesondere im Hinblick auf die Ätiologie narzißtischer Störungen. Vgl. hierzu Mahler (1975), Kohut (1971), Kernberg (1975).

Diese hier zunächst modellhaft skizzierte Konfliktkonstellation führt – wie unsere Untersuchungen nahelegen – im Hinblick auf ihre jeweilige Bewältigungsform zu geschlechtsspezifisch unterschiedenen „Lösungen". Die diesem Typus unter dem Aspekt gesundheitlichen Risikoverhaltens zurechenbaren Männer neigen eher dazu, ihre narzißtischen Defizite vor allem über einen gesteigerten Alkoholkonsum zu kompensieren, während bei den Frauen eine depressive Grundstimmung offener zutage tritt, die mit Gefühlen der Ohnmacht und Hilflosigkeit verbunden ist. Suchttendenzen spielen auch hier eine Rolle, sie beziehen sich aber stärker auf das Rauchen oder Essen. Im Unterschied zu den Männern, die jegliche Abhängigkeit, insbesondere von den eigenen Eltern zu leugnen versuchen, zeigen die Frauen deutliche Bindungen an ihre Herkunftsfamilie – emotional abhängig sind sie meist von den Müttern.

Natürlich bedingt bereits die Auswahl unserer Interviewpartner – hier insbesondere das Kriterium der Arbeitsfähigkeit –, daß es sich bei den vorgefundenen Suchttendenzen immer schon um den Gebrauch ‚gesellschaftsfähiger', legaler Drogen bzw. Genußmittel handelt. Bei der erfahrenen geschlechtsspezifischen Differenzierung in der ‚Auswahl' gilt es zu berücksichtigen, daß der Alkoholkonsum traditionellerweise ein Medium männlicher Selbstdarstellung und -entlastung besonders in Gruppenzusammenhängen darstellt. Die damit verbundene Minderung bzw. der Verlust der Kontrolle gestattet zum einen die Reaktivierung besonderer Potenzphantasien bis hin zu ihrer aggressiven Entladung und bietet zum anderen die Möglichkeit der Regression auf eine symbiotische Position, welche sonst unterdrückte, passive Versorgungswünsche angstfrei ausleben läßt. Daß unseren Erfahrungen nach Frauen eher zu Suchtmitteln greifen, die ihre Kontrolle weniger oder gar nicht beeinträchtigen (Zigaretten/übermäßiges Essen/Tablettenkonsum zur Bekämpfung von Depressionen, Schlaflosigkeit oder unspezifischen psychosomatischen Symptomen) korrespondiert ebenfalls mit theoretischen Annahmen zur geschlechtsspezifischen Sozialisation, wonach Frauen generell zu eher „autoplastischen", nach innen gerichteten Konfliktlösungstendenzen neigen.[2]

Diese Unterschiede beruhen also auf sozialen bzw. geschlechtsspezifischen Normierungen, die sich über Sozialisationsvorgänge und spätere soziale Erfahrungen auf den jeweilig individuellen Prozeß der leib-seelischen Selbstaneignung auswirken. Sie haben ihren Sinn im Rahmen spezifischer gesellschaftlich-institutioneller Strukturen. Auf diesen allgemeineren Begründungszusammenhang soll jedoch nicht weiter eingegangen werden, da es hier in erster Linie um die Bedeutung geht, die jenen in sozialen Stereotypen organisierten Sinnstrukturen für die psychosozialen Konfliktbewältigungsformen zukommt.

Wir wollen darum im folgenden auf die Interviewerfahrungen und die Auswertungsergebnisse direkt eingehen; der geschlechtsspezifisch differenzierten Darstellung der wesentlichen Charakteristika des Typus Abhängigkeit auf dem Hintergrund

2 Vgl. hierzu insbesondere Scheu (1977), Prokop (1976), Mitscherlich (1978) sowie die neueren Forschungen zum Problem „Frauen und Psychiatrie" bei Chesler (1976), Burgard (1979) und das Sonderheft Nr. 2/1980 der Zeitschrift Courage.

unseres Materials (zwei Gesprächssequenzen mit Männern, drei nicht vollständige Interviewfolgen mit Frauen) geht jeweils die vollständige Dokumentation eines exemplarischen Falles voran.

Die (alkohol-) abhängigen Männer

Falldokumentation

Herr A., 45jähriger verheirateter Maler, sechs Kinder

Das Interview hat die folgende Vorgeschichte: Ich bekomme den Namen und die Telefonnummer des Mannes von dessen Hausarzt Dr. X., der die Zustimmung des Interviewten einholte, sich für unsere Untersuchung zur Verfügung zu stellen (drei Gespräche über Gesundheits- und Lebensprobleme). Von dem Arzt weiß ich bereits, daß dieser Mann Probleme mit dem Alkohol hat.
Beim ersten Anruf, bei dem ich mit Herrn A. einen Termin für ein ungestörtes Gespräch bei ihm zu Hause ausmachen will, entgegnet er mir: das ginge nicht – darauf nach einer kurzen Pause: wir müßten uns außerhalb treffen, weil zu Hause immer was los sei. Ich hatte zunächst den Eindruck, er wolle mit dem entschiedenen: „Dann geht es nicht" sich gänzlich zurückziehen und war etwas erstaunt über seinen mir dann sehr dringlich erscheinenden Wunsch, sich „außerhalb" zu treffen. Da ich diese Veränderung unseres Settings nicht allein entscheiden wollte, verschob ich die Terminverabredung. Ich erfuhr noch, daß er gerade krankgeschrieben ist und darum auch Zeit hat. Als ich mich dann für seine Bereitschaft bedankte, meinte er großzügig und etwas diensteifrig: er habe zu danken. – Dieses kurze Gespräch vermittelte mir einerseits den Eindruck einer besonderen Dringlichkeit, der abrupte Ton zwischendurch („Dann geht es nicht"), in dem so etwas wie Enttäuschung anklang, hinterließ andererseits jedoch auch in mir das Gefühl eines drohenden Abbruchs – eines Sich-gar-nicht-einlassen-Könnens/Wollens.
Im nächsten Gespräch am Telefon machen wir einen Termin im Sigmund-Freud-Institut aus. Ich bereite ihn außerdem darauf vor, daß zu Forschungszwecken ein Tonband mitläuft und sichere ihm Anonymität und Vertraulichkeit zu, worauf er fragt, ob er denn seinen Lebenslauf erzählen solle, das wolle er nicht, denn erstens sei dieser nicht so berühmt und außerdem wolle er, daß ich gezielte Fragen stelle. Ich verweise darauf, daß wir doch ein Gespräch führen wollten, was ihn veranlaßt, seine Bitte zu wiederholen. Ich fühle mich etwas unbehaglich und gerate unter Druck; ich breche dann die Situation ab, indem ich auf den vereinbarten Gesprächstermin verweise. Anschließend geht mir immer wieder die Forderung nach „gezielten Fragen" durch den Kopf und ich beginne zu verstehen, daß mein unbehagliches Gefühl etwas mit der in dieser Formulierung steckenden hohen Ansprüchlichkeit des Mannes zu tun hat.

Erstes Gespräch:

Zum Interview kommt Herr A. ca. vierzig Minuten zu spät. Die Wartesituation erinnert mich an die anfänglich verspürte Ambivalenz, einerseits ein starkes Bedürfnis nach Zuwendung zu haben, dabei andererseits jedoch die Kontrolle nicht aus der Hand geben zu wollen: Ein Gespräch zu seinen Bedingungen also.
Als er endlich etwas abgehetzt ankommt, entschuldigt er sich, es sei schwierig hierherzufinden wegen der Verkehrsbedingungen. Ich bekräftige das und bin ihm auch gar nicht böse, vielmehr erleichtert, daß er doch noch gekommen ist. Er macht auf mich einen an-

genehmen, etwas weichen und sehr bemüht-zuvorkommenden Eindruck. Er ist mittelgroß, etwas schmächtig, sehr ordentlich frisiert und gekleidet, sein Gesicht ist ziemlich runzlig, bräunlich gefärbt und etwas abgehärmt. Insgesamt bin ich erstaunt, wie ‚normal' und gepflegt er aussieht, wo ich doch weiß, daß er Alkoholiker ist. Ich bin anfänglich ziemlich aufgeregt, merke beispielsweise, wie meine Hände zittern, als ich ihm den Kleiderbügel reiche – dagegen wirkt er ziemlich entspannt. (Später im Interview erfahre ich, daß seine Hände zu zittern anfangen, wenn er kein Bier mehr hat.)
Ich beginne dann das Gespräch mit unserem ‚Vorspann' zum Zusammenhang von Gesundheit, Krankheit und Lebensproblemen, worauf er mir erst einmal beipflichtet. Ich sage dann, es käme uns sehr auf die Lebenserfahrungen an und frage ihn nach seinen derzeitigen Problemen mit seiner Gesundheit. Er greift sofort das Thema seiner Alkoholabhängigkeit auf und redet schnell und etwas durcheinander von seinen diversen Versuchen, davon loszukommen und seinen Rückfällen. Auf meine Frage, wie er sich das erkläre, meint er, wies dazu kam, könne keiner erklären. Ich frage weiter, ob er das auch nicht könne, worauf er bekräftigt, nein, nein, keinesfalls, er sei ja vor einem Dreivierteljahr schon mal trocken gewesen und fügt dann hinzu, Alkohol mache vergeßlich, das sei auch der Grund jetzt, daß er seit siebzehn Tagen probiere, kein Bier mehr anzurühren. Ich möchte dann mehr darüber wissen, wann diese Abhängigkeit denn angefangen habe. Er erzählt, das erste Bier habe er schon mit zwölf/dreizehn Jahren getrunken, so richtig voll sei er aber erst einmal gewesen – das war mit sechzehn/siebzehn, da habe seine Fußballmannschaft einen Riesenpokal gewonnen, daran könne er sich noch haargenau erinnern. Von dieser Zeit an habe sich die tägliche Ration so langsam gesteigert. Sein durchschnittlicher Bedarf liege inzwischen bei zwölf Flaschen Bier am Tag (sechs bei der Arbeit, sechs abends).
Seine Erklärungsversuche kreisen um das soziale Umfeld, in dem er lebt bzw. aufwuchs: die frühere Landarbeit, der Verein, der Beruf – Grund zu trinken und zu feiern habe es immer gegeben. Außerdem falle dann die Geselligkeit leichter. Und außerdem sei, wie man so schön sage, Durst schlimmer als Heimweh. Wenn man morgens aufwache und habe nichts zu trinken, das sei ganz fürchterlich – wenn dann die Lippen wieder naß würden, das sei wunderbar. An dieser Stelle kommt mir das Bild von einem Verdurstenden in der Wüste.
Nach seiner Lehrzeit hat er noch ein Jahr zu Hause bei seiner Mutter gewohnt, mit der es große Konflikte besonders wegen seiner Trinkerei gab. Er hat noch drei Geschwister, eine ältere und eine jüngere Schwester und ebenso einen jüngeren Bruder. Der Abstand zwischen ihnen beträgt jeweils drei Jahre. Von seiner Mutter hat er sich dann getrennt, indem er sich heimlich in die DDR absetzte, wo er seine jetzige Frau kennenlernte. Auf meine Verwunderung hin, warum er ausgerechnet in die DDR gegangen sei, meint er, er wollte so weit wie möglich fort und nach Amerika habe das Geld nicht gereicht. Ich fange an zu verstehen, daß dieser Mann eine sichtbare Grenze braucht, um das Gefühl von Eigenständigkeit und Loslösung zu haben – die räumliche Distanz kompensiert gleichsam die innere Trennungsunfähigkeit. In der DDR ist er lediglich sechzehn/siebzehn Monate geblieben – als Grund gibt er an, seine „Lieblingsschwester" habe damals mit dem „Tod bzw. dem Leben" gekämpft, darum sei er mit seiner Frau illegal über die Grenze gegangen und sie hätten dann eine Weile bei seiner Mutter gewohnt. Heute wisse er, daß seine Mutter recht gehabt habe – er sehe es jetzt selbst an seinem eigenen neunzehnjährigen Sohn, der exzessiv trinke, nicht arbeiten wolle und häufig auch randaliere. Er sei da machtlos; wenn er ihn hinauswerfe, trete dieser ihm die Wohnungstüre wieder ein. Er komme auch nicht an ihn ran; wenn er ihn frage, warum er denn trinke, sage ihm sein Sohn bloß: „Du säufst doch auch." Auffällig ist in dieser Gesprächssequenz, wie bemüht Herr A. ist, sich von der haltlosen Sauferei seines Sohnes abzugrenzen, ohne sich hingegen glaubhaft darüber entrüsten zu können. Mir kommt in den Sinn, daß der Vater an die Exzesse und die Wut des Sohnes innerlich gebunden ist, daß er den Sohn unbewußt viel-

leicht als unterdrückten Teil von sich selbst erlebt. Ich konfrontiere in diesem Zusammenhang Herrn A. damit, daß er von seinem Sohn etwas verlange, was er selber nicht könne, nämlich Auskunft über den Grund seines Trinkens geben zu können. Dies provoziert eine neuerliche Abgrenzung von seinem Sohn – während dieser säuft, trinkt Herr A. lediglich seine Ration Bier – und das Schluck für Schluck in gemäßigten Zügen. Ich frage ihn daraufhin, wie das denn seine Frau aufgenommen habe, als sie ihn kennenlernte, worauf er wieder eilig betont, das habe ja ganz allmählich angefangen und sich dann erst gesteigert. Außerdem habe er sich nie richtig betrunken, er sei nie besinnungslos, sondern immer noch hundertprozentig unter Kontrolle gewesen. Er kommt dann auf seinen letzten Versuch, trocken zu werden, zu sprechen – das hat er anläßlich eines längeren Krankenhausaufenthalts versucht, aber dann doch nicht durchgehalten, weil Silvester dazwischen kam. Beim Entzug sei es im fünften oder sechsten Monat immer besonders schlimm. Dabei kommt mir das Bild einer Schwangerschaft in den Sinn.
Er gerät beim Thema seiner Sucht stets ein wenig aus den Fugen, er hat dabei einen Zug zum endlos-schweifenden sich im Kreise drehenden ‚Brabbeln'. Ich merke nun, daß ich doch ‚gezielte' Fragen stellen muß, um mehr von ihm zu erfahren. Ich komme also noch einmal auf das Thema seiner Frau zurück, der Frage, wie sie mit seiner Alkoholabhängigkeit zurechtkomme, worauf er meint, sie sehe es nicht gerne, weil sie so gut wie nichts trinkt, mache ihm aber auch keine Szenen. Hier schließt er das Bild eines durchschnittlich-harmonischen Familienlebens an: Klar, es gäbe auch mal Konflikte, aber nichts Besonderes, es komme auch schon mal vor, daß er abhaue und androhe, sich vollzusaufen, was er tatsächlich aber gar nicht könne. Er erzählt mir dann von einer gravierenderen Streitsituation – das sei etwas vor einem halben Jahr gewesen, da sei seine Frau das zweite Mal durch die Führerscheinprüfung gefallen und da habe er sie lächerlich gemacht. Ich kann an dieser Stelle mit der Geschichte nicht viel anfangen und frage weiter nach seinen Kindern. Er hat sechs davon, die etwa im Abstand von zwei Jahren geboren wurden – zwei sind schon aus dem Haus, eine Tochter (siebzehn Jahre) zieht demnächst aus – die zwei Kleinen (elf und dreizehn Jahre) gehen noch zur Schule. Alle Kinder seien schwer in Ordnung bis eben auf den Sohn. Ich versuche, mehr über das Eheleben herauszubekommen, wobei ich erfahre, daß seine Frau nach sechszehn Jahren „Hausmütterchen"-Dasein wieder zu arbeiten angefangen hat. Gegenwärtig ist sie zu einer Art Abteilungsleiterin in einem Blumengroßhandel aufgestiegen und arbeitet von morgens sechs Uhr dreißig bis abends zwanzig Uhr dreißig mit mittags zwei Stunden Unterbrechung. Dieser lange Arbeitstag läßt mich aufhorchen und ich bemühe mich, herauszufinden, ob dies in der Organisation des Alltags und in den Wünschen nach Gemeinsamkeit nicht Konflikte schaffe. Er verneint dies, es sei ihm nur unrecht, wenn sie auch noch feiertags arbeite. Sonst fände er es gut, daß sie heute emanzipiert sei, Kaufentscheidungen beispielsweise allein träfe. An dieser Stelle kommt wieder das Führerscheinthema: Sie habe sich am Tag ihrer bestandenen Prüfung – ohne ihn zu fragen – gleich ein Auto gekauft: Naja, es sei ja schließlich ihr Geld. Ich habe bei dieser Geschichte mit seiner „emanzipierten" Frau ein ähnliches Gefühl, wie ich es auch bei seiner Schilderung der Problematik seines Sohnes empfand: Es ist ihm recht und unrecht zugleich, aber darüber läßt sich schwer reden.
Später im Interview erfahre ich, daß jetzt, wo er krankgeschrieben ist und den Versuch wagt, trocken zu werden, er auch wieder mehr umsorgt wird – einmal von seiten des Arztes, der ihm Überbrückungsmedikamente und täglich Aufbauspritzen gibt, zum anderen auch von seiner Frau, die darauf achtet, daß er ordentlich ißt, ihm Speisepläne zusammenstellt und ihm teilweise das Essen vorbereitet, das er sonst üblicherweise immer allein für die ganze Familie kochte. Ich spreche den Zusammenhang zwischen Sucht und Versorgung/Selbstversorgung an – da geht er ein Stück weit mit. Er erzählt dann – und da empfinde ich das Gespräch sehr dicht, ich fühle mich auch sehr konzentriert – wie sehr er von der Flasche Bier abhängig ist, wie nervös, krank und innerlich nicht zum aushalten er sich fühlt, wenn er nicht für Nachschub gesorgt hat: „Dann denken Sie nur

eines: das Bier wird dann das Wichtigste auf der Welt." Ich frage: „Wichtiger als Ihre Frau und Ihre Kinder?", was er bejaht. Ich frage ihn daraufhin weiter, ob es ihn nicht bedrücke, so abhängig zu sein, worauf er mir zustimmt und von seinen diversen Verschleierungsmanövern berichtet: Bei der Arbeit – er steht als Maler auf dem Bau einer Kolonne vor – wisse man nicht, wieviel er abends trinke, und zuhause sei man im Unklaren darüber, was er tagsüber schon getrunken habe. Er wolle auf keinen Fall, daß man mit dem Finger auf ihn zeige, das könne er sich nicht leisten, auch bei den Nachbarn nicht, aber besonders im Betrieb nicht. Er betont dann wieder, wie genüßlich er trinke, er habe stets nur ein Bier auf dem Tisch stehen. Ich meine darauf, daß er vor den anderen sein Gesicht wahren wolle, daß er jedoch vor sich selbst mit der Wahrheit fertig werden muß. Diese Diskrepanz trübt wohl auch seine Selbstachtung.
Mit fällt noch ein, daß er im Zusammenhang der Fragen um die Familie erwähnt, Erziehung sei Frauensache, er habe sich um die Erziehung seiner Kinder nie gekümmert. Das sei bei ihm zuhause auch so gewesen. Sein Vater ist 1942 im Krieg gefallen – damals war er selbst sieben Jahre alt. Bewußt könne er sich an den Vater nur von einem Fronturlaub her erinnern. Auf meine Frage nach seinen Gefühlen angesichts des Todes seines Vaters antwortet er mir, es habe ihn nicht besonders mitgenommen, seine Mutter und seine Großeltern hätten zwar einige Zeit lang Tränen in den Augen gehabt, daran könne er sich noch erinnern. Er sei in die HJ gegangen, weil seine Mutter Halbjüdin gewesen sei und da habe man es mit den Sprüchen von „fürs Vaterland gefallen" sowieso einfacher gehabt, so etwas zu verkraften. Hier kam mir in den Sinn, er habe etwas für seine Mutter getan, sie gleichsam gerettet, wofür sie ihm immer noch etwas schulde.
Er kommt dann wieder auf das Thema seiner Sucht zu sprechen – er weiß nicht, ob er diesmal Erfolg hat, er weiß nur, daß ers allein nicht schafft und daß es mit der Zeit immer schlimmer wird. Resigniert meint er, es gäbe zwei Sorten von Menschen – die einen, die trinken müßten, und die anderen, die allein zurechtkommen. Er erzählt dann noch, daß er schon mal bei den Anonymen Alkoholikern gewesen sei und daß ihm seine Frau auch nicht helfen könne. Soviel wisse er, er müsse selber wollen. Er wird hier wieder ausufernd, redet schnell und viel immer um den selben Brei – sein Monolog kreist nur noch um die Sucht. Ich spüre meine Müdigkeit und habe das Bedürfnis, das Gespräch zu beenden – eine Weile lang warte ich vergeblich auf eine Pause. Schließlich gelingt es mir dann, ihn zu unterbrechen. Ich sage – und das klingt etwas abrupt – etwas von „Schluß machen für heute".
Wir vereinbaren einen neuen Termin in einer guten Woche. Herr A. verabschiedet sich mit einem freundlich zuvorkommenden Blick und einem für meine Begriffe etwas zu langgezogenen Händedruck. Ebenso wie ich ihm während des Gesprächs mehrmals meine Augen entzogen habe, als es mir zu intensiv-überschwemmend wurde, entziehe ich ihm jetzt auch meine Hand.
Das zweite Gespräch kommt dann erst beim zweiten Anlauf zustande. Durch ein Mißverständnis wartet Herr A. im Flur des Sigmund-Freud-Instituts eine gute halbe Stunde darauf, daß ich ihn zum Interview abhole, während ich wie vereinbart davon ausgehe, daß er an meine Tür klopfen würde. Nach dieser mißglückten Verabredung machen wir telefonisch einen neuen Termin aus.

Zweites Gespräch:

Herr A. kommt diesmal schon etwas früher als vereinbart. Er klopft an meine Tür, ich lasse ihn ein und entschuldige mich nochmals wegen der letzten mißlungenen Verabredung. Er wirkt aufgeräumt, ich habe nicht das Gefühl, daß er nachtragend ist. Er zündet sich eine Zigarette an und will mir das Wort geben („Fragen?"), fängt aber von selbst an zu erzählen, daß er das letzte Mal vergessen habe von seinem Durchfall zu berichten, den er während seiner Trinkerei hat. Das sei ihm sehr unangenehm. Ich meine darauf, da verliere man wohl die Kontrolle wie bei der Konzentrationsschwäche auch. Er sagt, das ginge vielen Alkoholikern so – das habe er bei den Anonymen Alkoholikern gehört. Auf meine Frage, wie das denn dort gewesen sei, antwortet er, es habe ihm gestunken, daß man sich da stets habe selbst bezichtigen müssen. Wenn man dauernd sage, man sei ein Alkoholiker, sei es schwer, etwas zu verändern. Ich meine dazu, es habe ihn wohl gekränkt, vor anderen seine Abhängigkeit eingestehen zu sollen, worauf er etwas rumdruckst und meint, er wäre ja gar kein richtiger Alkoholiker, in der Gruppe dagegen hätte es auch richtige Süchtige gegeben. Auf meinen Einwand, daß er ja jetzt auch nicht genau wisse, ob er es schaffen würde, meint er, da könne man nie sicher sein, besonders wenn er jetzt wieder arbeiten ginge. Er wisse ja nicht, wie seine Kolonne aussehe, wenn da wieder viele „Trinker" dabei wären, habe er einen schweren Stand. Ich versuche ihm zu sagen, daß es für ihn so schwer sei, weil er es sich selbst nicht so recht eingestehen wolle.

Ich komme dann auf seine Kindheit zu sprechen und erinnere ihn an seine eigenen Worte, das mit dem Alkohol wäre ja schon so lange und habe bereits im jugendlichen Alter angefangen, worauf er meint: „Also doch Lebenslauf." Er holt tief Luft und berichtet ziemlich rasch von den äußerlich wirren Ereignissen während und nach dem Krieg: Seine frühe Kindheit hat er im Sudentenland verbracht, das nach Kriegsende von den Tschechoslowaken besetzt wurde. Er erlebte darauf eine mit vielen Trennungen verbundene Flucht in den Westen (zwischenzeitlich war er in einem Übergangslager: „So 'ne Art Konzentrationslager") – nach O., wo sich die Familie wieder zusammenfand. Während seiner Kindheit ging die Mutter arbeiten, er war zuhause und betreute das Baby, seine sechs Jahre alte jüngste Stief- und Lieblingsschwester, was ihn sehr stolz gemacht hat. Zu seinem drei Jahre jüngeren Bruder hatte er damals kein besonderes Verhältnis, er kümmerte sich voll und ganz um das kleine Mädchen, gab ihm die Flasche und sorgte insgesamt voller Verantwortung für den Haushalt. Auf meine Frage nach dem damaligen Verhältnis zu seiner Mutter meinte er, die Mutter habe das anerkannt und ihn auch in dieser Funktion ernst genommen. Er war – wie ich ihm nahelege – so etwas wie ein kleiner Mann. Der Vater des Stiefgeschwisters, den die Mutter wohl später heiraten wollte, fiel im Krieg. Später dann in O., als die Familie wieder vollzählig war (einschließlich der Großeltern und der zuvor in Österreich untergebrachten älteren Schwester) und die Mutter nicht mehr arbeiten gehen mußte, verlor er diese Sonderstellung: Er wurde quasi entmachtet. Er hat sich dann abgeschoben gefühlt, ausgenutzt, solange man ihn brauchte. Ich frage weiter nach dem Verhältnis zwischen der Mutter und den anderen Kindern. Die älteste Schwester sei die Wichtigste für die Mutter gewesen – überhaupt – und da spielt er auf die Gegenwart an – hockten die „drei Weiber" immer zusammen. Früher einmal habe seine Mutter ihm auch den jüngeren Bruder zum Vorbild vorgehalten, weil dieser so sparsam gewesen sei, während ihm das Geld in den Fingern zerrann.

In mir konturiert sich inzwischen das Bild, daß Herr A. sich in der Phantasie an die Stelle des von ihm versorgten Babies gesetzt haben muß, während er es innig pflegte. Er erzählt sehr liebevoll von dieser Schwester und meint auch, er wisse nicht, ob er, wenn sie nicht so krank geworden wäre, nach Hause hätte zurückkommen wollen. – Ich habe den Eindruck, daß er der Mutter eine ganze Menge gegeben hat – einschließlich seiner HJ-Mitgliedschaft, die natürlich ihn auch ein paar Nummern wichtiger machte, wie er erzählte – dies alles von der Mutter jedoch nicht entsprechend gewürdigt wurde. Er wollte unbedingt zuhause bleiben und weiter für das Baby sorgen, die Schule war für ihn eine starke Trennung. Jetzt mußte er erleben, daß auch alles ohne ihn wieder lief.

Ich komme als nächstes auf seine eigenen Probleme mit der Mutter zu sprechen, die schließlich zur „Flucht" in die DDR führten. Sie habe ihn beständig bevormundet, das sei ihm auf die Nerven gegangen, schließlich habe er ja schon ein wenig Geld verdient und sich erwachsen gefühlt. Die Grenze, über die er dann schließlich gegangen ist, hatte er vorher schon mal inspiziert. Seine kleine Schwester wußte von seiner Flucht. Seine Mutter hat es dann geschafft, ihn über das Rote Kreuz suchen zu lassen und schrieb ihm schließlich, was ihn einerseits freute, aber auch sofort wieder ärgerte, weil in den Briefen nur die alten Vorwürfe drinstanden. Ich meine dann, es muß ihn doch sehr gekränkt haben, daß sie ihn nicht habe verstehen können, was er bejaht. Er erzählt, daß der Rest seiner Familie immer noch in O. ziemlich dicht aufeinander lebe, er könne das nicht, die Leute da auf dem Land seien so primitiv. Er meint damit, daß sie ihre Meinung nie ändern und daß ein Gespräch auch nichts nützt. Er dagegen sei ein Stadtmensch. Ich versuche diese Äußerungen auf dem infantilen Problemhintergrund zu verstehen und sage ihm, es ärgere ihn wohl auch, daß sie sich, was ihn selbst betrifft, in ihrer Meinung auch nicht geändert haben, d. h. ihn eigentlich gar nicht richtig kennen würde. Dies bejaht er heftig. Dann meint er, er sei keineswegs der Ansicht, daß seine Kindheit etwas mit der Trinkerei zu tun habe, aber er wisse es ja vielleicht auch nicht richtig, ich wisse das vielleicht besser. Ich sage ihm, daß ich nur das weiß, was er mir erzählt hat und daß ich denke, daß er als Kind doch ziemlichen Belastungen ausgesetzt gewesen ist. Naja, meint er, aber das wäre ja nur eine Periode, da gäbe es ja noch anderes. Er bringt dann abwehrend das Beispiel von Kriminellen, über die man ja heutzutage oft in der Zeitung lese, daß ihre Handlungen an ihrer schlechten Kindheit lägen. Diese Ansicht teile er nicht. Er sieht mich dabei sehr erwartungsvoll an – ich fühle mich unter Druck, etwas von meiner Vorstellung preiszugeben und sage, ich denke schon, daß es da Verbindungen gäbe, aber daß ich ihn nicht überzeugen wolle, er müsse das selbst spüren. Er meint dann etwas gedehnt: Da müßte das Unterbewußtsein ja so tief stecken und fährt weiter fort: Nein, nein, das glaube er nicht. Ich meine darauf, das mit dem Alkohol sei ja auch nicht so schlimm, das dramatisiere er ja auch nicht. Er habe ja alles sehr gut im Griff, er sei ja ganz gut in der Lage, sich zu kontrollieren und das Maß nicht zu überschreiten – im Gegensatz etwa zu seinem Sohn. Das bekräftigt er, gibt aber zu, daß es wohl hätte möglich sein können, daß auch er abgerutscht wäre, die Familie, die Arbeit und sein Zuhause seien jedoch hemmend. Er erzählt weiter, daß, seitdem er mit dem Trinken versucht aufzuhören, der Sohn einmal geäußert habe: „Was der Alte kann, kann ich schon lang“ – er suche auch keinen Streit mehr. Hier verweise ich auf die innerliche Verbundenheit, die Abhängigkeit des wechselseitigen Verhaltens. Ich frage ihn, ob er auch wegen des Sohnes aufhört. Er verneint das, ihm komme es hauptsächlich auf sich selbst und die anderen Kinder an. Dabei erfahre ich, daß er fünf Söhne und eine Tochter hat, was mich ein wenig überrascht, weil ich den Eindruck hatte, der Problemsohn sei auch der einzige. Er ist der drittälteste von den Söhnen. Ich versuche etwas darüber herauszufinden, wann dieser Sohn mit dem Trinken angefangen hat. Er sei auch so allmählich hineingestolpert, schlimm geworden sei dessen Sauferei erst vor etwa zwei Jahren anläßlich eines Gelegenheitsjobs in einem Getränkegroßhandel. Er habe die Volksschule nicht zu Ende besucht, weil er keine Lust mehr hatte. Dabei kommt heraus, daß der Sohn wohl einige Ähnlichkeiten mit ihm, dem Vater hat: Als Begründung für seine Unlust habe dieser angegeben, lieber zuhause bleiben zu wollen, ja, er habe fast dieselben Worte gebraucht wie er selbst damals. Er sei doch kein kleines Kind mehr, daß er in die Schule gehen müßte – er sei doch schon erwachsen genug. Gleichzeitig erfahre ich, daß der Sohn eigentlich noch sehr verspielt, in den Worten des Vaters ein Kindskopf ist. An dieser Stelle habe ich den Eindruck, daß mit dem „Erwachsensein“ etwas nicht stimmt: Eigentlich geht es eher um das Kindsein. Außerdem kann ich mich des Eindrucks nicht erwehren, daß der Vater sich nicht richtig für den Sohn eingesetzt hat: Daß der Sohn stets die Schule geschwänzt hat, war ihm mit der Zeit so peinlich, daß er selbst die Dinge dann laufen ließ und den Sohn quasi abschrieb.

Herr A. berichtet dann weiter, daß das Trinken bei seinem Sohn eigentlich sehr unauffällig angefangen habe, auch im Zusammenhang mit dem Gefühl, noch immer „Jungfrau“ zu sein. Das sei vor etwa zwei Jahren gewesen, er habe jetzt aber eine Freundin („eine von der Dummen-Schule und äußerlich auch nicht das Gegebene“), das nütze ihm aber auch nichts. Ich meine, vielleicht reiche ihm diese Erfahrung nicht. Auffällig in dieser Se-

quenz ist der Versuch des Vaters, die Mädchen seines Sohnes abzuwerten, so als seien sie Flittchen. Ich habe an dieser Stelle das Gefühl, Frauen wären ihm eigentlich auch zutiefst verhaßt. Hier geht es dann nicht weiter. Ich versuche nochmal die Brücke zu seiner eigenen Jugendzeit zu schlagen, seiner Protzerei vor Mädchen übers Biertrinken etc., worauf er meint, das mit den Mädchen sei ziemlich schwierig gewesen, im eigenen Dorf hätte es doppelt soviele Jungens gegeben. Er verweist in diesem Zusammenhang auf die unzertrennliche Gemeinschaft unter den Jungen damals, redet auch stets von „wir", so daß unklar bleibt, ob er selbst eigentlich eine Freundin hatte. Jedenfalls sei es in Nachbardörfern einfacher gewesen, da war man anerkannter.
Mittlerweile sind wieder über sechzig Minuten vergangen. Wir haben beide das Gefühl, für heute sei genug gesprochen worden. Herr A. hat den Eindruck, sich „leer" geredet zu haben, er geht nun zu weiteren Vereinspflichten. Ich erfahre noch dabei, daß er in den Vorständen diverser Vereine sitzt und auch ein geselliges Leben führt. Eigentlich sei er „kein Kind von Traurigkeit": „Das war ich angeblich noch nie." Wir verabreden einen neuen Termin.
Zu einem *dritten* Gespräch kam es dann aber doch nicht. Nach einer neuerlichen Verabredung läßt Herr A. wiederum auf sich warten. Obwohl ich versuchte, ihm daraufhin zuhause etwas ausrichten zu lassen, meldete er sich nicht mehr. In mir entstand sofort die Phantasie, (die sich später auch bestätigte) daß Herr A. wieder rückfällig geworden war und sich nun schämte, als ‚Versager' vor mir erscheinen zu müssen.

Interpretation

1. Primärer Krankheitsgewinn

Herr A. ist alkoholabhängig und leidet an den körperlichen Folgen seiner Sucht: Verdauungs- und Konzentrationsstörungen. Die beiden Interviews lagen in einer Zeit, in der er mit Hilfe seines Hausarztes, der ihn eine Zeitlang krankschrieb und ihm Aufbauspritzen gab, versuchte, „trocken" zu werden. Das dritte Interview konnte – trotz Verabredung und Zusage – nicht zustandekommen, weil Herr A., wie die Interviewerin später erfuhr, zu diesem Zeitpunkt wieder rückfällig wurde und sich offenkundig schämte, daß er die verordnete Willensanstrengung, über die er auch einen Teil seines Selbstbewußtseins und seiner Abgrenzung gegen „wirkliche" Alkoholiker bezieht (s. u.), nicht hat durchhalten können.

Herrn A.s Suchttendenzen lassen sich – lebensgeschichtlich betrachtet – auf dem Hintergrund eines frühkindlichen Abhängigkeitskonflikts verstehen, welcher durch das Scheitern der Bewältigung der ödipalen Thematik (s. u.) in spezifischer Weise verschärft wird: Er kann sich schwer trennen, hängt gleichsam immer noch an der Flasche. Das Eingeständnis dieser Abhängigkeit erweckt in ihm jedoch intensive Scham- und Schuldgefühle: Darum muß er sich und anderen stets beweisen, wie autonom und selbständig er ist.

Um den gefährlichen symbiotischen Nähewünschen zu entkommen, ist Herr A. auf deutliche und sichtbare Grenzen/Abgrenzungen angewiesen. Seine Versuche, „Ordnung" in die chaotische von Grenzüberschreitungen bedrohte Innen/Außenwelt zu bringen, äußern sich sowohl in seinen Beziehungen als auch in seinen Umgangsweisen mit der Alkoholabhängigkeit. Von der Mutter und den intensiven Wünschen, die sie in ihm wachrief, hat er sich als Jugendlicher nur trennen können, indem er sich (heimlich) in die DDR absetzte. Auch im Interview ist die Angst vor passiven Wünschen, die Furcht zu verschwimmen, auszulaufen, virulent: Herr A. versucht hier seine Abhängigkeitstendenzen dadurch in den Griff zu bekommen, daß er die äußeren Bedingungen der Gesprächssituation kontrolliert (Treffpunkt, Zeitpunkt, Zuspätkommen, Themenkatalog etc.).

Schließlich macht ihm das Bewußtsein, daß er seine täglichen Alkoholmengen rationiert (zweimal sechs Flaschen) glauben, stets noch Herr der Lage und keineswegs ein Abhängiger zu sein. Gegen Sucht- und Abhängigkeitswünsche mobilisiert Herr A. also Kontrollstrategien, die darauf verweisen, daß es bei ihm neben dem symbiotischen Konfliktuntergrund auch Züge einer neurotischen Charakterbildung gibt. Das primäre lebensgeschichtliche Motiv für die Alkoholabhängigkeit – der durch die Geburt des jüngeren Bruders verschärfte frühe Konflikt um die mütterliche Liebe und Versorgung ist in ein ödipales Rivalitätsmuster eingewoben: Die Phantasie, bei der Mutter den Vater zu ersetzen, hatte für Herrn A. ja in der Tat einen gewissen verführerischen Realitätsgehalt, da beide – Vater wie Stiefvater – im Krieg fielen und die Mutter in diesen Zeiten stark auf den ältesten Sohn angewiesen war. (Bei Herrn A. gepaart mit der Phantasie, daß seine HJ-Mitgliedschaft die Mutter, die Halbjüdin war, vor dem Zugriff der Nazis bewahrt habe.) Die Vaterersatzrolle hatte jedoch auch mütterliche, versorgende Anteile, die Herr A. sichtlich genoß: Er war für seine sechs Jahre jüngere Stief(Lieblings-)schwester zuständig, gab ihr täglich sechs Fläschchen (Ration!).

All diese Umstände – die Verwischung der Geschlechts- und Generationsrollen in den ihm zugewiesenen Aufgaben – verschärften für Herrn A. den ödipalen Konflikt: Die über die Sonderstellung bei der Mutter wachgerufenen Omnipotenzgefühle waren mit tiefen Schuldanteilen behaftet. Die Mutter hat dann – in Herrn A.s Worten – nach den Nachkriegswirren wieder ordentliche Verhältnisse eingeführt, ihn zur Schule geschickt und die Pflege der jüngsten Tochter selbst übernommen. Diese Umstellung hat Herr A. als Entthronung, Machtwechsel, ja Strafversetzung erlebt, er fühlte sich benutzt, ausgenutzt, um dann wie ein alter Besen in die Ecke gestellt zu werden („Der Mohr hat seine Schuldigkeit getan, der Mohr kann gehen"). Diese Kränkung ging jedoch mit Gefühlen der Entlastung und Erleichterung einher, endlich war wieder Ordnung. Dieses Ende der wirren Zeiten wies Herrn A. wieder in seine Schranken: Er erhielt nun endlich die Strafe für seine aggressiven Phantasien und seine Größenvorstellung, sich an der Stelle des Vaters zu wähnen. Diese Schuldthematik kehrt in der Verbindung mit dem Alkoholkonsum wieder: Seine Suchttendenzen sind eigentlich sündhaft, sie offenbaren den „inneren Schweinehund". Dementsprechend wird auch die Interviewsituation, die von Herrn A. den „nicht berühmten Lebenslauf" abverlangt, ein Stück weit als Verhör- bzw. Geständnissituation erlebt. Eigentlich möchte Herr A. von der Interviewerin ein eindeutiges „Urteil" über seine Kindheit hören.

In der Alkoholabhängigkeit verdichten sich also mehrere Motive: Mit dem Zusammenbruch seines in der Kindheit über die phantasierte Vater- und Versorgerrolle eine Zeitlang aufrechterhaltenen Gleichgewichts erscheinen die ödipalen Probleme nurmehr über die Regression auf die selbst wieder krisenhaft erlebte frühe Versorgungsposition bewältigt werden zu können. Als Brücke hierzu bietet sich die kompensatorische Identifikation mit der von ihm selbst (gut!) versorgten Schwester an: Heute gibt er sich gleichsam selbst die Fläschchen. Die Verbindung zur ödipalen Schuldthematik bleibt jedoch aufrechterhalten. Herr A. kann sich seine Abhängigkeit nicht eingestehen, weil diese an die nicht bewältigten ödipalen Rivalitäts- (Todes-) und Inzestwünsche gebunden ist. Überdies verbergen sich in der Alkoholproblematik auch uneingestandene homosexuelle Phantasien: Nicht zufällig hat die Trinkerei angefangen, als er als Jugendlicher mit seiner Fußballmannschaft einmal einen Riesenpokal gewann. Die besonderen Nähewünsche zu den Männern, die Herr A. auch im Vereinsleben ausdrückt, sind sicherlich Überbleibsel des nicht eigentlich ausgetragenen Konflikts mit dem Vater, der sich durch den frühen Tod gleichsam tragisch entzog und damit die gefürchteten Phantasien in die Wirklichkeit umsetzte.

2. Sekundärer Krankheitsgewinn

Herr A. hat in seinen Familienbeziehungen seinen unbewußten Abhängigkeits- und Schuldkonflikt sekundär abgesichert. Er hat sich eine tatkräftige, nach außen hin gut funktionierende Frau gewählt, die inzwischen ebenso wie er für den Unterhalt der Familie sorgt und sich von ihm offensichtlich nicht viel sagen läßt. In seinen Augen ist sie, und dies scheint ihm teils recht, teils unrecht zu sein, eine emanzipierte Frau. Obwohl er im Interview wenig über die Beziehung zu ihr äußert, läßt sich einigen Andeutungen doch entnehmen, daß seine Frau – wie einstmals die Mutter auch – Schwierigkeiten mit seiner Trinkerei hat („Das vergrault die Frau"). Der Alkohol – d. h. die symbiotische Abhängigkeit von der bzw. das infantile Angewiesensein auf die Flasche scheint eine erwachsene sexuelle Beziehung zu verhindern. Unter psychischen Gesichtspunkten läßt sich hier sicherlich von Impotenz reden: Herr A. will am liebsten wieder Kind sein; dies ist der Sinn seiner starken Bedürfnisse, nicht arbeiten, sondern zuhause bleiben zu wollen (wie früher, als er nach dem ‚Machtwechsel' keine Lust hatte, zur Schule zu gehen).

Seine exzessive, aggressive und triebhafte Seite lebt Herr A. über seinen neunzehnjährigen Sohn aus: Dieser repräsentiert einen Teil seiner unterdrückten Impulse. Indem Herr A. diese Tendenzen an den Sohn unbewußt delegiert, ist es ihm gleichzeitig möglich, sie ein Stück weit über die Abgrenzung unter Kontrolle zu halten. Im Gegensatz zu seinem Sohn ist Herr A. ein ordentlicher Trinker, der sein Verlangen schlückchenweise befriedigt und dabei nie außer Kontrolle gerät.

In diesem Zusammenhang ist es zudem bedeutsam, daß Herr A. die Freundinnen seines Sohnes als Flittchen abkanzelt. In dieser zwanghaften Charakterisierung kommt sein eigenes gespaltenes Frauenbild zum Zuge. Es gibt für ihn nur Mütter oder Huren. Seine Mutter repräsentiert für ihn unbewußt beide Seiten (die symbiotische und die ödipale), wobei er die ödipale verführerische aufgrund der Inzest- und Schuldgefühle stärker abwehren muß.

Darüber hinaus erfüllt der Zug zur Flasche für Herrn A. eine Reihe sekundärer Funktionen: Er garantiert ihm Anerkennung unter Männern; sowohl im Arbeits- als auch in dem für ihn so bedeutsamen Vereinsleben ist man kein richtiger Mann, wenn man nicht ordentlich mithalten kann (vgl. die erste exzessive Trinkerei im Jugendalter im Zusammenhang mit dem Riesenpokal). Ursprünglich stand der Beweis von Trinkfestigkeit im Zusammenhang mit der jugendlichen Protzerei vor Frauen, einem Motiv, das aktuell eher ins Gegenteil umschlägt: Das verweist darauf, daß das Trinken in erster Linie dazu diente, sich der männlichen Gemeinschaft zu vergewissern, Frauen also eher eine zwanghaft-männliche Unabhängigkeit vor Augen führen sollte (als Protest gegen die frühe Abhängigkeit von der Mutter). In diesem Sinn ist auch die provokative Funktion des Trinkens als Abgrenzungsversuch von der Mutter zu verstehen.

In den Entzugsphasen, die Herr A. meist nicht durchhält (sechs/sieben Monate), kommen dementsprechend die Abhängigkeitstendenzen in Beziehungen deutlicher zum Vorschein. Er braucht und sichert sich dann vermehrte Zuwendung sowohl innerhalb seiner Familie als auch nach außen hin: Von dem Sohn – und man kann vermuten von all seinen noch im Haushalt lebenden Kindern – verlangt er vermehrte Rücksichtnahme, von seiner Frau läßt er sich versorgen. Vom Arzt holt er sich Aufbauspritzen und läßt sich krankschreiben. Insgesamt ist er für eine Zeit aller erwachsenen Rollenverpflichtungen enthoben. Als „Rückfälliger" bildet Herr A. jedoch innerhalb des Familiensystems ein stetes Krisenzentrum: Das bereits chronifizierte Auf und Ab von Trinken und Entzugsversuchen sichert ihm gleichsam einen permanenten negativen Sonderstatus. Es scheint so, daß Herr A. hierin einen Aspekt seiner alten Omnipotenzphantasie reinszeniert.

3. Veränderungschancen

Herrn A.s Abhängigkeitsängste bzw. -wünsche machen es ihm schwer, Beziehungen einzugehen bzw. durchzuhalten. In den Interviewsituationen zeigten sich diese Ambivalenzen einmal an dem trotz deutlicher Zusage jeweils schwierigen Zustandekommen der Gespräche (Zuspätkommen/Verpassen) bzw. der Flucht vor einem dritten Treffen, zum anderen in seinen Autonomiekämpfen bzw. besonderen Nähewünschen im Dialog mit der Interviewerin: Die Scham- und Schuldgefühle im Zusammenhang mit seiner Alkoholproblematik ließen für ihn eine Situation, in der er seine Lebensgeschichte offenbaren mußte („Also doch Lebenslauf") äußerst bedrohlich erscheinen. In seinen Äußerungen war nicht nur die Angst vor Abhängigkeit, sondern auch die Furcht vor einer Anklage virulent. Seinen Alkoholismus konnte er sich letztendlich nicht zugestehen, Interpretationsangebote von Seiten der Interviewerin zum Zusammenhang dieser Symptomatik mit lebensgeschichtlichen Problemen wurden eher skeptisch aufgenommen („Das müßte dann aber ganz tief sitzen, wenn da was dran sein soll"). Offensichtlich provozierten die Deutungsansätze Unterlegenheitsgefühle, die Herr A. dadurch zu umgehen versuchte, daß er jene Klärungsversuche auf der Ebene eines Streits um Meinungen abhandelte.

Die Bemühungen, recht zu behalten, lassen deutlich werden, daß Herr A. sich im Hinblick auf seine Symptomatik wie auch auf seine Lebensgeschichte in einer Verteidigungsposition befindet. Ein wie immer gearteter Zugriff auf diese Zusammenhänge mobilisiert ein tiefes Mißtrauen und zugleich die Angst, entdeckt und verurteilt zu werden.

Herrn A.s Verhalten im Interview läßt andererseits jedoch eine große unbewußte Inszenierungsleistung seiner Konflikte erkennen – er liefert der Interpretation ein reichhaltiges Material, ohne daß es gelingen konnte, ihm einen Teil dieser Erkenntnisse fruchtbar widerzuspiegeln. Ein wie immer gearteter kommunikativer Zugang zu Herrn A.s Problemen hätte eine Beziehungsfähigkeit zu restituieren, die die Gefühle von Mißtrauen, Minderwertigkeit und Verfolgung bearbeitbar macht. Weil Herr A. auf klare Grenzen angewiesen ist, ist zu vermuten, daß eine Form von Beratung angebracht wäre, die ihm einen Rahmen anbietet, an dem er Halt findet und die Furcht, leerzulaufen, eindämmt.

Immerhin könnte sich ein solcher Versuch einer Konfliktbearbeitung auf eine Reihe von ausgebildeten Ich-Funktionen beziehen: Herr A. ist kognitiv zugänglich, steht Argumenten offen und verfügt über eine Reihe von auch positiv zu beurteilenden Möglichkeiten der Kontrolle und Selbstkontrolle.

Die angedeuteten Thematisierungs- und Bearbeitungsmöglichkeiten seiner Konflikte sind jedoch nicht unabhängig von seinem psychosozialen Umfeld. Solange Herr A. nach außen hin seine Arbeits- und Leistungsfähigkeit aufrechterhalten kann und solange es auf der Ebene des Familiensystems keine Veränderung in den Konfliktbewältigungsformen gibt, kann nicht davon ausgegangen werden, daß er selbst bei entsprechendem Angebot genügend motiviert wäre, seine lebensgeschichtlichen Krisen neu aufzurollen (vgl. sein negatives Verhältnis zu den Anonymen Alkoholikern).

Für einen solchen Mann, dem es schwerfällt, seine Abhängigkeit zuzugestehen, wären allerdings alle Bemühungen sinnvoll, die darauf hinausliefen, jene kollektiven Normierungen zu verändern, die insbesondere im Arbeits- und Vereinsleben die Suchttendenzen so verhängnisvoll stabilisieren. Wenn – gesellschaftlich gesehen – das Trinken nicht mehr dazu dienen müßte, Potenzzweifel in einem allgemeinen Sinn zu kompensieren oder zu verschleiern, sondern vielmehr das *Gespräch* über lebensgeschichtliche und aktuelle Problemzusammenhänge eine neue kollektive Orientierung im Rahmen alltäglichen Handelns bilden könnte – wäre Herrn A. sicher auch bereits ein Stück weit geholfen.

Allgemeine Typenbeschreibung

1. Primärer Krankheitsgewinn: Der lebensgeschichtliche Sinn der Symptome

Der Alkoholkonsum hat bei den diesen Zusammenhang repräsentierenden Männern überwiegend die Funktion, eine frühkindliche Entbehrungssituation zu kompensieren. In beiden Fällen wird von Armut und Not berichtet, die sich jedoch nicht nur auf die äußere Versorgungslage bezieht, sondern stets auch einen emotionalen Mangel anzeigt. Sicherlich spielt bei den berichteten Erfahrungen das soziale (Unterschicht)-Milieu eine entscheidende Rolle – die besonderen lebensgeschichtlich entstandenen Beziehungskonstellationen, in denen diese Männer aufwuchsen, finden in den begrenzten ökonomischen und sozialen Chancen ihre Rahmenbedingungen: Sei es, daß die Mutter durch den Kriegstod des Vaters allein für den Unterhalt der Familie sorgen mußte, indem sie als Unausgebildete bei Bauern aushalf wie im Fall des 45jährigen, gerade ausführlich dokumentierten Malers (Herr A.) oder sei es, daß die Krankheiten des Vaters das ohnehin begrenzte Einkommen eines Schreiners so schmälerten, daß die Familie sich nach den Aussagen des Probanden zeitweilig nur schlecht ernähren konnte wie im Fall des 28jährigen Handwerkshelfers, Herrn E.. Diese entbehrungsreichen Ausgangslagen können indes die in den Erzählungen virulenten Gefühle des Emotional-zu-kurz-Gekommenseins nicht zureichend motivieren: Die Mütter dieser Männer können – und dies geht aus der Interpretation ihrer spezifischen Konflikte hervor – auch gemessen an den eigenen Beziehungsmöglichkeiten den besonderen seelischen Anforderungen, die sich mit der Aufgabe der Kindererziehung stellen, nicht gewachsen gewesen sein.

Ihre Ambivalenz im Hinblick auf die Selbständigkeitsbedürfnisse ihrer Kinder zeigt sich in beiden Fällen: Einmal in einer unangemessenen Funktionalisierung des Sohnes als Gattenersatz bzw. eigenem Stellvertreter und der damit verbundenen Zurückweisung kindlicher Liebesbedürfnisse, im anderen Fall in einer vereinnahmenden Kontrolle kindlicher Bewegungsfreiheit und Autonomiewünsche.

Herr E., um den es sich im letzteren Fall handelt, durfte in seiner Kindheit beispielsweise keinen altersangemessenen Bewegungsaktivitäten nachgehen, weil ihm die Mutter stets seine besondere auf das Säuglings- und Kleinkindalter zurückgehende körperliche Anfälligkeit vor Augen hielt und ihn somit isolierte. Mit diesen Beschränkungen verschlimmerte sich das bei ihm ohnehin durch sein frühes Augenleiden verbundene Gefühl der Versehrtheit und Minderwertigkeit. Vermutlich sind schon die vielen Infektionskrankheiten im Säuglingsalter, zu deren Behandlung Medikamente eingesetzt wurden, die dann seine Sehfähigkeit beeinträchtigt haben sollen, als psychosomatische Manifestationen eines zwischen ihm und der Mutter schwelenden Beziehungskonflikts interpretierbar. Auf dem Hintergrund der später bewußt erlebten Kontrollhaltung der Mutter liegt die Annahme nahe, daß Herr E. damals ihre uneingeschränkte Zuwendung nur um den Preis totaler Hilflosigkeit gewinnen konnte.

In den Vätern konnten diese Männer offensichtlich auch kein entscheidendes Gegengewicht zur Abhängigkeit von der Mutter finden. Herr A. beispielsweise hat ja seinen Vater, der im Krieg fiel, nur im frühen Kindesalter und von einigen wenigen Fronturlauben her gekannt; der zweite Mann der Mutter mußte ihm ebenfalls fremd bleiben: Auch dieser kehrte aus dem Krieg nicht mehr zurück. Daraus konnte keine stabile Identifikation erwachsen, die sich der Macht der Mutter hätte entgegensetzen können. Auch im Fall des Handwerkshelfers eignete sich der Vater schwerlich zu einer positiven Identitätsfindung, weil dieser selbst als schwach und ohnmächtig erlebt wurde. Mittlerweile an den Rollstuhl gefesselt, stand er immer schon für einen körperlichen Zerfallsprozeß, der sich für Herrn E. – der sich auf einer tieferen Ebene auch minderwertig fühlt – nur allzu bedrohlich auswirkt. Erschwerend kommt hinzu, daß er durch sein die Sehfähigkeit erheblich reduzierendes Augenleiden ja in gewisser Weise behindert ist.

Die Sucht wird hier also durch ein weiteres Motiv unterstützt, sie soll die fehlende Männlichkeit bzw. die an das Erleben physischer Versehrtheit gekoppelten Potenzzweifel zumindest in der Phantasie beruhigen. Der Alkohol eignet sich für diese Art Kompensationsversuche deshalb besonders gut, weil gemeinsames Trinken ein anerkanntes Sozialverhalten in Männergemeinschaften darstellt. Neben den sich im Imponiergehabe niederschlagenden Größenvorstellungen werden Selbstwertzweifel im gemeinsamen Genuß durch die damit verbundenen Allmachts – und Verschmelzungsphantasien zugedeckt (vgl. auch das erste große Besäufnis anläßlich des Gewinns eines „Riesenpokals" im Fall des oben ausführlich dokumentierten Herrn A.). Die besonderen Beziehungswünsche, die in der durch das Trinken herstellbaren Nähe zu Männern aktualisiert werden, gestatten zudem unbewußt ein partielles Ausleben homoerotischer Phantasien, die bei diesen Männern eine spezifische Widerannäherung an die Väter ermöglicht, die ja wegen der besonderen Dominanz und Führungspositionen der Mütter in der Familie sich als Identifikationsobjekte nur partiell eigneten.

In diesen durch den Alkoholgenuß stimulierten kompensatorischen Entgrenzungstendenzen äußert sich also auf mehreren Ebenen der Wunsch nach einer Korrektur der psychosomatosozialen Realität. In den unkontrollierten, exzessiven Weisen des Alkoholkonsums findet sich überdies Gelegenheit, im nüchternen Zustand unterdrückte, aggressive Impulse loszuwerden. Im Fall des Handwerkshelfers (Herr E.) richtet sich diese Wut auf die internalisierte kontrollierende und versagende Seite der Mutter – Gefühle, die er in der Realität kaum ausleben kann. Sein aggressives Potential, das in der Mobilisierung männlicher gefährlicher Attribute besteht, sichert ihm jedoch die Abwehr gegen Verschmelzungs- und tiefe Abhängigkeitsgefühle. Die Furcht, nichts zu sein, d. h. im anderen zu verschwinden oder diesem hilflos ausgeliefert zu sein, hat er beispielsweise in der ersten Interviewsituation aggressiv gegen die Interviewerin gerichtet, indem er sie mit Waffensammlungen, Pin-up-Photos und brutalisierten Erzählungen einzuschüchtern versuchte: Er empfing die Interviewerin, die zum ersten Gespräch verspätet ankam und die bei der telefonischen Terminvereinbarung nach einem Raum für ein ungestörtes Gespräch gefragt hatte, mit der Bemerkung: „Sie wollten ja ungestört sein" in seinem „Herrenzimmer" – einer Dachkammer, die für ihn offensichtlich die Bedeutung einer Zuflucht für seine einschlägigen Männerphantasien hatte. Die Wände waren mit zahlreichen Aktphotos und Hirschgeweihen bestückt, außerdem gab es da noch eine Ansammlung von Waffen (Gewehren), die ihm im Verlauf des zweiten Gesprächs auch Anlaß boten, seine intime Kenntnis ihres Funktionierens an einigen Exemplaren zu demonstrieren.

Daß dieses Szenarium auf die Interviewerin furchterregend wirkte (und wirken sollte!), zumal Herr E. besonders im ersten Gespräch nicht mit aggressiven Prahlereien geizte, die er zusätzlich noch durch Alkoholkonsum in der Situation unterstrich, ist offenkundig. Besonders mulmig war es der Interviewerin, daß Herr E.

dann davon sprach, daß ihm im angetrunkenen Zustand öfter der Film reiße und er, wenn er böse sei, ohne Pardon draufhaue. Es war ihm offensichtlich daran gelegen, die Interviewerin in Schrecken zu versetzen, was hier auch auf dem Hintergrund verstanden werden muß, daß diese zu dem Gespräch zu spät gekommen war und ihn damit in die abhängige Position des Wartenden gedrängt hatte.

In den beschriebenen „wütenden" Abwehrstrategien gegen tiefe Selbstwertzweifel thematisiert Herr E. so seine besondere Furcht vor Trennungen, die ihn in eine hilflos-ohmächtige Position bringen, der er zu entgehen sucht, indem er die Kontrolle behält bzw. anderen – und dies bezieht sich vor allem auf Frauen – Angst einjagt und diese so der Tendenz nach von sich abhängig macht.

Eine Beziehung einzugehen bedeutet auf diesem Hintergrund von Mißtrauen und Vernichtungsängsten also stets ein großes Risiko – entsprechend fielen dann auch die Sicherheitsmaßnahmen gegen die Interviewsituation aus: In beiden Fällen bildeten die Gesprächsangebote eine Quelle sowohl von Hoffnung und Nähewünschen als auch von Mißtrauen. Die der frühen Konfliktthematik entsprechenden ambivalenten bzw. latent feindseligen Gefühle äußerten sich auch in der Interviewsituation mit dem 45jährigen Herrn A., wenngleich wesentlich verdeckter. Seine nicht offen thematisierte Zwiespältigkeit dem Interviewangebot gegenüber wurde vor allem an den jeweiligen Verhandlungen im Vorfeld der Gespräche deutlich. Herr A. machte implizit stets darauf aufmerksam, daß er sich nur einlassen kann, wenn er zumindest einen Teil der Bedingungen kontrolliert. So hat er beispielsweise gleich zu Anfang ohne weitere Erklärungen auf einem anderen Gesprächsort bestanden. Und sein anfängliches beträchtliches Zuspätkommen, in dem er ein Stück Autonomie demonstrierte, war ebenfalls von der Furcht geleitet, sonst womöglich in eine konflikthafte Abhängigkeit hineinzugeraten. Zur zweiten Verabredung kam es durch ein Mißverständnis auf seiner Seite dann zunächst erst einmal nicht und beim dritten Gespräch entzog er sich schließlich, indem er erst gar nicht erschien. Hingegen zeigte er sich in den Interviewsituationen selbst stets sehr zuvorkommend und war bemüht, die Interviewerin zufriedenzustellen (vgl. auch die Falldokumentation).

Die skizzierten Schwierigkeiten, sich auf eine Beziehung einzulassen, kreisen – wie wir gesehen haben – stets um das Problem der nicht bewältigten Ablösung von dem lebensgeschichtlich primären Liebesobjekt. Wünsche nach Nähe mobilisieren in diesen Fällen stets Gefühle tiefer Abhängigkeit und drohenden Verlusts. Dem unvermeidlichen Thema der Trennung gilt es darum vorzubeugen, indem man sich vor Bindungen überhaupt schützt, weil diese stets die Gefahr der Selbstentwertung heraufbeschwören. Die Demonstration von Unabhängigkeit ist hierbei ein Mittel, das narzißtische Gleichgewicht aufrechtzuerhalten – es dient der Befriedigung der Phantasie, selbst in der autonomen Position vollkommender Unabhängigkeit zu sein, wobei dann die anderen Beziehungspartner auf dieser unbewußt-dynamischen Ebene der Tendenz nach zu manipulierbaren, abhängigen Objekten werden. Die Interviewsituation wird so – wie andere soziale Situationen auch – in diesen Fällen zur Bühne von Selbstbehauptung, eines Kampfs um Anerkennung auf dem Hintergrund narzißtischer Beeinträchtigung.

2. Sekundärer Krankheitsgewinn: psychosoziale Organisationsformen des primären Krankheitsgewinns

Diese Männer haben ihre besondere Abhängigkeitsproblematik auch auf der Ebene ihrer familialen Beziehungen organisiert: Auffällig ist vor allem, daß sich in der Wahl der Ehefrauen das konflikthafte Muster ihrer Bindung an die Mutter wiederholt.[3] In beiden hier interviewten Fällen werden die Frauen als tendenziell unabhängig, ja emanzipiert beschrieben, die die Familiengeschicke mit sicherer Hand lenken. Selber abstinent, kritisieren sie den Alkoholkonsum ihrer Männer, was offensichtlich deren Verhalten nicht grundlegend zu ändern vermag. Hierin gleichen sie ebensosehr den Müttern wie in ihren den Alltag bestimmenden, dominierenden Tendenzen. Herr E. bezeichnet seine Frau ganz offen als „Regierung", mit der es oft anläßlich seiner Trinkerei zu „einseitigen Gesprächen" kommt – und Herr A. beklagt sich zwischen den Zeilen über seine Frau, die ihm u. a. mit dem Kauf eines eigenen Autos ihre Selbständigkeit dokumentiert.

Auffällig ist jedoch, daß diese Frauen trotz ihrer kritischen Haltung gegenüber der Trinkerei ihrer Männer daraus offensichtlich keinen grundsätzlichen Ehekonflikt machen. Sie zeigen trotz erheblicher Belastungen immer noch Verständnis und stellen die Loyalität nicht infrage. Auch hierin scheinen sie den ambivalenten Müttern zu gleichen, die von den Söhnen einerseits als ablehnend erfahren wurden, diese andererseits aber auch nicht loslassen können.

Sehr sinnfällig läßt sich dieser Zusammenhang am Fall des Herrn A. demonstrieren, der sich als Jugendlicher ständig von der Mutter bevormundet und kritisiert fühlte und regelrecht vor ihr „über die Grenze" in die DDR floh. Sie ließ ihn dann über das Rote Kreuz suchen, machte ihn schließlich ausfindig und bewog ihn wohl auch zur Rückkehr, obwohl der Anlaß zunächst ein anderer war. (s. o.)

In ihrer mutterorientierten, auf den Versorgungsaspekt zentrierten Objektwahl reinszenieren diese Männer stets ihren infantilen Abhängigkeitskonflikt mitsamt der wütenden Auflehnungsstrategie, die sie im Alkoholkonsum ausleben. Die innere Ungeschiedenheit von den früheren Bezugspersonen tritt im Fall des Handwerkshelfers Herrn E. auch im äußeren Lebenszusammenhang – insbesondere dem Wohnarrangement – deutlich zutage: Er lebt mit Eltern, Ehefrau und Kind unter einem Dach und hat sich als Zufluchtsstätte seiner infantilen bzw. pubertären Auflehnungsphantasien hier noch ein „Herrenzimmer" bewahrt, in dem er die Trophäen seines Widerstands und seiner Männlichkeitsvorstellungen – Gewehre, Geweihe und Aktphotos – aufbewahrt. Hier trifft er sich mit Gleichaltrigen – Kollegen aus dem Betrieb – und hier empfängt er bezeichnenderweise auch die Interviewerin. Seine innere Realität erscheint wie die eines Junggesellen bzw. eines heranwachsenden Sohnes, der

3 Natürlich ist diese ‚Wahl' nicht einseitig zustandegekommen – die Frauen sind dabei ebenso beteiligt. Welche unbewußte Konfliktkonstellation diese jedoch bewogen hat, sich mit der Tendenz nach alkoholabhängigen Männern zusammenzutun, muß hier offenbleiben – wir können vor dem Hintergrund unseres empirischen Materials nur etwas aus der Perspektive der Interviewten aussagen.

sich mit dem eigenen Zimmer gegen die Eltern abzugrenzen sucht. Von dieser Funktion ist einiges auf die Ehefrau übergegangen – selbst als verheirateter Mann und Vater hält er an dieser Aufteilung fest.

Auch Herr A. brauchte – wie bereits ausgeführt – „sichtbare Grenzen", um sich von der Mutter trennen zu können. Daß ihm dabei der andere Teil Deutschlands – die DDR – einfiel, lag wohl nicht nur daran, daß er vom elterlichen Wohnort aus leicht zu Fuß hat über die Grenzen gehen können und – so seine Worte – für Amerika das Geld nicht gereicht hat. Auf dem Hintergrund seines Abhängigkeitskonflikts ist eher zu vermuten, daß er offensichtlich einerseits weit weg, ganz woanders hin – andererseits jedoch eigentlich auch ‚zuhause' bleiben wollte.

Die Versuche, von der Mutter loszukommen, enden in beiden Fällen in der Wahl von Frauen, die eben dieser stark aber ambivalent erlebten Beziehungsfigur wiederum gleichen. Diese spezifische Wiedervereinigung mit der Mutter gelingt jedoch nur auf dem Hindergrund einer Spaltung, wobei die verführerischen Seiten (die Mutter als Frau, die die Geliebte des Vaters ist) abgewehrt werden müssen: Diese Männer wählen sich aufgrund ihrer eigenen Potenzängste also Ehefrauen, die zwar ihre Abhängigkeits- und Versorgungsbedürfnisse befriedigen, die sie als sexuelle Partnerinnen jedoch tendenziell unbefriedigt lassen. Ganz offenkundig zeigt sich diese Spaltung des Frauenbildes bei dem Handwerkshelfer, dessen erste Ehefrau, wohl ein Gegenbild zur Mutter, für ihn immer noch begehrlich ist, die er jedoch sofort entwerten muß, indem er sie in die Ecke einer Hure bzw. einer Kriminellen drängt. In ähnlicher Weise kommt diese Tendenz auch bei Herrn A. in der Einschätzung der Freundinnen seines Sohnes zum Ausdruck, die er allesamt als Flittchen abkanzelt. Frauen als sexuell selbständige Personen sind speziell für diese Männer außerordentlich furchterregend. Ihre Forderungen erinnern sie an die eigenen inzestuösen Wünsche, deren Bedrohlichkeit umso stärker ist, als die auf früherer Stufe liegenden Konflikte um den eigenen Selbstwert jenen einen über die Bedeutung von Schuld hinaus selbstzerstörerischen Sinn verleihen. So ziehen sie in der Objektwahl die hauptsächliche Befriedigung aus dem Gefühl, trotz aller Konflikte doch gut versorgt zu werden; bezeichnenderweise tritt bei diesen Männern der Alkoholkonsum in den Hintergrund, wenn sie mal nicht arbeiten gehen müssen, also wie Kinder zuhause sein dürfen.

Die gleichsam sekundäre Absicherung bzw. Reinszenierung des frühen Abhängigkeitskonflikts im Rahmen der Familie läßt sich indes nicht nur im Hinblick auf die spezifische eheliche Bindung darlegen – auch die Kinder haben einen gewissen Anteil am skizzierten Problemzusammenhang. Der 45jährige Herr A. beispielsweise lebt in seinem selber trunksüchtigen achtzehnjährigen Sohn seine unterdrückten exzessiven und aggressiven Seiten aus: Sein Selbstverständnis als ordentlicher, kontrollierter Trinker (s. o.) gestattet es ihm, sich beständig von den triebhaften Anteilen des Sohnes abzugrenzen und somit seine eigenen verpönten Wünsche in Schach zu halten. Im familiendynamischen Sinn läßt sich hierbei von einer unbewußten Delegation schuldhaft besetzter Triebansprüche bzw. eigener Selbstanteile sprechen. Wie sehr das väterliche Handeln die Motive des Sohnes bestimmt (und umgekehrt) läßt sich beispielsweise daraus ersehen, daß sich das Verhalten des Sohnes während der

Entzugsversuche des Vaters ändert. Eine kleine Textstelle aus dem zweiten Gespräch soll diesen Zusammenhang illustrieren. Zentrales Thema vorher und auch nachher ist dabei immer wieder die Frage, ob Herr A. seinen neuerlichen Anlauf, trocken zu werden, durchhalten wird. Dabei kommt dann durch die Frage der Interviewerin auch der Sohn ins Spiel, und es wird ziemlich deutlich, wie sehr der Vater untergründig mit dem Sohn beschäftigt ist, wie er dabei die eigenen Zweifel an diesen artikuliert.

„*/Interviewerin: Wie ist das jetzt mit Ihrem Sohn – in dieser Zeit?/* Das einzige, was sich geändert hat – er hat auch mal die Tage die Äußerung gemacht: ‚Wieso kann's der Alte und ich nicht?' Aber das einzige, was sich wesentlich geändert hat in den letzten drei Wochen . . . er – er kommt zwar jeden Abend – fast jeden Abend stinkbesoffen heim, aber er geht Streit aus dem Wege. Also er sucht nicht mehr Streit. Er verkrümelt sich ins Bett. */Int.: Also er spürt offensichtlich, daß Sie was an sich machen und das beschäftigt ihn./* Ja, ja, wahrscheinlich. Ich hoff, daß ihn das stark beschäftigt, hoffe ich! */Int.: D. h., Sie tun's auch ein Stück für ihn./* Na ja, in erster Linie hab ich's für mich und die anderen getan. Denn ich hätt' ja nicht geglaubt – ich glaub's auch heut nicht, daß er sich so stark daran festhalten wird. ‚Was der Alte kann, kann ich auch!' Die Äußerung hat er getan, aber ich – da hätte er schon irgendwann en Anfang zeigen können, er soll ja schon seit Monaten zu Doktor X. kommen – tut er nicht! Er hätte doch mal en kleinen Anfang machen sollen. */Int.: Ja, aber Sie fangen ja jetzt erst auch wieder an, ne? Oder haben vor drei Wochen –/* Vor drei Wochen war das. */Int.: Vor drei Wochen ist das genau –/* Ach Gott, er könnt's doch auch machen. Oder mindest mal sich sagen äh – nimmst kein Bier mit nach Hause, daß er das net sieht. Der könnt denken . . . der wüßt, wenn ich das Bier da rumstehen seh. Das sind natürlich alles nur so äh – Gedanken, die der eine und der andere, andere eben nicht äh – ich würde zum Beispiel im umgekehrten Falle nie Bier mit nach Hause schleppen! Glaub ich nicht! Sag ich jetzt. */Int.: Wenn man nicht selber abhängig ist, ja. Aber ihr Sohn scheint ja sehr stark abhängig zu sein./* Ja, ja, das ist er, das ist er. Nur äh – ich kenn das ja von mir – er ißt auch so gut wie gar nichts, da muß er wirklich schon sehr gut betrunken sein, wo er am Tisch sitzt. Und dann muß er auch erstmal – wenn der erstmal ne Flasche hat, dann kommt er erstmal wieder – dann guckt er in die Zeitung, aber erst ist eben auch das Bier zuerst. */Int.: Also dann ist eigentlich der Anfang sieht so ähnlich aus wie bei Ihnen auch?! Nur macht ers dann –/* Nur er überholt mich insofern in der Menge. Und auch – zu oft! */Int.: Und er ist dann auch aggressiv?/* Ist aggre – die letzten paarmal nicht mehr. Weswegen, warum, weiß ich nicht, ist vielleicht nur vorübergehend, ich weiß das nicht. */Int.: Aber das zeigt Ihnen doch auch, wie sehr das Verhalten – Ihr eigenes Verhalten – und das Ihres Sohnes zusammenhängt./* Ja, freilich. */Int.: Ja. Also das ist doch eigentlich was sehr Dichtes./* Äh – wer die Pest hat, hate se, ob der Meier, Müller oder Schmidt heißt. */Int.: Wie meinen Sie das?/* Ja, ob er – wenn einer trinkt, dann ist er en Trinker, egal, wie er heißt. Ob das nun der Sohn oder der Alte ist oder der Opa, en Trinker ist en Trinker. */Int.: Ja, und wer ist der Trinker in der Familie?/* Äh – zur Zeit er!"

Eine ähnliche innerliche Verbundenheit äußert sich auch in der Beziehung des 28jährigen Handwerkshelfers zu seiner knapp zweijährigen Tochter. In ihr verdichten sich zum einen Phantasien von Unversehrtheit und Robustheit – Eigenschaften, die seinem Selbstbild so sehr mangeln – zum anderen scheint es jedoch auch so, daß das kleine Kind die Bedeutung einer ungeliebten Rivalin hat, die von ihm Aufmerksamkeit abzieht und ihn so in seinen Versorgungsansprüchen gefährdet. Bei diesem Mann häufen sich bedeutsamerweise in letzter Zeit wieder Infektionskrankheiten –

Beeinträchtigungen, mit denen er selbst im Kindesalter permanent zu kämpfen hatte und die damit zusammenhängen, daß er wohl nur in dieser schwachen Position die Zuneigung der Mutter erfuhr. In diesen Reaktionen auf die Tochter kommt das alte konflikthafte Versorgungsmotiv zum Tragen, der Wunsch, auch zuhause bleiben zu dürfen, klein zu sein und versorgt zu werden.

Die Anforderungen am Arbeitsplatz bilden für diese Männer eine ständige Quelle von Belastungen, haben jedoch auch die Funktion der Selbstbestätigung der ohnehin als beschädigt empfundenen männlichen Identität.

Als Kolonnenführer auf dem Bau hat Herr A. beispielsweise nicht nur schwere körperliche Arbeit zu leisten, er ist auch mit dem Problem konfrontiert, es je nach Arbeitsauftrag mit unterschiedlich zusammengesetzten Gruppen zu tun zu haben. Jedoch kann er im Gegensatz zu dem angelernten Handwerkshelfer immerhin noch ein Stück Selbstbestätigung aus seiner Vorarbeiterfunktion beziehen. Dieser nämlich ist in einem großen Kraftwerk zu Reparaturtätigkeiten eingesetzt, bei denen es auch schon zahlreiche Arbeitsunfälle gab. Herr E., der eigentlich Friseur gelernt hat und in diesem Beruf wegen zu geringer Verdienstmöglichkeiten nicht arbeiten will, erlebt seinen derzeitigen Arbeitsplatz als gefährlich, ja bedrohlich, obwohl er aus der Bewältigung dieser Situation auch eine gewisse Befriedigung zieht: Im Interview kommt es ihm einerseits sehr darauf an, in drastischen Worten die starken Belastungen hervorzuheben (auch was Lärm- und Lichtverhältnisse anbelangt) – er beschwört dabei das Bild einer gefährlichen Riesenmaschine, die einen kaputtmacht – andererseits will er keine Zweifel daran aufkommen lassen, daß er die Sache routiniert im Griff hat. Es scheint so, als steigere der Umgang mit den gefährlichen maschinellen Anlagen sein Potenzgefühl.

Dieser Doppelcharakter der Arbeit – einerseits über das Gefühl der Leistungsfähigkeit die Realitätstüchtigkeit zu garantieren und somit zur Ich-Stärkung beizutragen – andererseits aber wegen der harten Belastungen auch bestimmte Regressionsformen zu ihrer Bewältigung zu fördern, wirkt sich auf den Umgang mit dem Alkoholkonsum in verhängnisvoller Weise aus. In beiden Fällen – so läßt sich aus einigen Andeutungen entnehmen – gehört das Trinken am Arbeitsplatz in gewisser Weise dazu, es ist kollektive regressiv-passivierende und bereits ritualisierte Verarbeitungsform eines konflikthaft erlebten Alltags (Auseinandersetzung mit Vorgesetzten/Härte/Langeweile/Leere), dem man anders nicht beizukommen vermag.

Jenes routinisierte und in gewisser Weise institutionalisierte soziale Entlastungsangebot gestattet es diesen Männern, den tendenziell süchtigen Charakter ihres Alkoholkonsums zu verschleiern, sie ernten für ihr Trinken die besonderen Gratifikationen im Männermilieu. Die übers gemeinsame Trinken hergestellte Nähe zum gleichen Geschlecht trägt über die wechselseitige Identifikation zur Herausbildung von Größenphantasien bei, welche sowohl die schlechte soziale Realität als auch die individuelle Verfassung kompensieren sollen.

Für den angelernten Handwerkshelfer beispielsweise dient das zuweilen exzessive Trinken nicht nur dazu, den schwierigen Alltag zu vergessen – es provoziert darüber hinaus aggressive Spannungszustände, die ihn dann leicht randalieren lassen („Filmriß"). Die hierin in Szene gesetzten Demonstrationen von Stärke und Überlegenheit vermitteln ihm im Verein mit dem Bewußtsein, daß die anderen Männer ihm in der Trinkkapazität weitaus unterlegen sind, dabei das Gefühl, der Größte zu sein.

Die Alkoholabhängigkeit bildet für diese Männer auch eine Bedrohung ihrer sozialen Funktionstüchtigkeit, auf die sie andererseits doch zur Stabilisierung ihres Selbsterlebens so sehr angewiesen sind.

Im Fall von Herrn A. kulminieren jene gegenläufigen Tendenzen in der Angst, als Abhängiger entlarvt zu werden und so den Arbeitsplatz zu verlieren. Paradoxerweise sieht er, der sich bereits im Stadium starker Alkoholabhängigkeit gepaart mit körperlichen Beeinträchtigungen befindet, sich auch gezwungen, seine Sucht dadurch zu verschleiern, daß er am Arbeitsplatz beim gemeinsamen Biertrinken mithält. Abstinenz würde ihn dazu nötigen, seine Abhängigkeit einzugestehen und ihn in seinem Selbstverständnis und wohl auch objektiv gefährden. Die sozialen Normierungen, die in den kollektiven Regressionsstrategien zum Zuge kommen, stehen einem konsequenten Entzug, der nicht mit dem Verlust sozialer Kompetenzen einhergeht, in diesem Fall in verhängnisvoller Weise im Weg. Abstinenz kann hier nur im Verein mit einem sozialen Entlastungsangebot – beispielsweise der Zuerkennung der Krankenrolle – angestrebt werden. Das psychosoziale Umfeld übt also auf die jeweilige Art des Umgangs mit einem lebensgeschichtlich entstandenen Problem – hier der Alkoholsucht – einen bedeutsamen Einfluß aus (vgl. hierzu auch Kapitel I).

Außer diesen realen Zwängen kommen hier jedoch noch weitere „private" Motive zum Zuge, die dazu führen, daß die Arbeitssphäre in hohem Maße konflikthaft erlebt wird: Es wurde bereits angedeutet, daß bei beiden Interviewten die Entlastung von den alltäglichen Rollenverpflichtungen (insbesondere der Arbeitsanforderung) einen besonderen Stellenwert hat. Zuhause bleiben zu dürfen bedeutet für jene abhängigen, auf umfassende Versorgung angewiesenen trennungsunfähigen Männer in gewisser Weise eine symbiotische Wiedervereinigung mit der Mutter. Im häuslichen Milieu können sie wieder „Kinder" sein, die einen Anspruch auf Versorgung, Schutz und Wärme genießen. Hier dürfen auch ihre weichen, sensiblen Seiten zum Zuge kommen, die sie im rauhen Arbeitsleben verleugnen müssen. Bezeichnenderweise brauchen sie dann auch nicht mehr so viel zu trinken – sich nicht mehr „selbst" zu versorgen. Allerdings funktioniert dieser Regressionsmechanismus nur begrenzt, weil er seinerseits die mit dem Abhängigkeitskonflikt verbundenen Selbstwertzweifel und damit wiederum entsprechende Abwehrmanöver nach sich zieht (s. o.).

Im Bereich der nicht durch das Familienleben abgedeckten Freizeit erfahren jene ‚süchtigen' Männer meist eine besondere sekundäre Gratifikation ihrer Konfliktbewältigungsstrategien. Geselliges Trinken gehört zur sozialen Normalität sowohl in den vielfältigen Formen des Vereinslebens als auch in der Kneipenszenerie. Über den in seiner Bedeutung verminderten sozialen Kontakt im Verwandtenkreis hinaus spielen diese ritualisierten Geselligkeitsformen im subkulturellen Milieu der Unterschicht eine besondere Rolle. Da hier auch die Geschlechtsrollen stärker stereotypisiert, die Bereiche der Männer und der Frauen stärker voneinander geschieden sind als etwa in der Mittelschicht, verschärft sich der soziale Druck, ein geselliger Mensch zu sein zu der Forderung, sich als richtiger Mann beweisen zu sollen.

Im Fall unserer Interviewten gestattet das Kneipen- und Vereinsmilieu, Potenzzweifel und Autonomiekonflikte wiederum in der Identifikation mit dem gleichen Geschlecht in besonderer Weise zu kompensieren.

Im Falle des Handwerkshelfers hebt der gemeinsame Alkoholgenuß den Mut zur sonst gescheuten Auseinandersetzung – allerdings in einer dem jeweiligen Konflikt nicht angemessenen Weise. Wovor er im nüchternen Zustand zurückscheut – sich beispielsweise von einer lästigen Freundin zu trennen – „bewältigt" er im Rausch dadurch, daß er den jeweiligen anderen mit ungehemmter Aggression überfällt. Im „vollen" Zustand ist er jemand, der wähnt, von anderen total unabhängig zu sein.

Bei dem 45jährigen Maler, Herrn A., hatte das vereinsmäßige Trinken ursprünglich ganz deutlich die Funktion der Beseitigung von Potenzzweifel: In der jugendlichen Dorfgemeinschaft partizipierte er über das gemeinsam in Szene gesetzte Imponiergehabe (über sportliche Leistungen und anschließende Trinkereien) an den sexuellen Erfolgen der übrigen Gruppenmitglieder („Wir hatten damals Mädchen").

Der sekundäre Gewinn der Alkoholabhängigkeit kommt auf dieser „Freizeit"-Ebene wohl am deutlichsten zum Tragen – die mit dem Trinken verbundenen sozialen Gratifikationen fallen hier jedenfalls äußerst positiv aus.

3. Veränderungschancen

Im Fall des beschriebenen in Suchtverhalten mündenden Abhängigkeitskonflikts wird es äußerst schwer sein, die Betroffenen zu einem veränderten Umgang mit sich selbst zu bewegen. Primärer und sekundärer Krankheitsgewinn erscheinen – auch durch die spezifischen gesellschaftlichen Gratifikationen jenes Risikoverhaltens – hier so stark ineinander verzahnt, daß der persönliche Leidensdruck nicht ausreicht, wirkliche Alternativen der Konfliktlösung anzustreben. Versuche in diese Richtung – beispielsweise die von Herrn A., trocken zu werden, enden stets in Rückfällen, weil vom Alkohol loszukommen auch bedeutet, sich auf lange Sicht eine Abhängigkeit einzugestehen, was wiederum den alten Konflikt thematisiert, vor dem das Trinken doch gerade Schutz bieten soll. Der wesentliche Begründungszusammenhang für die Schwierigkeiten einer Verhaltensänderung in diesen Fällen liegt also im Charakter des zentralen lebensgeschichtlichen Konflikts und der daraus resultierenden besonderen Beziehungsproblematik. Die Interviews mit den betroffenen Gesprächspartnern waren durchgängig von einer extremen Ambivalenz gekennzeichnet, die zugleich den überwältigenden Wunsch nach Nähe wie auch die große Furcht vor einer solchen als Entgrenzung erlebten, mit Ausbeutungsgefühlen verbundenen Abhängigkeit signalisierte.

Diese Struktur führte dazu, daß die Interviewten der szenischen Interpretation zwar ein reichhaltiges Material lieferten – viel von sich preisgaben, indem sie ihre unbewußten Konflikte auf der Ebene der Beziehung zu den Interviewerinnen gleichsam reinszenierten und auch von der kognitiven Seite her ansprechbar waren – Deutungsversuche ihres Suchtverhaltens indes meist ablehnten, weil sie sich darüber in einer unterlegenen, abhängigen Position wiedersahen. Hier war sicherlich zusätzlich noch von Bedeutung, daß es sich um Interviewerinnen gehandelt hat, die sich natürlich besonders gut zur Übertragung „mütterlicher Anteile" eigneten.

Im Fall von Herrn E. führte dessen Abhängigkeits- und Minderwertigkeitsproblematik dazu, daß er im Interview jede Gelegenheit zur Machtdemonstration bis hin zur Einschüchterung der Interviewerin (s. o.) nutzte. Dabei gelang es ihm teilweise auch, diese in eine Dialogform zu verstricken, in der es wesentlich nur noch um den rivalisierenden Kampf um die überlegene Position ging. Interpretationsversuche konnten von ihm dann auch lediglich in diesem Kontext wahrgenommen werden – er empfand sie als „besserwissend" und damit auf einer tieferen Ebene als Kränkung. Wennzwar diese Haltung hier durch das zeitweilige Mitspielen der Interviewerin begünstigt wurde, vermag sie doch ein zentrales Strukturmoment des skizzierten Abhängigkeitskonflikts zu kennzeichnen.

Im Fall von Herrn A. verlief das Machtspiel verdeckter: Er inszenierte seine Furcht vor dem Verlust der Autonomie an den Themen Warten/Zuspätkommen (s. o.) bzw. An- und Abwesenheit. Das führte dazu, daß er sich dann in den Gesprächssituationen selbst oft nicht mehr so gut abgrenzen konnte, ja, sich im zweiten Interview sogar bis zur Empfindung von Leere verausgabte.

Ausgehend von ihrer besonderen Konfliktlage setzt bei diesen Männern eine Änderung des Suchtverhaltens also in gewisser Weise eine Restitution von Beziehungsfähigkeit und Vertrauen voraus. Hierfür wäre ein Kommunikationsangebot sinnvoll, das ihnen einen verläßlichen, nicht gleich wieder vom Thema der Trennung überschatteten Rahmen bietet. Allerdings sind damit die inneren Barrieren (Scham/sekundäre Gratifikationen) gegen die Realisierung eines solchen psychosozialen Angebots – selbst wenn es geeignete Institutionen dafür gäbe – noch nicht beseitigt, was sicherlich auch stark damit zusammenhängt, daß bei diesen Männern die soziale Funktionstüchtigkeit im Sinne der Aufrechterhaltung der Arbeitsfähigkeit und des Familienzusammenhalts noch nicht wesentlich beeinträchtigt ist bzw. nicht als so stark beeinträchtigt erlebt wird. In der Selbstwahrnehmung liegt die Krisengrenze beim regelmäßig starken Alkoholkonsum offensichtlich erst dort, wo mit körperlichen Folgeerscheinungen der Sucht (Konzentrations-, Verdauungsstörungen etc., Trinkerleber) gerechnet werden muß – also wohl erst ab einem bestimmten Alter. Hier setzen dann, wie im Fall von Herrn A., die Versuche ein, trocken zu werden.

In dessen Selbstwahrnehmung wird indes immer noch die Abgrenzung von den wirklich Abhängigen deutlich. Darum kann er auch nicht vom Selbsthilfeangebot der Anonymen Alkoholiker profitieren, da dieses die Teilnehmer erst einmal dazu auffordert, sich ihre Sucht auch vor den anderen einzugestehen. Dieses Vorgehen hat er als außerordentlich bedrohlich empfunden, er fühlte sich in gewisser Weise perspektivlos festgenagelt. Auf dem Hintergrund der bei ihm mit dem Alkoholkonsum verbundenen Schuldthematik käme ein solches Bekenntnis auch einer Verurteilung gleich.

Der therapeutische Ansatz der Anonymen Alkoholiker scheint eher für jene Süchtige geeignet zu sein, die in ihrem sozialen Umfeld bereits auffällig wurden und dadurch einen erheblichen – auch äußeren – Druck verspüren, an ihrer Situation etwas zu verändern.

Aufklärungsstrategien in Gestalt etwa einer institutionalisierten psychosozialen Gesundheitsberatung hätte in Fällen sozial unauffälligen, individuell jedoch bereits problematisierten Suchtverhalten also die besondere Schamschranke zu berücksichtigen bzw. langsam bearbeitbar zu machen, die eine fruchtbare Auseinandersetzung mit dem Suchtverhalten in Richtung auf ein Verständnis des lebensgeschichtlichen wie aktuell-sozialen Sinnhintergrunds zunächst verhindert.

Sicherlich wäre eine solche im weitesten Sinn personale Kommunikationsstrategie auch geeignet, bereits auf das ‚Vorfeld' manifesten symptomatischen Verhaltens einzuwirken. Allerdings können solche präventiven Intentionen nicht ohne ein gewisses Maß an persönlicher Betroffenheit realisiert werden: Die Wahrnehmung eines noch nicht in einem Symptom verfestigten psychosozialen Konflikts als eines Krisengeschehens, das der Veränderung auf der Ebene seiner Entstehungsbedingungen bedarf, setzt ja bereits eine entscheidende persönliche Motivation zu einer alternativen Konfliktbewältigung voraus. Natürlich läßt sich die Selbstwahrnehmung in diese Richtung auch durch Aufklärungsansätze (etwa massenmedialer Art) sensibilisieren, die so etwas wie ein allgemeines Klima, bestimmte Probleme sanktionsfrei zur Sprache bringen zu können, fördern. Diese ‚klimatischen' Informationen müssen indes durch den Filter der jeweils ganz persönlichen Motivation hindurch und werden sicherlich ganz unterschiedlich verarbeitet. Insofern ist der Erfolg solcher Strategien weder meßbar noch prognostizierbar, er realisiert sich jeweils aktuell im Zusammenhang mit den vielfältigen anderen Bedingungen, die dazu beitragen, Betroffenheit zu erzeugen und daraufhin Handlungsperspektiven zu eröffnen.

Darüber hinaus wären in diesem Zusammenhang natürlich auch alle „Aufklärungsversuche" zweckdienlich, die eine Veränderung der sozialen Normierungen sowie der Geschlechtsrollenstereotypen anstrebten, die ja das Suchtverhalten unter den Chiffren von Geselligkeit, Zusammengehörigkeitsgefühl, Männersolidarität etc. positiv sanktionieren und somit fördern und stabilisieren. Solche Veränderungsversuche dürften indes nicht auf der kognitiv-appellativen Ebene stehenbleiben – sie müßten dazu beitragen, daß auch kollektiv mehr alternative, nicht-regressive Bewältigungsformen der arbeits- und lebensweltlichen Probleme sichtbar bzw. auch als realisierbar wahrgenommen werden.

Im hier skizzierten Suchtverhalten kommt ja – wie wir gesehen haben – auch eine gewisse Perspektivlosigkeit zum Vorschein; auf der gesamtgesellschaftlichen Ebene fördert dies eine passiv-selbstzerstörerische Festschreibung von Konflikten. Um diesen in einem mehrdimensionalen Verstehensmodell begreifbaren Widerstand gegen Gesundheitsaufklärung für die Beteiligten produktiv aufzulösen, ist es sicherlich sinnvoll, auch auf mehreren Ebenen anzusetzen, wozu neben den skizzierten personalen bzw. klimatisch-massenmedialen Strategien nicht zuletzt tiefgreifende Veränderungen auf der Ebene der Sozialstruktur vonnöten wären: Dazu gehörten insbesondere die Veränderung der Arbeitsbedingungen und der Bedeutung der Arbeit (was auch das Problem der strukturellen Arbeitslosigkeit und ihrer psychosozialen Kosten einbeziehen läßt), welche nicht mehr die abstrakte Leistungsfähigkeit, sondern die Befriedigung an der Tätigkeit sowie ihre gesellschaftlich einsehbare Nützlichkeit in den Vordergrund rückte – aber auch strukturelle Wandlungen im gesellschaftlichen Verhältnis der Geschlechter zueinander, vor allem was die Rollenverteilung in der Familie und die Chancengleichheit im Beruf anbelangt.

Die familienzentrierten Frauen

Falldokumentation

Frau F., 27 Jahre, Hausfrau und Putzfrau, drei Kinder

Beim ersten telefonischen Kontakt lehnt Frau F. den von mir vorgeschlagenen Termin freundlich, aber bestimmt ab. Ihr Mann sei im Krankenhaus, und sie müsse jetzt ihre Zeit genau planen. Sie verschiebt daher den Termin des ersten Gesprächs um zwei Wochen.

Erstes Gespräch:

Das Haus, in dem Frau F. wohnt, steht auf einem Firmengelände. Ich wundere mich, daß es hier überhaupt Wohnungen gibt. Vor dem Eingang des verfallenen Hauses steht eine ältere Frau, von der ich erst später erfahre, daß sie die Mutter der Interviewten ist. Nachdem ich geklingelt habe, macht sie mich darauf aufmerksam, daß Frau F. gerade die Treppe herunterkommt. Ich gehe in den offenen Hausflur und begrüße Frau F.. Sie sagt: „Gehen Sie schon rauf. Mein Mann ist oben. Ich komme gleich." Ihre Anweisung kommt sehr schnell und entschieden. Vor der Wohnungstür überlege ich mir kurz, ob ich nicht lieber hier warten soll, entschließe mich dann aber doch, in die Wohnung zu gehen. Herr F. öffnet und bittet mich ins Wohnzimmer. Wegen seiner Operation geht er auf Krücken. Während ich im Wohnzimmer das Gerät anschließe, bleibt er im Türrahmen stehen. Ich fühle mich von ihm regelrecht bewacht, so als fürchtete er, ich könnte etwas stehlen. Frau F. kommt nach etwa fünf bis zehn Minuten hastig ins Zimmer. Ich habe Herrn F. schon vorher darauf hingewiesen, daß ich mit seiner Frau allein sprechen will. Bei ihrem Eintreffen zieht er sich daher gleich zurück. Anwesend ist aber jetzt die jüngste Tochter. Frau F. wählt einen von mir ziemlich weit entfernten Sitzplatz. Ich bitte sie, wegen des Mikrophons etwas näher zu kommen und auch darum, das Kind, das sie im Arm hält, in ein anderes Zimmer zu bringen. Sie setzt sich zwar in meine Nähe, behält aber das Kind bei sich, denn es habe keinen Zweck, es wegzuschicken. Das Kind hänge so sehr an ihr, daß es auf jeden Fall wiederkäme. Eigentlich will ich Frau F. noch bitten, das offene Fenster zu schließen, habe aber das Gefühl, ihr mit meinen Anordnungen schon zuviel zugemutet zu haben und beginne daher das Gespräch trotz des erheblichen Lärms von draußen.

Frau F. spricht zunächst über ihre Überlastung durch Kinder und Arbeit. Sie weiß nicht, wie lange sie noch durchhalten wird, jedenfalls nicht länger als zwei Jahre. Sie möchte unbedingt einmal raus aus allem. Ihre zahlreichen Putzstunden hat sie schon gemindert, weil die Belastung zu groß war. Bis vor kurzem stand sie morgens sehr früh auf und ging bis mittags putzen. Sie erwähnt in diesem Zusammenhang, daß es niemanden gibt, der auf die Kinder aufpassen kann. Ihre Mutter wohnt zwar im Haus, aber mit der versteht sie sich nicht. Die könne nicht einmal auf sich selbst aufpassen. Die Mutter lebt mit einem erheblich jüngeren Marokkaner zusammen. Frau F. berichtet jetzt, daß sie sich mit der Mutter noch nie gut verstanden hat. Sie ist bei der Großmutter aufgewachsen, bei der sie sich nur als „geduldeter Gast" vorkam, die sie kurzhielt und ihr altmodische Kleider anzog. Mit vierzehn Jahren ist Frau F. „abgehauen"; zwei Jahre lang wußte niemand, wo sie war. Dann wurde sie anläßlich eines Unfalls aufgegriffen und in einem Heim untergebracht. Dort hat sie im Alter von vierzehn bis achtzehn Jahren gelebt und eine kaufmännische Lehre absolviert. (Die chronologische Unstimmigkeit fiel mir während des Gesprächs nicht auf.)

Mit achtzehn Jahren kehrte sie zur Mutter zurück, hielt es aber dort nicht lange aus, weil es wegen der wechselnden Männerbekanntschaften der Mutter zum Streit kam. Sie zog in die Stadt, wo sich ihre Arbeitsstelle befand, und lernte bald ihren Mann kennen, der zu dieser Zeit noch in Scheidung lebte. Als Frau F. eingangs über ihre Belastung klagt, führt sie auch ihre schlechten finanziellen Verhältnisse an. Der Verdienst des Mannes reicht kaum aus, die fünfköpfige Familie zu ernähren. Trotzdem muß sie mit dem Erreichten zufrieden sein, denn die Stellung, die ihre Mutter dem Mann verschaffte, ist mit einer relativ billigen Firmenwohnung verbunden. Zum knappen Budget tragen vor allem Schulden des Mannes aus erster Ehe bei, die sie seit acht Jahren abzahlt. Davon habe sie aber damals noch nichts gewußt. Ihr Mann war, als sie ihn kennenlernte, ein Trinker. Sie hat es aber geschafft, daß er aufhörte zu trinken. Sie trennte sich zweimal von ihm, so daß die Scheidungsdrohung ihren Mann dann bewogen haben muß, sich zu ändern.

Frau F. sagt, sie habe keine schöne Kindheit und Jugendzeit gehabt. Durch die übereilte Ehe sei sie vom Regen in die Traufe gekommen. Heute leidet sie unter Depressionen, weil sie wieder ganz unten ist und es niemals aufwärts zu gehen scheint. Wenn die Kinder nicht wären, wäre sie schon ins Wasser gegangen. An den Kindern jedoch möchte sie das gutmachen, was ihr gefehlt hat.

Ihren Vater lernte Frau F. erst mit 21 Jahren beim Notar kennen, als ihr eine kleine Erbschaft ausgezahlt wurde. Bei dieser Gelegenheit hat sie auch erfahren, daß der Vater sie früher einmal adoptieren wollte, was aber das Jugendamt verhinderte. Sie wisse daher heute, daß das Jugendamt ihr Leben zerstört habe. Den Vater, dessen einziges Kind sie ist, besucht sie seit der Begegnung regelmäßig. Sie betont, im Vergleich zu ihren beiden Stiefbrüdern aber noch Glück gehabt zu haben. Beide sind Analphabeten; einer war schon im Gefängnis.

Zwischendurch klingelt es mehrmals. Einmal verläßt Frau F. den Raum und bringt die jüngste Tochter zur Nachbarin. Zuvor ist aber die an Masern erkrankte älteste Tochter (acht Jahre alt) schon ins Wohnzimmer gekommen und bis zum Schluß geblieben.

Als ich die Tonbandkassette umdrehe, äußert Frau F., veranlaßt durch eine Frage ihrer Tochter, daß sie jetzt nur noch weitererzählt, weil sie es will, nicht weil sie muß. Im Sinne einer Feststellung meint sie daraufhin, daß ich wohl noch lernen würde und dieses Gespräch zu meiner Ausbildung gehöre. Als ich dies verneine, möchte sie Genaueres über die Untersuchung wissen. Meine Erläuterungen bestätigt sie damit, daß die Überlastung ihre ganze Krankheit sei. Ich sage ihr anschließend, daß mich ihre Symptome an bekannte Redewendungen erinnern, nämlich: „Keine Luft mehr bekommen" und „An die Nieren gehen". Sie ergänzt dies um: „Auf den Magen schlagen" und berichtet, daß sie sich erst heute morgen mit ihrem Mann gestritten und sofort Magenschmerzen bekommen hat. Wenn sie sich jedoch aussprechen kann, ist sie erleichtert wie nach einer Beichte. Sie klagt jetzt, kontaktarm zu sein. Schon als Kind wurde sie gemieden, weil die Mutter einen schlechten Ruf hatte. Spätere Bekannte wollten sie nur ausnutzen, waren z. B. nur auf Waren aus, die ihr Mann bei seiner Firma günstig erwerben konnte. Ihrem Mann ist es auch schon aufgefallen, daß sie immer an dieselbe Art Leute gerät. Sie weiß, daß dies etwas mit ihr zu tun haben muß, weil sie schlecht Anschluß findet und nicht aus sich herausgehen kann. Deshalb scheute sie bislang auch davor zurück, sich um einen Erholungsaufenthalt durchs Müttergenesungswerk zu bemühen.

Gegen Ende des Gesprächs – sie erzählt gerade, wie gut ihr die Aufgabe als Gruppenführerin im Heim gefallen hat – kommt der Mann zusammen mit dem Sohn ins Zimmer. Ich bitte ihn erneut, noch einige Minuten woanders hinzugehen. Er geht auch, der Sohn bleibt aber da. Frau F. erzählt noch, auch wegen der Kinder, die sie nie allein läßt, keinen Kontakt zu bekommen. Sie habe da außerdem so einen – anscheinend meint sie den Sohn –, der gerne Feuer lege. Daher sei es ganz ausgeschlossen, abends die Wohnung zu verlassen.
Zum Schluß bitte ich Frau F., dafür zu sorgen, daß wir beim nächsten Mal ungestört reden können. Sie sagt mir dies sehr bestimmt zu.
Beim vereinbarten *zweiten* Termin treffe ich jedoch Frau F. nicht an. Auf mein Klingeln öffnet mir Herr F. und entschuldigt seine Frau damit, daß sie wegen ihres Nierenleidens unerwartet ins Krankenhaus eingeliefert worden sei. Da er die Tür nur einen Spalt weit öffnet, so als wollte er mit keinen Blick in die Wohnung gestatten, kommt mir die Begründung nicht ganz glaubwürdig vor. Ich habe vielmehr das unbestimmte Gefühl, daß Frau F. sich verleugnen läßt. Ich lasse ihr gute Besserung ausrichten mit dem Hinweis, wenn sie wolle, könne sie mich wegen eines neuen Termins anrufen. Dies ist aber nicht geschehen.

Interpretation

1. Primärer Krankheitsgewinn

Zu Beginn des Gesprächs ist die Interviewerin erst einmal damit befaßt, für die Einhaltung der Gesprächsbedingungen zu sorgen. Trotzdem bleibt im Interview ständig eines der Kinder anwesend. Mit dieser Veränderung der Gesprächsbedingungen, die Frau F. durchsetzt, bietet sie bereits am Anfang ihr zentrales lebensgeschichtliches Thema an: Sie, die von ihrer Mutter verlassen wurde, trennt sich unter keinen Umständen von ihren Kindern. Frau F. lebt geradezu die Entgegensetzung zur eigenen schlechten Mutter und führt ihr, mit der sie im selben Haus wohnt, buchstäblich vor Augen, wie sie sich eine verantwortungsbewußte Mutter vorstellt.

In der Rolle der guten Mutter versucht Frau F., ihr eigenes Defizit an den Kindern kompensatorisch gutzumachen. Die Kinder gehören damit gleichsam zu ihrem Selbst dazu – ein zusätzlicher Grund, weshalb die geforderten Gesprächsbedingungen nicht auf ihr inneres Verständnis treffen konnten. Da jedoch Frau F. nur ihren eigenen Mangel auszugleichen sucht und nicht etwas weitergeben kann, das sie selbst einmal erfahren hat, führt die kompensatorisch gelebte Mütterlichkeit zwangsläufig zu Gefühlen der Überforderung. Überlastung und Überforderung sind deshalb das zentrale Beschwerdethema in diesem Gespräch, was zudem schon angesichts der schwierigen finanziellen Verhältnisse nicht überraschen kann.

Neben Gefühlen der Überforderung führt Frau F. Depressionen und Suizid-Gedanken an. Darin sind vermutlich Aggressionen, Schuld und Selbstwertzweifel verquickt, die den Vorwürfen gegen die Mutter entstammen und sich nicht nur auf die Vernachlässigung beziehen, sondern auch auf das Sündhafte der unehelichen Herkunft. Nach wie vor liefert ja der freizügige Lebenswandel der Mutter Grund zum Streit. Zu Gefühlen von Schuld und Scham mag hinzukommen, daß Frau F. sich stets als ungeliebtes Kind erfahren mußte, das selbst den Mutterstelle einnehmenden

Verwandten nicht liebenswert erschien. So kann Frau F. auf ihren Wert für andere nicht rechnen und nur dadurch, daß sie bis zur Verausgabung gibt, etwas gelten – gegenüber ihrem Mann etwa auf die Weise, daß sie, wie sie es formuliert, seine Schulden übernimmt und abzahlt.

Zum Teil gelingt es ihr, die erlittene Entwertung umzudrehen und aggressiv nach außen zu wenden: Sie macht sowohl die Mutter schlecht, über die wir andererseits erfahren, daß sie der Tochter auch Hilfe zukommen ließ, als auch Bekannte, die sie angeblich nur ausnutzen wollen. Ihre Interpretation, zur Ausbildung der Interviewerin beizutragen, zeigt, daß sie sich wiederum in der Rolle der Ausgenutzten wahrnimmt. Ihres Selbstwertes unsicher und sich von Schuldgefühlen gegenüber der Mutter entlastend, geht Frau F. Beziehungen nur unter der Voraussetzung ein, daß sie anderen als guter Mensch oder gute Mutter nützt.

Die Kompensationsversuche mangelnder Bemutterung sind als unzureichende Problemlösungsversuche von Gefühlen der Überlastung und Überforderung begleitet. An der Grenze zur Erschöpfung angelangt, beweist Frau F. damit sich und der Umgebung, daß sie ihre Verantwortung für die Familie ernst nimmt. Schließlich erlebt auch die Interviewerin Frau F. nicht, wie man unter solchen Umständen vielleicht erwarten könnte, als kleinlaut und verzagt, sondern im Gegenteil als selbstbewußt und bestimmend. Wenn Frau F. auch mit Verantwortung und Stabilität beeindruckt, so kennzeichnet doch die Gesprächssituation eine äußere Unruhe, die als Abbild einer inneren Unruhe gelten kann und auf ungestillte infantile Bedürfnisse verweist.

2. Sekundärer Krankheitsgewinn

Bereits mit den Kompensationsversuchen auf Beziehungspartner angewiesen, läßt Frau F. ihre ebenfalls im Defizit gründende „Unersättlichkeit" an der Familie in Erscheinung treten. Das ungestillte Bedürfnis in ihr sucht Frau F. in anderen, um es befriedigen zu können. Frau F. dehnt daher ihre Mutterrolle auch auf den Mann und die eigene Mutter aus. So erfährt man ja im Zusammenhang mit dem freizügigen Lebenswandel der Mutter, daß sie gleich einem Kind nicht auf sich selbst aufpassen kann. Weiterhin hat Frau F. es als gute Mutter geschafft, den trunksüchtigen Mann gleichsam trockenzulegen. An dessen Stelle ist jedoch nun der Sohn getreten, der mit seiner Neigung zum Feuerlegen einer besonderen Obhut bedarf. Im Feuerlegen übernimmt das Kind symbolisch jene brennenden, vernichtenden Wünsche der Mutter und fordert sie damit zugleich in ihrer Eigenschaft als Löschende/Stillende heraus. Auf diese Weise erscheint Frau F.s Bedürfnisregulation nach außen verlagert und in einer interpersonellen Konfliktanordnung auf der Ebene der Familie organisiert.

Gegenüber Unersättlichkeit und Verausgabung erfüllen die körperlichen Erkrankungen, insbesondere die Nierenerkrankung, bei Frau F. die Funktion einer Notbremse, die sie vor desintegrativ wirkenden Folgen wie Psychose oder Kriminalität bewahrt. Krankheiten bieten Frau F. außerdem eine legitime Möglichkeit, sich zeitweise aus der sie überfordernden Mutterrolle und dem Zwang, zusätzlich Geld verdienen zu müssen, zu befreien. Das schmerzhafte und anfallsartige Auftreten der Nierenerkrankung demonstriert diese Überforderung und bildet so auch einen unterschwelligen Vorwurf an die familiäre Umgebung, den offen zu formulieren sich Frau F. in ihrem Selbstverständnis als gute Mutter nicht erlauben darf. Hinzu kommen Depressionen, die von Selbstmordgedanken begleitet sind. Nur aufgrund ihrer schlechten Befindlichkeit kann Frau F. offenbar ihr Anrecht auf Schonung und Rücksicht geltend machen. Andernfalls droht der Zusammenbruch. Indem sie auf die Grenzen ihrer Stabilität und Belastbarkeit hinweist, reklamiert sie bislang unerfüllt gebliebene Ansprüche auf Zuwendung. Dies zeigt, daß ihr Versuch, das eigene Defizit an Bemutterung in der Familie auszugleichen, unzureichend bleibt.

Da es aber die Familie ist, die ihre Überlastung zu verantworten hat, werden die Symptome auch zu legitimen Ausdrucksmitteln der Aggression. Aggressionen müssen insbesondere den Kindern gegenüber verschleiert bleiben, da Frau F. sonst der eigenen schlechten Mutter gliche. Im Interview gibt Frau F. ihren Aggressionen etwa so Ausdruck, daß sie vor den Kindern nicht damit zurückhält, nur deretwegen bzw. aus Pflichterfüllung noch am Leben zu bleiben.

3. Veränderungschancen

Frau F. behält im Gespräch in vieler Hinsicht die Situationskontrolle, eine Fähigkeit, die es ihr auch wohl sonst ermöglicht, ihr beschädigtes Leben zu bewältigen. Dabei sind ihr die Kinder, die dem Suizid im Wege stehen, sicher eine Stütze, eine Funktion, die sie auch im Interview übernehmen. Ihre Leidensberichte lassen Frau F. nicht in Tränen ausbrechen. Sie wahrt nicht nur ihre Selbstbeherrschung, sondern beherrscht auch die Gesprächsbedingungen. Sie ist außerdem in der Lage, flüssig vorzutragen, verfügt über fertige Einschätzungen ihres Lebensweges, und der Zusammenbruch zwischen ihren Symptomen und ihren schlechten Lebensbedingungen ist ihr eine Selbstverständlichkeit. Dadurch gerät jedoch das Interview zum Monolog, in dem Frau F. sich ihrem Beziehungsmuster entsprechend wiederum verausgabt. Angesichts dieser Gesprächsstruktur bleibt, wie Frau F. richtig sagt, ihr die Interviewerin fremd, was jedoch die Voraussetzung dafür ist, daß sie überhaupt so offen über sich sprechen kann.

Im nachhinein wurden zahlreiche Unklarheiten und Unstimmigkeiten auffällig, die einen Hinweis darauf geben können, daß Frau F. nicht genau zwischen Realität und Erleben zu unterscheiden weiß. Vor allem aber präsentiert sie damit der Interviewerin ein Glaubwürdigkeitsproblem, das ihr in enttäuschenden Beziehungserfahrungen gründendes Vertrauensproblem widerspiegeln dürfte.

Ein zweites Gespräch kam nicht zustande. Zwar lag der Grund hierfür in einer akuten Erkrankung, Frau F. bemühte sich aber auch nicht um einen neuen Termin. Es ist zu vermuten, daß sie ein zweites Gespräch vermeiden mußte, weil dann eine Konfrontation mit ihrem Lebensthema in doppelter Weise angestanden hätte: Zum einen wäre sie auf ihre Zusage verpflichtet gewesen, das Gespräch ohne die Kinder zu führen. Zum anderen wäre sie von der Interviewerin, der sie bereits alles „gebeichtet" hatte, verlassen worden. Dadurch, daß sie es trotz gegenteiliger Zusage bei einem Gespräch beließ, war es Frau F. möglich, die Interviewerin von ihrer Entscheidung abhängig und gleichzeitig zur Verlassenen zu machen.

Allgemeine Typenbeschreibung

1. Primärer Krankheitsgewinn: Der lebensgeschichtliche Sinn der Symptome

Auch bei den den Typus Abhängigkeit repräsentierenden Frauen unserer Untersuchung lassen sich Krankheitssymptome bzw. gesundheitliches Risikoverhalten auf einen lebensgeschichtlichen Motivationszusammenhang zurückführen, der sich durch eine nicht gelungene Loslösung von den Eltern, insbesondere aber durch eine gestörte Beziehung zur Mutter auszeichnet. Trennungs- und Individuationsprozesse sind hier auf dem Hintergrund einer entweder real erzwungenen frühen Trennung oder einer hochgradig ambivalenten Mutter-Tochter-Beziehung in gewisser Weise gescheitert. Vorbehaltlose Zuwendung als Voraussetzung einer gelungenen Ablösung von den Eltern bzw. der Mutter haben diese Frauen entbehren müssen. Ihre Väter waren auch nicht in der Lage, jene frühe Verlusterfahrung zu kompensieren: Entweder wurden sie als sehr stark von den Müttern abhängig erlebt und konnten so den Töchtern keine Selbständigkeit und Abgrenzungsmöglichkeit vor Augen führen – oder aber sie entzogen sich frühzeitig den Verpflichtungen ihrer Vaterrolle. Zwei von den drei in diesem Zusammenhang Interviewten wuchsen, mehr geduldet als liebevoll aufgenommen, bei den Großeltern auf, weil die Mütter, die bedeutsamerweise nie völlig außer Reichweite waren, sich aus den verschiedensten Motiven der Verantwortung der Erziehung entzogen. Ein wesentlicher Grund mag darin bestanden haben, daß sie selbst fast noch Kinder waren und darum andere Lebensinteressen zeitweilig im Vordergrund standen.

Ihre ambivalente Haltung dokumentierte sich darüber, daß sie die vermutlich ungewollten Töchter einerseits abschoben, andererseits jedoch auch Versuche unternahmen, für sie zu sorgen, was sich jedoch meist in materieller Zuwendung erschöpfte. Jene mütterliche Ambivalenz führte bei den Töchtern – den interviewten Frauen – zu einer noch ihr heutiges Verhalten wie auch ihre Symptomatik bestimmenden Mischung aus symbiotischen Nähewünschen und Schuld auslösenden, enttäuschten, wütenden Abgrenzungsversuchen. Das Leben dieser Frauen steht ganz im Zeichen ihrer verhängnisvollen Abhängigkeit von der Mutter: Sie sind in gewisser Weise immer noch auf der Suche nach der „guten" Mutter, verstricken sich dabei jedoch stets aufs neue in den kindlichen Abhängigkeitskonflikt.

Die daraus resultierenden als nicht auflösbar erlebten Gefühle von Ohnmacht, Wut und Schuld lassen sich besonders sinnfällig am Fall der 28jährigen Hausfrau Frau G. dokumentieren, die im großmütterlichen Haushalt gleichsam nebenher aufwuchs, weil ihre Eltern arbeiten gingen. Frau G. hat die Begründung, daß sie nicht bei den Eltern sein durfte, weil diese ja Geld verdienen mußten, insbesondere im

Fall ihrer Mutter als bloßen Vorwand erlebt. Sie fühlte sich verlassen und abgeschoben, was dazu führte, daß sie als Siebenjährige das Angebot der Mutter, sie wieder zu sich zu nehmen, trotzig und wütend ausschlug – wohl auch, weil es drohte, ihre inzwischen gute Beziehung zur Oma zu zerstören. Mittlerweile hat Frau G. sich mit ihrer Mutter äußerlich wieder arrangiert. Seit ihrem vierzehnten Lebensjahr wohnte sie wieder bei den Eltern und auch ihre Ehe ist für sie kein Grund, sich völlig von der Mutter zu trennen: Diese lebt nun in der Wohnung nebenan. Die unheilvolle Vorgeschichte, die Erfahrung des frühen Verlassenwerdens, gepaart mit dem späteren Angebot der Rückkehr hat Frau G. in einen tiefen Ambivalenzkonflikt geführt, der sich darin äußert, daß sie trotz permanenter belastender Streitereien mit der Mutter es nicht wagt, sich von ihr zu lösen, d. h. sie nun ihrerseits zu verlassen.

Ihre nicht auf organischen Störungen beruhenden Krankheitssymtome: Nervosität, Depressionen, Schlaflosigkeit, von Herzrasen begleitete Ohnmachtsanfälle, Angstzustände stehen im Zeichen dieses Konflikts. Sie verweisen auf Gefühlszustände, die zum großen Teil psychisch nicht mehr integriert werden können, d. h. bewußt nicht erlebt werden dürfen. Es handelt sich hier besonders um Gefühle von Wut und Schuld im Zusammenhang des frühen Trennungserlebnisses. Empfindungen von Verlassenheit und drohendem Verlust sind auf diesem frühen Niveau an Vernichtungs- und Selbstvernichtungsphantasien gebunden – die Kompensation des beschädigten Selbst läuft bei Frau G. gleichsam über eine nachträgliche Fusion mit dem geliebten und zugleich gehaßten Objekt. Dies erklärt die innere Notwendigkeit für Frau G., die Mutter nicht verlassen zu dürfen. Allerdings stellt diese Überlebensstrategie eben den Abhängigkeitskonflikt auf Dauer. Ihre frühe Wut darf sie nicht loswerden, diese wird entweder nach außen projiziert (zum Beispiel auf ihren bissigen Hund) oder macht sich in den Symptomen breit (Hochdruck/Anfall). Auch ihre Suchttendenzen – der ihr eigentlich abträgliche Kaffeegenuß, der ihre Nervosität potenziert und das starke Rauchen, welches sie sowohl wiederum beruhigen als auch die Gefühle innerer Leere in den depressiven Zuständen kompensieren soll, lassen sich als Bewältigungsformen ihres zentralen lebensgeschichtlichen Konflikts deuten. Diese stehen letztlich im Dienst der Konfliktvermeidung: Statt beispielsweise die inneren Spannungszustände durch eine äußere Auseinandersetzung (hier mit der Mutter) zu lösen, beschwichtigt Frau G. diesen Widerstreit in sich und an sich selbst – langfristig damit auf ihre Kosten.

Schließlich trägt auch die Beziehung zur Interviewerin deutliche Züge dieser besonderen narzißtischen Abhängigkeitsproblematik: Die Vertrautheit (Nähewünsche), die sich hier in der Übertragungsbeziehung ziemlich rasch entwickelte, hatte einen auch deutlich spürbaren, jedoch nicht expliziten oder explizierten Untergrund von Mißtrauen und Wut, der sich auf das infantile Thema der ohnmächtig erfahrenen Trennung bezog.

Auch im Fall der 27jährigen Hausfrau und Putzfrau Frau F. (vgl. hier die Falldokumentation) führt die ebenfalls erzwungene Trennung von der Mutter nicht zu einer Abkehr von dieser konfliktträchtigen Beziehung – ihre (wechselseitige!) Gebundenheit ist allein schon an äußeren Arrangements ersichtlich. Die Tochter lebt mit der Mutter im selben Mietshaus. In dieser Beziehung spielt heute eine besondere

Rolle, daß Frau F. ihrer Mutter über ihre eigenen Kinder im nachhinein vorzuleben versucht, wie sich eine gute Mutter verhält und diese dann ständig mit ihren eigenen alten Wünschen konfrontiert. Es scheint hier so, daß die Nähe der Mutter geradezu notwendig ist, um die aus der infantilen Traumatisierung herrührenden Gefühle von Wut und Enttäuschung, die anders nicht verarbeitet werden konnten, an ihr abzuladen.

Auch in der Beziehung zur Interviewerin präsentiert sich diese Frau als gute Mutter, die sich nicht von den Kindern trennt und reinszeniert darüber, daß sie das Setting eigenmächtig verändert, jedoch auch ihren alten Abhängigkeitskonflikt, den sie gleichsam durch eine Flucht nach vorn zu bewältigen versucht: Ebenso wie sie sich in ihrer Mütterlichkeit der eigenen Mutter, die sich ihren Vorstellungen nach auf dubiose Weise immer nur mit Männern herumtreibt, als überlegenes Vorbild präsentiert, verweist sie die Interviewerin in ihre Schranken, indem sie deutlich zu erkennen gibt, daß ohne ihr Einverständnis überhaupt nichts läuft. Jene Bewältigungsversuche schaffen jedoch ihre grundlegenden Selbstwertzweifel nicht aus der Welt. Insbesondere der Zwang, auf dem entbehrungsreichen infantilen wie real-aktuellen Hintergrund eine gute Mutter zu sein, bedeutet notwendig eine permanente Überforderung und verstärkt wiederum das Gefühl, ohne dies nicht zu sein. Frau F. leidet denn auch an Depressionen, die sich bis hin zu Suizid-Gedanken steigern, außerdem hat sie Krankheitssymptome (Nieren- und Schilddrüsenleiden), die sie selbst auf die seelischen Belastungen bezieht und deren Sinn sicherlich auf psychisch nicht mehr integrierbare zerstörerische Phantasien verweist.

Eine ähnliche, jedoch auf einem anderen Hintergrund entstandene Version eines letztlich überfordernden Kompensationsversuchs ambivalent erlebter Mütterlichkeit zeigt sich im Fall von Frau C., einer fünfzigjährigen Hausfrau, die zusätzlich zu ihren eigenen drei Kindern – auch aus finanziellen Gründen – ständig Pflegekinder mitversorgt. Sie – die ihren eigenen Schilderungen zufolge als Säugling „falsch ernährt" wurde, offensichtlich von der Mutter nicht das bekam, was sie wirklich wollte und heute noch mit Ernährungsproblemen zu kämpfen hat – sie leidet an Übergewicht und Diabetes – befaßt sich in fast professioneller Weise immer wieder mit der Versorgung von Kindern. Dies hat sie auch schon früher getan. Sie hat lange Zeit als Kinderpflegerin (sie selbst bezeichnet sich in ihrem damaligen Beruf als Amme) im Personalkindergarten eines Krankenhauses und später dann als Stationshelferin gearbeitet – sich also stets in einer Position befunden, andere zu versorgen. Die Probleme, die sie jetzt mit den Kindern hat, kreisen um die Themen Abhängigkeit/Autonomie/Trennung und Versorgtwerden – Konfliktstellen, die aus ihrer eigenen unbewältigten ambivalenten Beziehung zur Mutter herrühren. Die widerstreitenden Gefühle, die sie für die Mutter hegen muß, sind ihr indes keineswegs bewußt: Sie sind sowohl in ihrer Beziehung zu den Kindern als auch in ihrer Symptomatik unter der Chiffre der Ernährungsproblematik aufgehoben. Es geht in ihren hierauf bezogenen Phantasien um das Dick- bzw. Dünnsein, wobei Dicksein heißt, so zu sein wie die Mutter – auf einer tieferen Ebenen bedeutet dies mit der Mutter eins zu sein; Dünnsein – ein Zustand, den sie sich jetzt durch spezielle Diätmaßnahmen abverlangt, steht für Getrenntsein. In beiden Zuständen fühlt sie sich unwohl: Dicksein erinnert sie an früheres übermäßiges Trinken, was ihr Ekelgefühle bereitet hat, Dünnsein als die symbolische gegen die Mutter gerichtete Trinkverweigerung macht sie andererseits schwach.

Das Problem der angemessenen Versorgung scheint hier im Vordergrund zu stehen: Diese Frau kann sich selbst nicht das richtige Maß geben, weil sie in der frühen Kindheit auch nicht angemessen versorgt wurde. Ihre Erinnerung, als Säugling keine Kuhmilch vertragen zu haben – sie bekam davon eitrige Ausschläge –, was sich auch heute noch daran bemerkbar mache, daß sie nur gesäuerte Milch trinken könne, läßt sich im Gesamtkontext des Interviews als Hinweis für eine bereits früh gestörte Mutter-Kind-Beziehung entschlüsseln. Auch heute noch plagt sie ein quälender Juckreiz überwiegend dann, wenn sie abnehmen muß. Sie führt dies auf den damit einhergehenden Wasserverlust zurück, der die Haut trocken mache. Vor dem Hintergrund des skizzierten frühen Ambivalenzproblems, des nicht geschlichteten Konflikts zwischen Nähe- und Abgrenzungswünschen läßt sich ihr durch den Juckreiz provoziertes häufiges Kratzen als Ausdruck von schließlich gegen sich selbst gerichteter Wut entziffern, die sich in der Phantasie gegen die unangemessene und unzureichende Versorgung richtet.

Auch das exzessive Rauchen – sie bezeichnet den Zigarettenkonsum in ihrer jetzigen Situation als „alles, was ich im Leben noch habe" – verweist auf den frühkindlichen um das Problem der Versorgung zentrierten Abhängigkeitskonflikt. Jene Suchttendenzen bilden in diesem Zusammenhang eine Kompensationsmöglichkeit, sie dienen der Beseitigung innerer Leere. Im Rauchen versorgt sich Frau C. selbst; darauf zu verzichten hieße, unregelmentiert und viel essen zu müssen, was sie – abgesehen von den somatischen Folgen – indes wiederum in eine bedrohliche Nähe zur Mutter bringen würde.

Jenes Abgrenzungsproblem war auch in der Beziehung zur Interviewerin insbesondere im ersten Gespräch deutlich: Einerseits hatte ihr Verhalten insgesamt etwas Zeitlos-fließendes und deutete hierin auf den erwünschten Zustand unabgegrenzten Einsseins hin, andererseits überfiel sie währenddessen aber auch ein heftiger Juckreiz – eben jenes Symptom, worin das frühe Muster nicht angemessen bearbeitbarer Gefühle von Wut und Enttäuschung aufgehoben ist.

2. Sekundärer Krankheitsgewinn: psychosoziale Organisationsformen des primären Krankheitsgewinns

Die hier beschriebenen in verhängnisvoller Weise an die Mütter gebundenen Frauen sind ihrerseits sehr stark auf ihre Familie, insbesondere ihre Kinder angewiesen. Die Berufstätigkeit spielt bis auf eine Ausnahme (Frau F.) eine untergeordnete Rolle. Als Hauptbeschäftigung und wesentlicher Identitätshintergrund gilt den Frauen das Hausfrauen- und Mutterdasein gerade auch dort, wo – wie im Fall von Frau F. – das stundenweise Zuverdienen als Putzfrau ökonomisch notwendig ist. Frau C. erzielt durch die Übernahme von Pflegschaften ein geringes Nebeneinkommen und professionalisiert darüber gleichsam die Mutterrolle, während für Frau G. die Berufstätigkeit zunächst einmal der Vergangenheit angehört, jedoch noch als mögliche Ausbruchs- bzw. Emanzipationphantasie von Bedeutung ist.

Die Familie ist für diese Frauen das wesentliche Terrain, auf dem sie ihre lebensgeschichtliche Problematik gleichsam reinszenieren und damit in gewisser Weise verfestigen. Auffällig ist dabei, daß sie sich Männer ‚ausgesucht' haben, die insofern gut in die eigene Mutterabhängigkeit passen, als sie selbst geeignete Objekte abhängiger Manipulation zu sein scheinen. In den Schilderungen der Frauen tauchen diese in gewisser Weise als schwache, willenlose, ja unmündige Kinder auf, auf die man aufpassen oder die man beschäftigen muß. Ganz besonders auffällig ist diese Konstellation bei Frau F., die ihren Mann vom Alkohol entwöhnt hat, ihn damit gleichsam trockenlegte und nun darüber wacht, daß ihr Erziehungserfolg sich auch auszahlt (vgl. hierzu die Falldokumentation).

Die besondere Anfälligkeit dieser Männer, gegenüber ihren starken Frauen ein Stück weit in eine kindliche Abhängigkeit zu geraten, erklärt sich sicherlich auch dadurch, daß ihr Selbstwertgefühl stark beeinträchtigt ist, weil der Ertrag ihrer meist wenig qualifizierten Berufstätigkeit ihre Familien entweder gerade so oder aber nur unzureichend zu versorgen vermag. Hinzu kommt, daß zwei der hier angesprochenen Männer als Ausländer ohnehin sozial diskriminiert sind. Darüber hinaus scheint jedoch auch die starke Familienzentrierung dieser Männer selbst im Verein mit ihren traditionellen Mutter- und Frauenbildern für diesen Zusammenhang von Bedeutung zu sein.

Die Reinszenierung des Abhängigkeitskonflikts zeigt sich bei den hier in Frage stehenden Frauen jedoch nicht nur im Verhältnis zu ihren Ehemännern, die in gewisser Weise auch zu Kindern gemacht, d. h. auch desexualisiert werden, sie ist in allen Familienbeziehungen virulent.

Frau G. beispielsweise hat ihren lebensgeschichtlichen Verlassenheits- und Trennungskonflikt dadurch auf Dauer gestellt, daß sie sich in der Großfamilie gleichsam einigelt. Sie versucht, auf dieser Ebene dem Widerstreit ihrer Gefühle beizukommen, indem sie für sich den folgenden Kompromiß anstrebt: Sie lebt in Abhängigkeit und versucht gleichzeitig, ihrem Autonomiestreben dadurch gerecht zu werden, daß sie Macht gewinnt, indem sie die anderen um sie herum (Mutter, Mann, Kinder) kontrolliert bzw. abhängig macht. Ihre Symptome (Ohnmacht, Herzrasen etc.) haben innerhalb dieser Szenerie ihre besondere Funktion. Sie stehen im Dienst der Konfliktvermeidung, schützen sie vor den sexuellen Ansprüchen des Mannes, vor der unsagbaren Wut auf die Mutter und sichern ihr auch Rücksicht bei den Kindern. An die Adresse des Medizinsystems gerichtet signalisieren sie überdies die Forderung nach permanenten Rettungsmaßnahmen (z. B. durch den Notzarzt).

Die verhängnisvolle Rolle, welche die Kinder in dem mütterlichen Abhängigkeitsdrama einzunehmen gezwungen sind, läßt sich besonders eindrücklich am Fall von Frau C., der fünfzigjährigen Hausfrau verdeutlichen, die – wie bereits angedeutet – ihre Mutterrolle durch die ständige Übernahme von Pflegschaften nahezu professionalisiert. An den eigenen Kindern, insbesondere den Töchtern, die sie fest an sich bindet, wiederholt sich ihre frühe Angst vor Trennungen. Altersgemäße Vergnügungen sind den Töchtern untersagt, zusätzlich wird eine mögliche Ablösung noch durch Symptome (s. u.) behindert, die nicht nur geeignet sind, außerfamiliale Bindungen zu erschweren, sondern zusätzlich ein ständiges Medium mütterlicher Kontrollbedürfnisse darstellen. Bei beiden Töchtern zeigen sich Parallelen zu den eigenen Ernährungsproblemen. Während die eine ein extremes Übergewicht aufweist, bedarf die andere, die als Körperbehinderte sowieso zwangsweise auf die Mutter verwiesen ist, einer besonderen – wie Frau C. betont – gemessen an ihrer eigenen „konträren" Diät.

Charakteristisch für die skizzierte aus inneren wie äußeren Zwängen erforderliche Flucht in die Mütterlichkeit ist hier die damit notwendig verbundene permanente Überforderung. Diese führt zu untergründigen, uneingestandenen ambivalenten Gefühlen den Kindern gegenüber und bildet so wiederum eine verhängnisvolle Barriere für deren eigene Abgrenzungsversuche von den Müttern.

Auch bei Frau F., der 27jährigen Hausfrau und Putzfrau, zeigt sich die Bedeutung, die ihre Kinder für sie haben, eng mit ihrem lebensgeschichtlichen Verlassenheitsproblem verwoben. Sie dienen so sehr zur Kompensation ihres beschädigten Selbsterlebens, daß man hier fast von einer mütterlichen Einverleibungstendenz sprechen kann. Sie sind einerseits das einzige, was sie zu haben meint – andererseits jedoch eine stete Quelle von Überforderung. Gleichzeitig lebt Frau F. im Zustand der phantasierten Entgrenzung jedoch auch verpönte triebhafte Wünsche aus, die sie sich selbst nicht gestatten darf und so an den anderen kontrollieren kann. Dies sind die geheimen Motive ihrer andauernden inneren Beschäftigung mit den Liebhabern der Mutter, den „brandstiftenden" heißen Wünschen ihres Sohnes und der unsteten Vergangenheit des ehemals trunksüchtigen und noch heute verschuldeten Ehemannes (vgl. Falldokumentation). Die Krankheiten bieten ihr auch eine legitime Möglichkeit, sich aus der sie überfordernden Mutterrolle und dem Zwang, zusätzlich Geld verdienen zu müssen, zu befreien. Das schmerzhafte, anfallsartige Auftreten ihrer Nierenerkrankung demonstriert diese Überforderung und bildet so einen unterschwelligen Vorwurf an die familiale Umgebung. In ihren von Selbstmorddrohungen begleiteten Depressionen wird jener Vorwurf offenkundig, den sie sich unverdeckt nicht leisten kann, weil sie ja sonst keine gute Mutter wäre.

Trotz der nicht in jedem Fall verleugneten Belastungen, die die Kinder – und man kann hinzufügen – in gewisser Weise auch die Ehemänner für diese Frauen bedeuten, möchten sie darauf keinesfalls verzichten: Extrem gesagt, sind die hier interviewten Frauen ohne ihre Familien nichts. Insbesondere die Kinder halten sie – und dies kann man als verschlüsselten Beweis für die skizzierte kompensatorische Bedeutung nehmen – am Leben.

Diese starke Familienzentrierung hat darüber hinaus jedoch auch viel mit geschlechtsspezifischen Rollenzuweisungen und institutionellen gesellschaftlichen Strukturen zu tun, die den Frauen nicht nur oftmals ungewollte Kinder aufzwingen, sondern auch die Kindererziehung ganz ihnen überlassen. Bei erwünschter Berufstätigkeit sind sie dann meist nur zusätzlichen Belastungen ausgesetzt. Diese strukturelle Problematik verschärft sich zusätzlich im Milieu sozialer Unterprivilegierung, wo die Chancen für Frauen, eine qualifizierte Berufstätigkeit als eine Voraussetzung individueller Autonomiewerdung zu erlangen, ohnehin gering sind und zudem die Geschlechtsrollensterotypen sich noch rigider durchsetzen. Ungünstige soziale wie lebensgeschichtliche Voraussetzungen greifen hier mit aktuellen schwierigen Lebensumständen in unheilvoller Weise ineinander und verhindern – so scheint es – der Tendenz nach eine Veränderung tradierter Konfliktbewältigungsformen (s. u.). Hinzu kommt, daß die oftmals in rein somatisch nicht mehr erklärbaren diffusen körperlichen Beschwerdebildern sich äußernde Art der Konfliktbewältigung diese Frauen innerhalb des medizinischen Versorgungssystems auch in besonderer Weise für die Rolle der Problempatientin prädestiniert. Durch den Arztbesuch erreichen sie zwar wenigstens zum Teil eine offizielle Anerkennung ihrer Belastungen und Überforderungen, die sie dann innerhalb der Familie wieder geltend machen können. Jedoch führt die Hilflosigkeit und der Kompetenzmangel der naturwissenschaftlich orientierten Ärzteschaft, die weder für ein angemessenes Verständnis noch für einen Umgang mit psychosomatischen Symptomen ausgebildet ist, zur langfristig ruinösen Stabilisierung des lebensgeschichtlich verfestigten Widerstands gegen eine Aufklärung des skizzierten Konflikthintergrunds.

3. Veränderungschancen

Wenden wir uns jedoch nochmals der lebensgeschichtlichen Seite jener um das Thema des Krankheitsgewinns zentrierten Bewältigungsstrategien zu. Auf dieser Ebene läßt sich die Frage nach Veränderungsmöglichkeiten, d. h. nach einem anderen Umgang mit sich selbst als Frage nach den latenten Beziehungsmöglichkeiten bzw. -wünschen formulieren.

Allen drei Frauen ist gemeinsam, daß sie – selbst dort, wo sie sich nur für ein einziges Gespräch zur Verfügung stellten, offen und bereitwillig sowohl über ihre krisenhafte Lebensgeschichte als auch ihre aktuell schwierige Alltagssituation berichteten. Daß es ihnen guttat, ihre Leiden und Ängste einmal einer Unbeteiligten zu offenbaren, macht die Wünsche nach einer einfühlsamen Nähe sichtbar. In der Art und Weise, wie sie über sich und ihre Beziehungen sprachen – im Stil eines anklagenden Vorwurfs an die Umgebung oder einer depressiv-leidenden Klagehaltung – kam jedoch auch stets eine Tendenz zur Geltung, die die eigene Beteiligung bzw. Verantwortung sowohl an den Krankheitssymptomen als auch an den Familienbeziehungen und aktuellen Lebensumständen zu leugnen versuchte. Dieses Muster steht im Einklang mit der skizzierten lebensgeschichtlichen Abhängigkeitsproblematik, die – weil sie das Gefühl von Eigenständigkeit und Selbstvertrauen verhindert – stets auf andere angewiesen macht. Diese Frauen neigen dazu, ihre enttäuschenden Erfahrungen in depressiver Weise gegen sich selbst zu richten; sie scheuen insbesondere vor dem Ausdruck ihrer Wut und aggressiven Gefühle um dem Preis von Krankheitssymptomen und unterschwelligen Ambivalenzen in ihren Beziehungen zurück.

Die Interviewsituation wurde dementsprechend doppelt erlebt: Einerseits bedeutete sie die Chance, sich einmal offen auszusprechen, sie stellte andererseits jedoch auch eine Bedrohung dar, weil mit einer sich hier entwickelnden Beziehung die Gefahr einherging, eingefahrene Problembewältigungsmuster überdenken zu müssen. Dazu kam, daß die Begrenztheit des Kontakts auf drei Gespräche von vornherein den alten Trennungskonflikt heraufbeschwören mußte. Diesen Belastungen hat nur eine der interviewten Frauen standhalten können, die anderen brachen die Gespräche ohne vorherige Ankündigung nach dem ersten bzw. zweiten Treffen ab. Sie ließen es nicht dazu kommen, daß die Beziehung zur Interviewerin sich vertiefen konnte. In diesen Fällen ist es auch unklar geblieben, ob die Interviewten von dem einmaligen Gesprächskontakt profitieren konnten. Die Aussichtslosigkeit eines vertrauensvoll angelegten, jedoch von vornherein begrenzten Beziehungsangebots zeigte sich hier bereits in den besonderen Strategien, die die Frauen mobilisierten, um im Interview gleichsam über die Runden zu kommen.

Im Fall von Frau F. (vgl. hier die Falldokumentation) machte sich das Mißtrauen gegenüber der Interviewerin darin bemerkbar, daß sie versuchte, das Gespräch zu kontrollieren und der Interviewerin klar zu verstehen gab, daß ohne ihr Einverständnis überhaupt nichts läuft. Außerdem zeigte sie Tendenzen, dem in ihr durch die Gesprächssituation ausgelösten Gefühl der Bedrohlichkeit dadurch beizukommen, daß sie die Interviewerin mit der Unterstellung, sie sei wohl noch in Ausbildung gleichsam als Anfängerin zu entwerten suchte.

Im Fall der fünfzigjährigen Hausfrau (Frau C.) wechselte die Beziehungsebene vom ersten zum zweiten Gespräch von einer unklar-diffusen, symbiotischen zu einer deutlich realitätsbezogenen Ebene, was auch damit zusammenhing, daß es unter erheblichem Zeitdruck stand. Frau C. mußte ihre behinderte Tochter von der Schule abholen. Hier kamen auch ihre strategischen Fähigkeiten, die auch im Kontakt mit dem Sozialamt eine Rolle spielen, zum Zuge. Sie versuchte, sich die Interviewerin, die mit dem Auto da war, für ihre Verpflichtungen zunutze zu machen. Da diese sich hier nicht so einspannen ließ, wie es sich Frau C. erhoffte, kam es – so läßt sich vermuten – auch zu keinem weiteren Gespräch.

Nur bei Frau G. ließ sich schon zu Anfang das Bestreben erkennen, die Gespräche für sich in produktiver Weise nutzen zu wollen. Sie war bereits im Verlauf des ersten Interviews in der Lage, über die vorgebrachten Klagen und Anklagen hinaus sowohl Wünsche nach mehr Autonomie zu äußern als auch Interpretationsangebote von seiten der Interviewerin weiterführend aufzugreifen. Obwohl es ihr nach wie vor unheimlich vorkam, daß ihre Symptome etwas mit ihrer unglücklichen Lebensgeschichte zu tun haben könnten und es ihr letztlich doch lieber wäre, der Arzt fände doch noch irgendeine organische Ursache ihres Leidens, belegte sie eben diesen Zusammenhang deutlich, indem sie zu erkennen gab, daß die Symptome sie in gewisser Weise vor seelischen Schmerzen schützen. Das zweite Gespräch, in dem es hauptsächlich um die vielen verblüffenden Veränderungen ging, die sie in die Wege leitete, um sich mehr Spielraum zu schaffen, zeugte insgesamt von Frau G.s Tendenzen, die sich entwickelnde Beziehung zur Interviewerin günstig nutzen, ja in gewisser Weise verwerten zu wollen. Daß diese Versuche auch ausbeuterische Züge hatten – sie scheute dabei nicht vor Unwahrheiten zurück – verwies auf ihre auch in der Beziehung zur Interviewerin vorherrschende untergründige Ambivalenz, die im dritten Gespräch, wo das Thema der Trennung auch real im Mittelpunkt stand, noch offensichtlicher wurde. Hier schob sie der Wißbegier der Interviewerin einen deutlichen Riegel vor und gab ihr zu verstehen, daß bei ihr nun alles gut und normal verlaufe. Außerdem kam am Thema des bissigen Hundes wieder ihre eigene unterdrückte, diesmal auch spürbar gegen die Interviewerin gerichtete Wut hoch. Diese Normalisierungs- bzw. Verleugnungstendenzen sind indes hier nicht einfach nur als schlichte Abwehrmanöver zu verstehen. Sie dienten auch zum Schutz gegen die durch die Intimität des Gesprächsgegenstands entstandene besondere Verletzlichkeit in der Situation.

Verallgemeinernd läßt sich diesen Erfahrungen entnehmen, daß gerade im Fall der hier interviewten Frauen, die eine besondere lebensgeschichtliche Traumatisierung erlitten haben und darunter immer noch leiden, ein von vornherein auf höchstens drei Gespräche begrenztes Beziehungsangebot, wie es durch die Forschungssituation gegeben war, sicherlich auch besondere Ängste auslöst, weil sie zu schnell wiederum mit dem für sie schlecht bewältigbaren Trennungsthema konfrontiert werden. Die Gefahr, in hilflose Abhängigkeit zu geraten, war ja für zwei der Interviewten so groß, daß sie es vorzogen, die Gespräche vorzeitig abzubrechen. Daß sie beim erstenmal sehr intensiv von ihrem Lebensschicksal und ihren Leiden berichteten und damit unserer Interpretation ein reichhaltiges Material lieferten, hängt sicherlich damit zusammen, daß die Interviewerinnen zu diesem Zeitpunkt noch Fremde waren, was ein offenes Gespräch im Sinne des einmaligen einseitigen Sich-Aussprechens begünstigt. Diese in ihrem Selbstvertrauen erschütterten Frauen bedürften eines verläßlichen Beziehungsangebots, in dem es allererst möglich wäre, die Widerstände gegen eine Preisgabe des Krankheitsgewinns schrittweise zu bearbeiten.

Obschon, wie gezeigt wurde, die primäre lebensgeschichtliche Motivation, sowohl an den Krankheitssymptomen wie auch an den unterschiedlichen Äußerungsformen gesundheitlichen Risikoverhaltens festzuhalten, in unheilvoll verstärkender Weise mit den verschiedenen psychosozialen Organisationsformen eingefahrener Konfliktbewältigung – hier vor allem auf der Ebene des Familiensystems – verbunden sind, wären Überlegungen angebracht, die über den Ansatz einer kommunikativen Verflüssigung von in Symptomen geronnenen Beziehungsstrukturen hinaus dazu dienen könnten, Wege zu finden, diesen untersuchten Zusammenhang gewissermaßen zu lockern bzw. handlungsrelevant aufzubrechen.

Das bedeutet, daß neben der Perspektive einer psychosozialen Beratung, die dem besonderen Stellenwert personaler Kommunikationsstrategien der Gesundheitsaufklärung Rechnung trägt, hier auch eine gesellschaftliche Thematisierung von geschlechtsspezifischen Rollenzwängen notwendig wäre, die es Frauen schwermachen, über die vorgeschriebene Hausfrauen-, Mutter- oder Zuverdienerrolle hinaus eine eigenständige Identität zu entwickeln. Dazu könnten sicherlich auch massenmediale Aufklärungsformen beitragen, allerdings muß dabei ihr begrenzter Stellenwert im Hinblick auf unmittelbare und direkt nachprüfbarer Auswirkungen auf das Handeln der Betroffenen berücksichtigt werden.

Zur Veränderung des tradierten Selbstverständnisses wären neben Ansätzen von seiten des politischen Systems, die mit sozialstrukturellen Veränderungen einhergehen müßten (s. o.) auch Selbsthilfeinitiativen bzw. Selbsterfahrungsgruppen der Betroffenen denkbar und sinnvoll, die von bestehenden oder zu schaffenden sozialen Beratungsinstitutionen – etwa auf kommunaler oder Stadtteilebene – oder auch von seiten des medizinischen Versorgungssystems angeregt werden könnten, zumal hier der mögliche Stigmatisierungseffekt individualisierter Hilfeangebote entfällt. Sowohl die autonome Frauen- als auch die im Anwachsen begriffene Selbsthilfebewegung haben ja für diese kollektiven Veränderungsversuche bereits Wege vorgezeichnet. Allerdings sind solche neuen Kommunikationsformen bislang auf Kreise der Mittelschicht oder aber auf spezifische Problemgruppen[4] (Behinderte, psychisch Kranke, Gefangene, Arbeitslose, aber auch Zusammenschlüsse zur gemeinsamen Bewältigung von ‚somatischen' Krankheitssymptomen) beschränkt.

Die Initiativen der Frauenbewegung rufen bei unterprivilegierten Frauen offensichtlich – ob Arbeiterin oder Hausfrau – besondere Ängste hervor, die sicherlich etwas mit den Scham- und Minderwertigkeitsgefühlen aufgrund der depravierten sozialen Lage aber auch mit den Ängsten, sich überhaupt zu artikulieren, zu tun haben. Gerade für diese Frauen, die ja – wie wir gesehen haben – oftmals dazu neigen, ihre Konflikte zu somatisieren, könnte demnach ein vorbereitendes, ins System der gesundheitlichen Versorgung integriertes oder aber in dessen Vorfeld situiertes kommunikatives Angebot von Nutzen sein, das sie dazu instandsetzt, dann selbst nach weiteren Bewältigungsmöglichkeiten – sei es nun Therapie/Beratung, Selbsterfahrung, befriedigende Berufstätigkeit, politische/gesellschaftliche Aktivität – ihrer Lebenssituation zu suchen. (Auf die allgemeineren Konsequenzen für eine Gesundheitsaufklärung wird im Schlußteil noch näher eingegangen werden.)

2. *Zum Typus Inszenierung*

Der für diesen Typus charakteristische Modus der Problembewältigung besteht, wie der Name schon sagt, darin, daß infantile Szenen im aktuellen Lebensbereich ständig wiederbelebt werden. Nicht daß dies überhaupt geschieht, ist dabei das Kennzeichen dieses Typus, sondern vielmehr die übersteigerte, dramatisierende Form, die gewählt wird, und zwar zu dem Zweck, unbearbeiteten Gefühlszuständen Ausdruck zu verleihen[5]. Gleich unter welchen Umständen werden interpersonelle Arrangements getroffen, die geeignet sind, die infantilen Konflikte zur Darstellung zu bringen. Dazu gehört typischerweise auch ein appellierender Kommunikationsstil, wodurch das gesamte Handeln emotionalisiert, von Affekten beherrscht und somit weniger kognitiv gesteuert erscheint. Dieser Typus steht deshalb als eher frauenspezifisches Muster in deutlichem Gegensatz zum eher männerspezifischen Typus der Kontrolle. Die gleichsam zur Schau gestellten Emotionen, zumeist als Aufregung und

4 Eine Hamburger Studie über Gesundheitsselbsthilfe hat jüngst herausgefunden, daß nur bei den zur Bewältigung einer medizinisch definierten chronischen Krankheit initiierten Zusammenschlüssen alle Berufsgruppen vertreten sind. Ansonsten überwiegen ‚Mittelschichtangehörige', darunter auffällig viele Frauen auch dann noch, wenn man von den reinen Frauengruppen absieht (vgl. Denecke et al. in Kickbusch/Trojan 1981, S. 139 ff.).

5 Vgl. hierzu die Beschreibung bei Mentzos (1980) und Hoffmann (1979).

Leiden, ermöglichen eine symbolisierte Mitteilung der lebensgeschichtlichen Problematik, ohne deren Inhalt als solchen preiszugeben. Dieser bleibt für alle Beteiligten vielmehr verdeckt und abgewehrt.

Der abgewehrte Sinnhintergrund – zumeist eine ödipale Thematik – wird aber in diesem Typus vergleichsweise stärker zugelassen, weil er zufolge der verschlüsselten Darstellung, welche die Lebenspraxis bestimmt, ausgelebt werden kann. Die konflikthafte infantile Thematik mündet auch hier in einen Kompromiß aus Wunsch und Verbot, der latente Konfliktgehalt bleibt somit nur kompromißhaft lebendig: Infantile Wünsche sind zwar deutlich in der symbolisierenden Darstellung präsent, jedoch nur um den Preis leidvoller Emotionen, körperlicher Symptome und/oder konfliktträchtiger interpersoneller Arrangements. Sie fungieren als Mittel der Selbst*bestrafung* und ermöglichen im Sinne des primären Krankheitsgewinns eine Entlastung von schuldhaft erlebten infantilen Wünschen und zugleich, diese in der Symbolisierung auszuleben.

Durch die typische Dramatisierungstendenz wird so zwar eine größere Erlebnisnähe und -qualität erreicht, aber mit der Konsequenz, den Konflikt in der psychischen oder körperlichen Symptomatik vergleichsweise weniger gut stillstellen zu können. Aus diesem Grund machen sich beim Inszenierungstypus neben der körperlichen Symptomatik weitere psychische Beschwerden bemerkbar bis hin zur übersteigerten Emotionalisierung im psychosozialen Umfeld.

Falldokumentation

Frau B., 27 Jahre, Hausfrau mit Hausmeisterstelle, ein Kind

> Die Adresse bekomme ich vom Hausarzt der Interviewten. Als ich Frau B. anrufe, wünscht sie sich, daß wir uns erst in drei Wochen treffen, denn sie hat gerade Urlaub von einer Putzstelle und möchte mit dem Kind zu den Schwiegereltern fahren. Am Telefon fällt mir auf, daß Frau B. nur sehr langsam reagiert und daß ihre Stimme alt wirkt. Vor dem vereinbarten Termin läßt mir Frau B. durch den Arzt ausrichten, daß sie inzwischen umgezogen ist. Als ich Frau B. unter ihrer neuen Adresse aufsuche, finde ich ihren Namen nicht. Ich klingele schließlich beim Hausmeister, um sie ausfindig zu machen. An der Wohnungstür angekommen, stelle ich fest, daß Frau B. und ihr Mann das neue Hausmeisterehepaar sind. Frau B. bittet mich in den Flur, greift sich an den Kopf und denkt offensichtlich angestrengt nach. Es dauert eine Weile, bis sie sich an mich und unsere Vereinbarung erinnern kann. Sie sagt mir dann gleich, daß sie jetzt keine Zeit hat, weil die Umzugsarbeiten noch nicht beendet sind. Auf dem Wege ins Wohnzimmer sehe ich ihren Mann, der sich in der Küche handwerklich betätigt. Als ich mit Frau B. einen neuen Termin ausmache, entsteht plötzlich großer Lärm im Flur. Frau B. ruft ihrem Mann ärgerlich zu, ob er unbedingt diesen Lärm machen müsse. Mir kommt die Atmosphäre zwischen den beiden reichlich gespannt vor. Als ich durch den Flur zurückgehe, hockt Herr B. so auf dem Boden, daß er den Durchgang versperrt. Da er mich bisher ignoriert hat, überlege ich mir kurz, ob ich ihn bitten soll, aufzustehen. Ich steige dann aber einfach über ihn hinweg. Herr B. nimmt wiederum keine Notiz von mir. Ich interpretiere sein Verhalten als eine aggressive, trotzige Demonstration. Die gespannte Atmosphäre empfinde ich jetzt als ins körperlich Aggressive gesteigert.

Erstes Gespräch:

Frau B. wirkt sehr schmal und zart. Zum ersten Gespräch empfängt sie mich sehr freundlich, so als freute sie sich, daß ich komme. Ihr kleiner Sohn (ein Jahr alt) schreit in seinem Bett und Frau B. ruft in lautem, ärgerlichem Ton, er solle doch endlich aufhören. Ich beginne mit der Standardformulierung. Frau B. weiß erst nicht, was sie sagen soll und erklärt, sie habe sich doch extra vorbereitet, jetzt aber alles vergessen. Ihr Gedächtnis sei in letzter Zeit so schlecht. Ich bitte sie, doch einfach das zu sagen, was ihr gerade einfällt. Wieder macht sie eine lange Pause, gibt sich schließlich einen Ruck und erzählt, daß sie zum zweiten Mal verheiratet ist. Ihr erster Mann hat sie ständig geschlagen. Das hatte fünf Fehlgeburten zur Folge. Wenn sie aus dem Krankenhaus zurückkam, begrüßte der Mann sie jedesmal mit einem Tritt in den Unterleib. Sie weiß selbst nicht, wie sie diese Brutalität fünf Jahre lang aushalten konnte. Erst beim dritten Versuch brachte sie es fertig, die Scheidung zu erwirken. Vorher zog sie die Scheidung immer wieder zurück, weil sie schwanger war. Es ist ihr wichtig zu betonen, daß sie schuldlos geschieden wurde, auch wenn sie auf alle Ansprüche verzichtete. Infolge der damaligen Ereignisse ist sie heute noch sehr nervös. In ihr sei Zorn, der in unbeherrschten Reaktionen zum Ausdruck komme. Ihre Schilderungen der Mißhandlungen stimmen mich nicht sonderlich mitleidig. Sie beschreibt auch Vergewaltigungen, ohne aber diese Bezeichnung zu gebrauchen. Als ich einmal direkt nachfrage, bestätigt sie meine Formulierung und grinst dabei angesichts des Wortes peinlich berührt und lustvoll zugleich. Ich habe den Eindruck, daß ihr irgendetwas an diesem Mann auch gefallen hat. Es war aber, wie sie sagt, ihre Hilflosigkeit bzw. Unfähigkeit, daß sie es so lange ausgehalten hat. Ich frage sie, ob sie Schläge gekannt habe. „Ja, so wie man heute die Kinder mal schlägt, aber nichts Besonderes." Ich denke für mich, daß sie ihr Kind schlägt. Auf ihre Kindheit angesprochen, gibt sie widerwillig und nur wenig Auskunft. Sie war das älteste von neun Kindern. Der einzige Bruder starb schon sehr früh. Die Mutter war stets berufstätig, weshalb Frau B. den Haushalt führte. Den Vater erwähnt sie überhaupt nicht. Als ich frage, ob er noch lebt, bejaht sie dies kurz. Der Tod des Bruders veranlaßt sie, sich um die Lebensfähigkeit des eigenen kleinen Sohnes zu sorgen. Er ißt nichts, nimmt nicht zu, hat jetzt schon Kinderkrankheiten. Dieser Zustand des Kindes ist momentan ihr großes Problem, das sie nachts nicht schlafen läßt. Sie erwägt, daß die Eßstörungen evtl. mit ihrer Nervosität zusammenhängen, die sie wiederum auf die Belastungen in der ersten Ehe zurückführt.
Ich hatte anfangs den Eindruck, daß sie auch unter ihrer jetzigen Ehe leidet, später aber spricht sie nur noch von dem guten Verhältnis zum Mann wie auch zur Mutter und zu den Schwestern. Ich habe das Gefühl, nur noch eine Fassade präsentiert zu bekommen und weiß nicht mehr, worauf ich sie noch ansprechen könnte. Aus dieser Verlegenheit heraus lasse ich mir von der Hausmeisterstelle, die sie kürzlich angetreten hat, berichten. Frau B. klagt, dadurch ans Haus gebunden zu sein und befürchtet, den Anforderungen, auch rein zeitlich, nicht gewachsen zu sein. Damit endet das Gespräch.

Nachzutragen bleibt noch, daß sich Frau B. spätestens im nächsten Jahr einer Totaloperation unterziehen muß. Sie hatte nie eine geregelte Periode. Sie blutete oft monatelang, wurde deshalb ca. fünfzehnmal ausgeschabt. Eine Schwangerschaft ist ihr nur mit Hormongaben möglich. Sie möchte aber gerne noch ein zweites Kind, vor allem wegen der Befürchtung, ihr Sohn könnte bald sterben. Ihr Mann möchte jedoch kein zweites Kind haben.

Zweites Gespräch:

Beim zweiten Gespräch treffe ich Frau B. nicht an. Die anwesende Verwandte, die das Kind hütet, weiß von nichts. Einige Tage später ruft Frau B. dann aber an, entschuldigt

sich nachträglich mit einer dringenden Angelegenheit, und wir vereinbaren einen neuen Termin.
Diesmal erwartet mich Frau B. bereits am Fenster. Von oben ruft sie mir zu: „Ich drücke Ihnen sofort." Sie empfängt mich wieder sehr freundlich. Auf dem Tisch stehen schon die Kaffeetassen bereit; Frau B. legt noch goldene Kaffeelöffel dazu. Frau B. entschuldigt sich nochmals. Neben der dringenden Angelegenheit ist nun aber auch vom Vergessen die Rede. Ich sage ihr, daß sie im letzten Gespräch bereits erwähnt habe, wie vergeßlich sie sei. Sie bestätigt dies, kann sich ihre Vergeßlichkeit aber nicht erklären. Auch jetzt habe sie wieder vergessen, was sie sagen wollte. Ich solle ihr doch bitte Fragen stellen. Darauf erwidere ich, das letzte Gespräch sei für unsere Untersuchung sehr interessant gewesen und diese sei gerade so angelegt, daß die Leute selbst bestimmen könnten, was sie für wichtig halten.
Frau B. berichtet nun vom Besuch der Schwägerin und deren Familie. Die beiden Kinder sind so wild, daß sie jedesmal einiges in der Wohnung demolieren, z. B. Vorhänge herunterreißen. Darüber regt sich Frau B. so auf, daß sie nachts nicht schlafen kann. Überhaupt sei die Familie ihres Mannes schmutzig und schlampig, während sie von zuhause her an ordentliche und saubere Verhältnisse gewöhnt sei. Die unterschiedlichen Sauberkeitsvorstellungen liefern oft Grund zum ehelichen Streit. Wenn Frau B. bei der Schwiegermutter zum Essen eingeladen ist, so bekommt sie jedesmal vor Ekel einen Ausschlag am Mund. Später erfahre ich, daß sie auch gegen Hausstaub und Blütenpollen allergisch ist („beim Bettenmachen").
Frau B. schildert mir im einzelnen, wie sie ihren Haushalt in Ordnung hält („Ordnung ist das halbe Leben" u. ä.). Mann und Kind bekommen mehrmals am Tage frische Kleidung, so daß Frau B. täglich drei Waschmaschinenfüllungen zu bewältigen hat. Frau B. trägt übrigens einen weißen Hauskittel, auch die Tischdecke ist weiß. Als Frau B. erwähnt, daß sie sogar die Socken feucht bügelt, registriere ich, daß die Tischdecke schlecht gebügelt wirkt. Die für sie so selbstverständlich und selbstbewußt vorgetragenen Sauberkeitsvorstellungen wage ich aber nicht in Zweifel zu ziehen. So bemerke ich nur vorsichtig, daß ihr der gutgeführte Haushalt viel bedeutet.
Ich erfahre in einem anderen Zusammenhang, daß sie ihr Kind bereits jetzt an den Topf gewöhnt. Wegen seiner Eßstörungen hat sie das Kind einmal für vier Tage in der Universitätsklinik zur Beobachtung untergebracht. Die Ärzte konnten jedoch nichts feststellen, weil der Kleine dort problemlos aß und sich auch nicht erbrach. Eine Kinderärztin vermittelte ihr außerdem eine Kinderpflegerin, die ab und zu ins Haus kommt. Auch bei ihr gibt es keine Eßschwierigkeiten. Frau B. betont, alles richtig zu machen. Inzwischen sei es auch schon besser geworden. Sie erzählt dann, daß das Kind beim Krabbeln in der Wohnung gelegentlich gegen irgendetwas stößt oder sich die Finger einklemmt. Das sei gut so, denn diese schmerzhaften Erfahrungen seien dem Kind eine Lehre und es lasse dann die Finger von Dingen, die es verletzen könnten. Mir kommt das sehr brutal vor, ich wage aber nur vorsichtig die Frage, ob denn das Kind dies wirklich schon so verstehen könne. Sie bejaht dies aus eigener Erfahrung. Als Kind sei sie einmal von der Mutter mit einer Peitsche geschlagen worden. Das habe sie sich gut gemerkt, so daß sie nie wieder geschlagen werden mußte.
Ich erfahre noch, daß ihr um ein Jahr jüngerer Bruder mit dreieinhalb Jahren verunglückte („Heute ist er 26"). Die Eltern konnten seinen Tod nie verwinden. In ihrer Gegenwart darf über den Bruder nicht gesprochen werden. Es kamen dann deshalb noch so viele Kinder, weil die Eltern unbedingt einen Sohn haben wollten. Die Töchter seien ihnen aber trotzdem genauso lieb gewesen. Nach der letzten, bereits problematischen Entbindung wurde die Mutter erneut schwanger, und zwar mit einem Jungen. Sie mußte aber abtreiben, weil eine Entbindung ihren sicheren Tod bedeutet hätte.
Gegen Ende des Gesprächs hört Frau B., daß der Kleine wachgeworden ist und holt ihn ins Wohnzimmer. Frau B. wirkt gegenüber dem ersten Gespräch insgesamt fröhlicher und

zufriedener. Auch ihr Kind fühlt sich diesmal offensichtlich ganz wohl. Beim Ausfüllen der statistischen Angaben stellt sich noch heraus, daß Frau B. gerne Säuglingsschwester geworden wäre.

Drittes Gespräch:

Frau B., die sehr müde und unausgeschlafen aussieht, beginnt das Gespräch mit der etwas unwillig gestellten Frage: „Was hatten wir denn das letzte Mal?" Da für unsere Untersuchung Erfahrungen mit gesundheitlicher Versorgung interessant seien, bitte ich sie, mir von ihrer Nierenerkrankung, die sie bisher nur kurz erwähnt hat, genauer zu erzählen. Im Alter von neunzehn Jahren hatte sie eine Senkung der rechten Niere, die ihr große Schmerzen verursachte und schließlich durch eine Operation behoben wurde. Vor einer Narkose hat Frau B. jedesmal die Befürchtung, nicht mehr aufzuwachen.
Ich höre das Kind schreien. Frau B. meint, es wolle nicht einschlafen, holt das Kind ins Wohnzimmer und setzt es neben sich in den Sessel. Das Kind bleibt aber weiterhin unruhig. Frau B. setzt es dann mit einem goldenen Löffel als Spielzeug auf den Teppich. Als das Kind von unten an der Tischdecke zieht, schlägt Frau B. auf das Kind ein. Sie nimmt den Kleinen schließlich wieder zu sich und gibt ihm zur Beruhigung ein Stück Banane in den Mund. Da einige Reste im Mund hängenbleiben, schlägt Frau B. dem Kind empört und wütend auf die Finger. Unmittelbar darauf drückt sie es liebevoll an sich. Mir fallen dabei natürlich sofort die Eßstörungen ein. Es scheint mir aber sinnlos und riskant zugleich, diesen offenkundigen Zusammenhang anzusprechen, und ich bleibe daher konsequent beim Thema.
Frau B. erwähnt, vielleicht wieder schwanger zu sein. Ihr Mann weiß noch nichts davon, weil sie befürchtet, er werde sie zur Abtreibung schicken. Wir kommen dann irgendwie auf die Vergeßlichkeit zu sprechen. Diese besteht seit der ersten Ehe. Frau B. ist so in Gedanken, daß sie z. B. trotz Zettel vergißt, was sie einkaufen will. Sie klagt, nicht abschalten zu können, keine Zeit für sich zu haben. Am Tage zuvor hat sie erfahren, daß die jüngste Schwester sechs Wochen lang die Schule schwänzte, deshalb Schläge fürchtete und von zuhause weglaufen wollte. Daraufhin war Frau B. mit den Nerven völlig fertig. Alles, was in ihrer Familie geschieht, beschäftigt sie. Wie schon der erste Mann sähe es auch der zweite lieber, wenn sie weniger Kontakt zur Familie hätte. Darüber kommt es anscheinend dauernd zum Streit, und Frau B. fragt sich, wie das alles weitergehen soll. Sie erkundigt sich jetzt, ob sie darüber, wie man zusammen schläft, auch sprechen darf. Bei ihr klappt es nicht, weil ihr so viel im Kopf herumgeht. Seit der letzten Schwangerschaft klappt es überhaupt nicht mehr. Sie befürchtet, ihre Ehe könnte daran scheitern. Sie steht jetzt auf und holt den Kaffee. Sie zählt dann noch weitere Beispiele dafür auf, daß jeder mit seinen – persönlichen oder finanziellen – Problemen zu ihr kommt. Die Probleme der anderen gehen ihr jedesmal so nahe, daß sie sich einfach nicht heraushalten und nicht abschalten kann. Meine Frage, ob dies schon immer so war, bejaht sie mit der Begründung, ihre Mutter habe alle Kinder zuhause bekommen. Dadurch habe sie die Geschwister von Anfang an mit großgezogen. Es steckt in ihr, anderen helfen zu müssen. Ihre Schilderungen erwecken insgesamt den Eindruck, als lebte sie noch immer bei den Eltern und Geschwistern. Auffallend ist auch, daß sie während des gesamten Gesprächs immer wieder auf das aktuelle Problem der jüngsten Schwester zurückkommt.
Sie erwähnt erneut, nur ein einziges Mal Schläge bekommen zu haben. Sie war damals acht Jahre alt. Anlaß war, daß sie der Patentante auf den gerade geputzten Fußboden Dreck warf und das Telefon herunterwarf. Da habe sie ihre Mutter, „vielmehr" ihr Vater, „ordentlich geschlagen". Beim zweiten Mal hatte sie Heu angezündet. Aber sonst war nichts. Die Schläge habe sie verdient. Der Vater war sehr streng, obwohl er auch mal „vergessen" konnte. Die Mutter dagegen drückte oft ein Auge zu und verschwieg es dem

Vater meistens, wenn die Kinder etwas angestellt hatten. Als Strafe wurde auch oft Arrest verhängt.
Anfangs ist Frau B. entschlüpft, daß ihr Vater früher trank. Ich greife dies später auf und erfahre, daß der Vater einmal alles Geld nicht nur für Alkohol, sondern auch für eine andere Frau ausgegeben hat. Die Mutter erwog daraufhin die Scheidung. Ich frage Frau B., ob sie das Gefühl gehabt habe, sich mit der Mutter verbünden zu müssen. Sie bejaht dies kurz und fährt dann unspezifisch fort, das hänge ihr heute noch an, das könne sie niemals vergessen.
Zum Schluß frage ich sie noch, ob sie über ihre Eheprobleme mit einem Arzt gesprochen habe. Sie hat dies schon versucht, aber die Ratschläge ihres Frauenarztes, Alkohol zu trinken, haben nichts genutzt. Vor allem, wenn ihr Mann sie zwingen wolle, sei es bei ihr aus. Seitdem sie geschieden sei, werde es immer schlimmer. Bereits in der ersten Ehe kam es hin und wieder vor, daß sie keine Lust hatte, mit ihrem Mann zu schlafen. Ich empfehle ihr schließlich, sich an eine Eheberater zu wenden. Da sie davon noch nie gehört hat, suche ich ihr die Adresse aus dem Telefonbuch heraus. Sie ruft dort sofort an. Vor dem Anruf fragt sie mich noch, ob ich nicht noch einmal kommen könnte, obwohl ihr klar zu sein scheint, daß nur drei Gespräche vorgesehen sind. Sie wirkt so enttäuscht, daß ich ihr anbiete, mich nach dem Termin bei der Beratungsstelle anzurufen. Ich versuche dabei, mein Entgegenkommen von meiner Person weg auf die Untersuchung zu schieben, mit der Begründung, solche Erfahrungen seien für unsere Untersuchung ebenfalls interessant.

Interpretation

1. Primärer Krankheitsgewinn

In den ungewöhnlich zahlreichen Unterleibssymptomen (fünf Fehlgeburten, ständige Zyklusstörungen, fünfzehn Ausschabungen, karzinogene Verwachsungen, Eierstockoperation, Nierensenkung und -steine, schließlich Sterilität und eine geplante Totaloperation) kommt auf drastische Weise die darstellende Funktion der Symptomatik zum Ausdruck. Neben Allergien klagt Frau B. zudem über eine Reihe weiterer Beschwerden wie Nervosität, Schlafstörungen, Vergeßlichkeit und Frigidität. Demgegenüber nimmt gesundheitliches Risikoverhalten in Form geringen Zigarettenkonsums eine unbedeutende Rolle ein.

Die Vielzahl der Symptome läßt sich jedoch aufgrund des vorliegenden lebensgeschichtlichen Materials in wenigen und miteinander zusammenhängenden Interpretationslinien verfolgen. Die primäre Bedeutung erschließt sich im wesentlichen aus dem Zusammenhang von Geschwisterrivalität und ungelöster ödipaler Situationen.

Zunächst fällt die Konzentration der körperlichen Symptomatik auf den Bereich der weiblichen Reproduktionsfunktionen auf. Dabei wirkt die jeweils drastisch hohe Zahl der Fehlgeburten und Ausschabungen geradezu unglaublich, so daß sich der Eindruck des dramatisch Übersteigerten unmittelbar aufdrängt. Faktisches Resultat der Empfängnis- und Schwangerschaftsstörungen ist die Vermeidung einer häufigen Mutterschaft, die für Frau B. offensichtlich einer Wiederholung ihrer Geschwisterzahl gleichkäme. Eine solche Vermeidung wäre ihr jedoch auch durch bewußten Verzicht auf Mutterschaft bzw. eine große Kinderzahl möglich. Statt dessen aber läßt sie es zu zahlreichen problematischen Schwangerschaften kommen. Auch das erste lebende Kind scheint ihr nicht lebensfähig, weshalb sie nun eine erneute Schwangerschaft anstrebt. Die Tatsache, daß Frau B. all diese Komplikationen auf sich nimmt und an sich geschehen läßt, legt es nahe, von einer darstellenden Funktion zu sprechen und daher noch einen anderen Sinn zu vermuten als den der Vermeidung von Mutterschaft.

Frau B. war ja als Älteste diejenige, die ihre acht Geschwister zu versorgen hatte. Da die Eltern nur deshalb so viele Kinder bekamen, weil sie auf einen Sohn warteten, galt der verstorbene Bruder, der nach Frau B. zur Welt kam, als besonders wertvolles Kind und wurde sein Tod als besonders schmerzlich empfunden. So liegt es nahe, daß sie sich den Tod des Bruders anlastet, zumal er aufgrund der Geschwisterfolge und vor allem seines Geschlechts als ihr unmittelbarer Rivale erschien. Das im Präsens angegebene Lebensalter des Bruders ist ein Hinweis darauf, daß er in der Phantasie von Frau B. lebendig geblieben ist. Sie muß ihn in ihrer psychischen Realität am Leben erhalten, weil sonst die Schuldgefühle unerträglich wären. In der aktuellen Sorge um das Leben des kleinen Sohnes lebt deshalb die Angst um den Tod des einzigen Bruders wieder auf.

Betrachtet man auf diesem Hintergrund die leidvolle erste Ehe, so hat Frau B. in ihrer Überlebensschuld Verhältnisse geschaffen, in denen sie stets die Bestrafte war. Das, was sie der ständig schwangeren Mutter wünschte, ließ sie an sich selbst durch zahlreiche Fehlgeburten geschehen, solange vermutlich, bis ein bestimmtes Maß an Schuld als abgetragen gelten konnte. Zu diesem aus Geschwistermordphantasien resultierenden Bestrafungsbedürfnis – Phantasien, die beim Tode des Bruders bedrohliche Realität annahmen – kann noch hinzukommen, daß der Sohneswunsch der Eltern bereits Frau B. als Älteste betroffen haben mag, daß also auch sie zum minderwertigen „Ausschuß“ gerechnet wurde und sie es sich selbst anlastet, als Tochter unerwünscht gewesen zu sein. Aufschlußreich ist in diesem Zusammenhang ihre Umdeutung, vor der Abtreibung, die ihre Mutter bei der letzten Schwangerschaft vornahm, sei bereits das männliche Geschlecht des Fötus bekannt gewesen. Ihre Vergeßlichkeit sowie die Angst vor dem Herunterreißen des Vorhangs lassen sich nun aus ihrer Schuldproblematik heraus verstehen.

So klingt das Schuldthema an verschiedenen Stellen an: Zwar heiratete sie einen Mann, der ihre Mutterschaft verhinderte, der Verzicht auf ihre Ansprüche bei der Scheidung weist aber auch auf eine eigene unbewußte Schuld an den Fehlgeburten. Des weiteren befürchtet sie, die neue Hausmeisterstelle, die ja Parallelen zu Frau B.s Stellung im Elternahus aufweist, könnte sie überfordern. Eine Haushaltsführung im kindlichen Alter war für Frau B. tatsächlich nicht zu schaffen; sie mußte zwangsläufig versagen. Die für sie zwar einerseits ideale Situation, als Hausmeisterin für viele Hausgenossen zuständig zu sein, konfrontiert sie aber andererseits mit ihren eigenen Versagensgefühlen. Das Problem schuldhaften Versagens taucht schließlich auch in der Form auf, daß Frau B. als Interviewte meint, versagt zu haben, denn sie beschließt, sich aufs zweite Gespräch gründlich vorzubereiten.

Daß sie der schwangeren Mutter Schlimmes wünschte, wird an ihren Berührungsängsten besonders deutlich. Beim Bettenmachen und bei Blütenpollen, also auf

Zeugung/Fortpflanzung, reagiert sie allergisch. Von Dingen, die verletzen können, muß sie die Finger lassen. Den Sohn weist sie schon früh in seine Schranken, denn Jungen, so läßt sich der Besuchsepisode im zweiten Gespräch entnehmen, sind rücksichtslose Kinder. Sie gleichen dem Bruder, der ankam und alles demolierte, d. h. sie aus der privilegierten Stellung als einziges Kind verdrängte.

In der Helferrolle gegenüber den Geschwistern, in der sie sich immer noch als zweite Mutter zuständig fühlt, leistet sie Wiedergutmachung und bewältigt sie wohl auch Ängste, die vermutlich durch die jährlichen Hausgeburten der Mutter provoziert worden sind. Denn im Zusammenhang damit, daß sie mit dem alkoholisierten Vater gewalttätige häusliche Szenen erlebt haben dürfte, wird sie die Entbindung der Mutter als weitere Brutalität wahrgenommen haben, so daß sie an eine sadomasochistische Auffassung von Sexualität fixiert geblieben ist. Sexualität ist daher heute noch an die Befürchtung gekoppelt, nicht mehr aufzuwachen („Es ist aus"). Damit fungiert der gefürchtete Zustand der Narkose als Deckerinnerung an Angst und Hilflosigkeit, zumal die zahlreichen Geschwistergeburten stets aufs neue die Gefahr des Alleinseins heraufbeschwörten.

In ihrem Ekel vor Schmutz, der überperfekten Haushaltsführung und schließlich dem frühen Sauberkeitstraining des Sohnes deutet sich eine Verbindung von Sexualität, Schmutz und Schuld an. Die sauberen und ordentlichen Verhältnisse, die sie äußerlich herstellt, beruhigen sowohl über das, was Frau B. in sich als schmutzig empfindet, als auch über die unordentlichen Verhältnisse in ihrer Herkunftsfamilie. Denn neben der nicht klar eingehaltenen Generationsschranke durch Frau B.s Übernahme der Mutterrolle im Elternhaus ist ja u. a. vom Trinken des Vaters oder vom Schulschwänzen der jüngsten Schwester die Rede.

Frau B.s erste Ehe scheint in vieler Hinsicht eine Neuinszenierung ihres Familienschicksals zu sein: Die fünf Fehlgeburten in dieser Ehe legen die Vermutung nahe, daß Frau B. in ihrer Kindheit fünf Geschwistergeburten als dramatisch erlebt hat. In der Zahl der Fehlgeburten drückt Frau B. aus, daß die Angst vor dem Tode der Mutter oder auch vor Liebesverlust fünfmal sehr schlimm für sie war. Erst nach der fünften Fehlgeburt war Frau B. imstande, die Scheidung durchzusetzen; erst das sechste Kind durfte leben, weil sie mit sieben Jahren bereits das Alter des ausgebildeten Sekundärprozesses erreicht hatte. Außerdem war sie in diesem Alter in der Latenzphase. Darüber hinaus entspricht die Zahl der Fehlgeburten genau der Kinderzahl der Mutter zum Zeitpunkt der Scheidungserwägung, ein Ereignis, von dem sich Frau B. auch heute noch tief betroffen zeigt. Was Frau B., wie sie sagt, heute noch anhängt, was sie nicht vergessen kann, ist die Untreue des Vaters, die sie in ihren ödipalen Wunschphantasien kränkte. Da sie schließlich diejenige war, die die Kinder des Vaters aufzog, wäre sie erst recht als seine Geliebte in Frage gekommen. Die konflikthafte Bindung an den Vater agiert Frau B. in den Ehebeziehungen. Der Vater trank, setzte viele Kinder in die Welt und züchtigte sie. Deshalb dürfte es sich nicht nur in der Phantasie um einen brutalen Vater gehandelt haben. Ihm gleicht der erste Ehemann. Den zweiten Mann lernte Frau B. über eine Heiratsvermittlung kennen. Sein Name, ein Synonym für „hart" oder „unsanft", muß für Frau B. das Stichwort gewesen sein, auf das hin sie die Bekanntschaft suchte. Auch in der zweiten Ehe hält Frau B. ihre Vaterbeziehung aufrecht. Konnte der erste Mann noch als extrem brutal gelten, so erscheint der zweite schon zahmer, wenngleich immer noch schwierig. Die beiden Ehen bilden demnach die beiden Phasen der elterlichen Ehe ab, wobei die Scheidungserwägung der Mutter den Wendepunkt markiert. Ihre Vaterbeziehung inszeniert Frau B. aber nicht nur in den Ehebeziehungen. Sie hält zudem weiterhin eine enge Bindung zum Elternhaus aufrecht, verharrt weiterhin in der Position der Mutter, die von den Problemen der Familie absorbiert wird, so als hätte sie ihre Familie noch gar nicht verlassen.

Ihre Frigidität läßt sich nun aus ödipaler Schuld heraus verstehen. Ihr unbewußter Inzestwunsch, den sie in den Ehebeziehungen agiert, läßt es nicht zu, sexuellen Verkehr mit ihrem Mann anzustreben oder gar Lust zu empfinden. Die von ihr geschilderte „Verschlimmerung" ihrer Frigidität nach der Geburt des Sohnes wird auf diesem Hintergrund ebenfalls plausibel. Wenn ihr Sohn in der Phantasie der des Vaters, also der wiederbelebte Bruder ist, so hat sich seit seiner Existenz die ödipale Problematik verschärft. Damit stünde das Kind an der Stelle des Bruders, so daß daraus zugleich die große Sorge um die Lebensfähigkeit des Kindes verständlich wird, aber auch die Tatsache, daß die in Kinderaufzucht erfahrene Frau B. nicht imstande ist, die Entwicklung des Kindes zu fördern. Am eigenen Sohn verdichten sich deshalb Mordimpuls gegen den Bruder, Tilgung der Schuld an seinem Tod und der verbotene Wunsch, seine Mutter zu sein.

Frau B.s unbewußte Konfliktthematik ist somit sowohl in der Ehe als auch in der Beziehung zum Kind und zu den Eltern organisiert. Das ermöglicht es ihr, die unbewußten Phantasien zugleich abzuwehren und zu Geltung kommen zu lassen. Die Fülle der Symptome zeigt aber, daß dies zur Bewältigung nicht ausreicht. Die angestrebte Totaloperation soll als eine Art Kastration der bislang nur konflikt- und schuldhaft erlebten Sexualität und Mutterschaft ein für allemal ein Ende bereiten.

2. Sekundärer Krankheitsgewinn

In der Wahl der Ehepartner, die ganz offensichtlich am Vaterbild orientiert ist, aktualisiert Frau B. ihre Konfliktthematik. In dieser besonderen ehelichen Konstellation bringt sie ihre infantilen Wünsche zum Ausdruck und läßt sich zugleich in den zwangsläufig resultierenden Auseinandersetzungen und Schwierigkeiten dafür bestrafen. Die Inszenierung infantiler Situationen in den familiären Beziehungen bleibt deshalb in hohem Maße konfliktträchtig. Einerseits gelingt es ihr zwar, ein Gleichgewicht aus infantilen Phantasien, Schuld und Bestrafung herzustellen. Weil dadurch aber unumgänglich neue Konflikte provoziert werden, droht dieses nur einen unbewußten Zweck erfüllende Arrangement langfristig zu zerbrechen. In einer derart ausweglosen Situation greift Frau B. auf eine weitere Stütze zurück: Obwohl sie sich äußerlich längst von ihrer Herkunftsfamilie gelöst hat, bleibt sie ihrer alten Rolle als Muttersubstitut verhaftet, wird darin von Eltern und Geschwistern zusätzlich bestärkt. Die Doppelrolle, die das Leben in zwei Familien mit sich bringt, erlaubt es ihr nun, die konfliktträchtige Beziehung zu Mann und Kind, für die sie die eigentliche Verantwortung trägt, in ihrer realen Bedeutung zu mindern. Durch anderweitige Beanspruchung weicht sie dem offenkundigen Versagen als Frau und Mutter aus und kompensiert dies an Eltern und Geschwistern. Da sie durch die Zuwendung zur Herkunftsfamilie aber stets aufs neue mit ihren unbearbeiteten infantilen Gefühlen konfrontiert ist, verschärft sich ihre Problematik nur. Hinzu kommt, daß der Ehemann dabei nicht mitspielt. Das verhängnisvolle Arrangement der Zwei-Familien-Konstellation wirkt sich somit letztlich nicht stabilisierend, sondern eher labilisierend aus. Die daraus gewonnene ständige Anspannung und Aufregung, in der Frau B. sich fühlt, läßt sich jedoch im Sinne einer Abwehrfunktion, wie sie für den Typus der Inszenierung charakteristisch ist, verstehen. Frau B. kommt, wie sie sagt, niemals zu sich selbst. Die Anlässe für Streit und Aufregung, welche ihr die Doppelrolle einbringen, sorgen schließlich mit dafür, daß vom eigentlichen Konflikthintergrund abgelenkt wird. Diese Funktion zeigt sich z. B. daran, daß Frau B. ihre Nervosität, das Nicht-Abschalten-Können sowohl für ihre Frigidität (und damit für das mögliche Scheitern der Ehe), als auch für die Eßstörungen des Kindes verantwortlich macht.

Wie sehr Frau B. dem Modus der Darstellung unterliegt und dabei auf Beziehungspartner angewiesen ist, zeigt sich auch im Arbeitsbereich. Ihr eigentlicher Berufswunsch, Säuglingsschwester zu werden, spricht angesichts ihrer Konfliktthematik für sich. Aber auch in der Hausmeistertätigkeit – das wurde schon angesprochen – gelingt es ihr, einige Aspekte der ihr vertrauten Konstellation zu wiederholen.

3. Veränderungschancen

Der durch die Vergeßlichkeit von Frau B. immer wieder stockende Gesprächsverlauf deutet ebenso wie die Terminverschiebungen auf ihre ambivalente Bereitschaft. Nach anfänglicher Weigerung stellt sie sich zwar zur Verfügung, gibt aber dann durch die Vergeßlichkeit ihren Widerstand stets aufs neue zu erkennen. So wird die Interviewerin wie schon beim ersten Termin auch beim geplanten zweiten wieder versetzt. Als dieser dann zustande kommt, wird dies durch einen besonders freundlichen Empfang wiedergutgemacht. Im Besuchsthema jedoch wird die latente Ablehnung in der Gesprächssituation aufgenommen und fortgeführt: Besuch regt auf, führt zum Streit mit dem Mann, es werden Vorhänge heruntergerissen, jetzt sichtbarer Schmutz verursacht Ekel, und schließlich macht die nachträgliche Aufregung schlaflos. Vor dem zweiten Gespräch hat Frau B., statt zu frühstücken, erst einmal saubergemacht. Mit dieser Eröffnung verbindet sie die Einladung zum Kaffee. Dadurch koppelt sie ihren impliziten Vorwurf an die Interviewerin zugleich mit entgegenkommender Aufnahme. Thematisch vollzieht Frau B. im zweiten Gespräch eine Gegenbewegung zum ersten. Dem beim ersten Mal aufgewühlten Schmutz, den unordentlichen Familienverhältnissen setzt sie nun Sauberkeit und Ordnung entgegen. Zum Beweis holt Frau B. zum Schluß ihren Sohn ins Zimmer und demonstriert, daß auch mit ihm alles in bester Ordnung ist.

Das dritte und letzte Gespräch findet ohne Terminverschiebung statt. Frau B. startet aber eine aggressiv getönte Anfangsfrage, die zugleich die bisherige Beziehung verleugnet („Was war denn das letztemal?"). Die Interviewerin fühlt sich derart in die Defensive gedrängt, daß sie auf die Untersuchung rekurriert und damit ebenfalls die Gesprächskontinuität ungeschehen macht.

Frau B. wirkt übernächtigt. Wie das schreiende Kind, das sie zu sich holt, ist sie schlaflos. In der Verbindung mit der Narkose-Thematik äußert sie ihre Befürchtungen vor einem Zustand der Angst und Hilflosigkeit, den sie zusätzlich über das Kind darstellt. Erst nachdem das Kind sich beruhigt hat, bringt Frau B. im Gegensatz zur Normalitätsfassade des zweiten Gesprächs vieles offen zur Sprache: die Brutalität des Vaters, ihre Frigidität, die Scheidungserwägung der Eltern und die Gefährdung der Schwester. Insgesamt berichtet sie sehr viele biographisch frühe Erinnerungen. Nach der konstruierten Normalität im zweiten Gespräch brechen nun im dritten die Probleme geradezu auf, es herrscht eine regelrechte Krisenstimmung, die schließlich im Beratungswunsch kulminiert. Ihre starke unbewußte Motivation läßt sie am Schluß weitergehende Beziehungswünsche an die Interviewerin richten. Zugleich zeigt sich daran, daß Frau B. sich nicht trennen kann bzw. nur in der von ihr praktizierten Form der Zwei-Familien-Konstellation, denn sie möchte trotz des bereits hergestellten Kontakts mit der Beratungsstelle die Gespräche mit der Interviewerin fortsetzen.

Anhand der Tonbandabschrift läßt sich verfolgen, daß Frau B. eigentlich nur sie bestätigende Interpretationen der Interviewerin aufnehmen kann. Auf andere, z. B. wenn die Interviewerin die Partei des Mannes ergreift, reagiert sie, wenn überhaupt, latent aggressiv und mit Widerstand. Sie ist offensichtlich auf die Anerkennung ihrer Schuld- und Hilflosigkeit angewiesen und vor allem auf die Bestätigung, daß die beständige Aufregung, in der sie lebt, objektiv ihre Berechtigung hat. Das Mittel der Inszenierung muß undurchschaut bleiben, die Form der Problemdarstellung darf nicht in Zweifel gezogen werden. Es geht also letztlich um die Anerkennung der Glaubwürdigkeit der Inszenierungen, vor allem vor sich selbst. Das Glaubwürdigkeitsproblem präsentiert die Probandin der Interviewerin bereits am Anfang des ersten Gesprächs. Frau B. berichtet dramatische, fast unglaubliche Ereignisse. Folgerichtig verspürt die Interviewerin an sich wie an der Probandin keineswegs die entsprechenden Gefühle. Unglaubwürdig im Sinne von unberechenbar und launisch zeigt sich Frau B. auch dann, wenn sie die Terminvereinbarungen einfach vergißt, trotzdem aber die geplante Gesprächsfolge letztlich ermöglicht.

Oben wurde schon angesprochen, daß die Vergeßlichkeit als Widerstandsphänomen einen wichtigen Schutzmechanismus erfüllt. Dies gilt auch jeweils situativ für die Interviews. Gleichzeitig erinnert sich Frau B. sehr wohl an das, was für sie wichtig war. Neben den situativen Amnesien schützt sich Frau B. außerdem so, daß sie im Verlauf der Gesprächsfolge Bereitwilligkeit und Ablehnung wechselnd einsetzt. Inhaltlich dementiert sie darüber hinaus im zweiten Gespräch das erste, um dann im letzten ihre eigentlichen Probleme, nämlich die aktuellen und biographischen, zur Sprache zu bringen.

Frau B.s Gesprächsstil bleibt insgesamt implizit. Viele Zusammenhänge werden nur undeutlich und bruchstückhaft entwickelt oder einfach vorausgesetzt, so daß die Interviewerin zur Verständigung oftmals auf intuitive Rekonstruktionen angewiesen ist. Dies zeigt Frau B.s geringe Distanz zur Lebensproblematik, die sie sich weniger reflexiv als diffus-intuitiv vergegenwärtigen kann.

So sehr sie um Anerkennung als ohnmächtiges Opfer bemüht ist, zieht Frau B. doch teilweise auch eigene Anteile an ihren Lebensumständen zumindest in Erwägung, wie z. B. im Falle der Frigidität. Mit kognitiven, an Verantwortung oder Vernunft appellierenden Interventionsstilen läßt sich bei ihr allerdings wenig ausrichten. Sie wären der geringen Problemdistanz und Verwicklung in krisenhafte Beziehungsmuster kaum angemessen. Erst das Ausmaß erfahrenen Leids scheint bei Frau B. die notwendigen Voraussetzungen dafür zu schaffen, eventuell eine Veränderung anzustreben.

Allgemeine Typenbeschreibung

1. Primärer Krankheitsgewinn: Der lebensgeschichtliche Sinn der Symptome

Wie es für diesen Typus charakteristisch ist, kommt bei dem eben geschilderten Fall den Krankheitsbildern eine darstellende, symbolische Bedeutung zu. Auffällig ist also zunächst eine Symptombildung, die so geartet ist, daß sie den unbewußten infantilen Konflikt am Körper (im zuvor dokumentierten Fallbeispiel an einer bestimmten Körperregion) auf überaus dramatisch anmutende Weise inszeniert.

Im Kontakt mit einer rein somatisch orientierten Medizin gelangt eine solche Konfliktverarbeitung mit großer Wahrscheinlichkeit zur Chronifizierung. Im Unterschied etwa zum Typus Kontrolle leistet das Symptom nämlich nicht die affektive Ausgrenzung konfliktbesetzter Inhalte. Die Drastik des Ausdrucks, die der Inszenierungstyp wählen muß, verlangt im Gegenteil ein permanentes Aufrechterhalten der unbewußten Problematik. Der Modus der Darstellung und Symbolisierung löst den unbewußten Konflikt nicht vollständig in der Symptomatik; Konflikte gehen daher nicht restlos im Körperlichen auf: Einmal bleiben sie im deutlichen Symbolgehalt lebendig, zum anderen wird im psychischen Erleben keine so weitreichenden Entlastung erzielt, daß das psychische Erleben symptomfrei bleibt. Die Konfliktinszenierung tendiert dazu, die gesamte Person zu beanspruchen.

Weil somit die gesuchte Entlastung im körperlichen Symptom unzureichend bleibt, kann eine solche Verarbeitungsform bei konventioneller medizinischer Behandlung bis zur partiellen Selbstverstümmelung eskalieren (vgl. die angestrebte Totaloperation im Fallbeispiel). Weil die im Symptom indirekt zur Sprache gebrachten Probleme nicht aufgegriffen werden, auch wenn sie deutlich appellhafte Züge tragen, erscheint es nötig, stets neue Symptome zu produzieren oder aber das einmal gewählte übersteigert auszuprägen. Nicht die möglichst unauffällige Erledigung des Konflikts ist also hier das Ziel, sondern ihn im Gegenteil – wenn auch im Rahmen sozial akzeptierter Formen – möglichst auffällig zur Geltung zu bringen.

Die für diesen Typus charakteristische fortwährende latente Aktualisierung des Konfliktthemas wird also zum einen nicht ohne körperliche Symptomatik auskommen, schlimmstenfalls zu chronifizierten Symptomen führen, zum anderen bedarf sie einer wiederbelebenden Inszenierung im sozialen Umfeld. Dies bedeutet jedoch nicht, daß der Krankheitsgewinn einer ärztlich attestierten Organkrankheit gering ausfiele. Vor allem dann, wenn eine enge sinnhafte Verbindung zum infantilen Konflikt vorliegt, geht diese – wie im vorliegenden Fall die Ausschaltung der weiblichen Reproduktionsfunktionen – mit einer bedeutenden psychischen Entlastung einher.

Aus dem bisher Gesagten ist bereits deutlich geworden, daß, allgemeiner formuliert, Gesundheitsverhalten nicht so sehr von rationalen Einsichten geleitet ist, als vielmehr beherrscht ist vom Übergreifen der unbewußten Dynamik. Wegen der Dramatisierungs- und Darstellungstendenz greift der Inszenierungstypus notwendigerweise zu auffälligen und beeindruckenden Ausdrucksmitteln. Deshalb scheint die These gerechtfertigt, die sich zugleich als ein Ergebnis der empirischen Falldokumentation formulieren läßt, daß gesundheitliches Risikoverhalten wegen seiner Unauffälligkeit nicht zum spezifischen Repertoire dieses Typus gehört. Gesundheit wird weniger durch exzessiven Mißbrauch (z. B. Suchtmittel) strapaziert als durch exzessive Emotionen.

2. Sekundärer Krankheitsgewinn: Psychosoziale Organisationsformen des primären Krankheitsgewinns

Wegen des vornehmlich darstellenden Charakters der Problemlösung bieten sich vorzugsweise Familie und andere Beziehungskostellationen an, das Konfliktmuster zum Ausdruck zu bringen. Primärbeziehungen geben zudem die gesellschaftlich tolerierte Nische ab, in denen Inszenierungen veranstaltet und ausgelebt werden können. Dieser Modus ist geradezu auf Beziehungspartner angewiesen. Oft werden Beziehungsformen und -partner (u. U. aber auch Berufswahl und Arbeitsplätze) regelrecht nach ihrer Eignung als Mitspieler ausgewählt. Auf diesen Ebenen wird nun Krankheitsgewinn dadurch erzielt, daß infantile Szenen in neuen Beziehungskonstellationen wiederhergestellt werden können und damit auch ein Gleichgewicht aus unbewußten Wünschen, Schuld und Selbstbestrafung. Die Umgebung nimmt der Inszenierungstypus daher in besonderem Maße entsprechend dem eigenen Problemmuster wahr und weist den Beziehungspartnern entsprechende Rollen zu.

Äußerlich hält die permanente Konfliktinszenierung nicht nur den Akteur, sondern auch seine Umgebung in ständiger Bewegung. Es leuchtet ein, daß sich dieser Modus insbesondere für den privaten, informellen Bereich eignet, weniger für formelle, von Sachzwängen bestimmte Zusammenhänge. Frauen neigen zu diesem Modus, der ja auch in unserer Untersuchung durch eine Interviewte repräsentiert ist, deshalb besonders häufig. Zudem sind die Hauptmerkmale dieses Typus: Beziehungszentrierung, Betonung der Emotionalität, eine nach innen bzw. auf den Körper gerichtete Konfliktaustragung eher mit dem weiblichen Rollenverständnis vereinbar, wenn nicht gar dessen Bestandteile.

3. Veränderungschancen

Dem mit dem inszenierenden Konfliktlösungsmodus verbundenen Beziehungsstil entspricht ein bestimmter Kommunikationsstil[6] : Vehement vorgetragene Beschwerden und Leiden appellieren an die Aufmerksamkeit und Anerkennung der Umgebung. Aufgrund der infantilen Schuldproblematik geht es dabei vor allem um die Anerkennung als Opfer. Ziel ist es, in der verantwortungsfreien, hilflosen Opferrolle bestätigt zu werden, die Schuldlosigkeit anerkannt zu bekommen. So gehört zum typenspezifischen Kommunikationsstil am vorliegenden Fallbeispiel z. B. die Präsentation der Hilflosen, die bei Anforderungen versagt, aber nichts dafür kann, denn die Vergeßlichkeit entschuldigt sie. Gerade die Vergeßlichkeit stellt nun einen notwendigen und wiederum typischen Schutzmechanismus gegenüber der gleichzeitig wirksamen Wiederbelebung infantiler Szenen dar. Dasselbe gilt für das Nichterkennen offenkundiger Zusammenhänge, ein Phänomen, das sich anhand der Eßstörungen des Kindes von Frau B. demonstrieren läßt: Frau B.s Sohn ißt überall problemlos, nur nicht bei ihr; und obwohl Frau B. sich vor den Augen der Interviewering gegenüber dem kindlichen Eßverhalten ganz offensichtlich als unduldsam erweist, ist Frau B. nicht in der Lage, daraus Schlüsse zu ziehen. Wie die Fallinterpretation gezeigt hat, stellt Frau B. ihre eigene unbewußte Problematik an der Ernährung des Sohnes, die seiner Lebensfähigkeit gleichkommt, dar.

Weiterhin folgt aus der Dramatisierungsneigung, daß die Darstellung beim Zuhörer gelegentlich einen unechten und unglaubhaften Eindruck hinterläßt.

So sehr der inszenierende Typus eine Eigenbeteiligung am leidvollen Opferstatus, an der implizit intentionalen Herstellung des Leidens in Beziehungen verkennt, so ermöglicht doch gerade die Präsenz des Leidens im psychischen Erleben wie auch die Affinität zur Symbolisierung einen Zugang zur kommunikativen Bewältigung von Lebensproblemen. Hinsichtlich der Veränderungschancen ist damit eine gegenläufige Tendenz benannt.

Weil nun die dramatisierende Darstellung mit Hilfe körperlicher Symptome sich auf die Dauer als therapieresistent erweist, kommt gerade eine konventionelle medizinische Behandlung den Selbstbestrafungswünschen dieses Typus entgegen. Unbehandelbarkeit bzw. ungeklärte Ätiologie stützen zudem die Dramatisierungsneigung. Als Gesundheit beeinträchtigende Verhaltensweise wird der Modus der Inszenierung vom medizinischen Versorgungssystem daher indirekt noch stabilisiert. Wegen seiner Affektnähe und Symbolisierungsfähigkeit bietet der Inszenierungstypus jedoch zugleich gute Voraussetzungen für eine psychotherapeutische Behandlung, die der verhängnisvollen Konfliktlösung mit Hilfe dramatischer Körpersymptome entgegenwirken könnte.

6 Vgl. hierzu ausführlich Mentzos (1980).

3. Zum Typus Kontrolle

In unserer Untersuchung weisen vier männliche Gesprächspartner typische Gemeinsamkeiten des Konfliktlösungsverhaltens auf, die sich unter dem Modus der Kontrolle zusammenfassen lassen. Alle sind Facharbeiter; zwei von ihnen sind bzw. werden Meister. Auf den ersten Blick gehören zum gemeinsamen Erscheinungsbild dieser Interviewten vor allem eine ausgeprägte berufliche Orientierung, damit zusammenhängendes Erfolgs- und Leistungsstreben, geordnete Familienverhältnisse sowie ein sachlicher Beziehungsstil, kurz: Merkmale, die auf ein hohes Maß an sozialer Konformität und Integration verweisen.

Die insgesamt realitätstüchtigen Fähigkeiten sind Resultat affektkontrollierender, sachbezogener Bewältigungsformen. Dabei stehen diesem Typus vor allem die Mittel der Vermeidung und Verleugnung zur Verfügung. Konfliktträchtiges Geschehen wird im Dienste der Selbstkontrolle normalisiert und bagatellisiert, Emotionen werden zugunsten von Vernunft und Sachlichkeit abgewertet. Die abwehrende Bedeutung der Affektkontrolle geht dabei eine enge Verbindung mit normativen sozialen Erwartungen an die männliche Geschlechtsrolle einerseits und der Arbeitswelt andererseits ein. Erwartungsgemäß wird dieser Typus daher auch von Männern repräsentiert. Der kontrollierende Umgang mit sich selbst korrespondiert mit sozialer Funktionsfähigkeit, so daß die genannten Bewältigungsformen sozialen Anpassungsleistungen gleichkommen.

Das mit der Berufsorientierung verbundene Qualifikationsbewußtsein, um das die Identität zentriert ist, ist Teil einer allgemeinen Sachorientierung. Abhängigkeits- und Regressionsbedürfnisse, die in diesem Muster kaum zugelassen sind, werden auch in der Familie bestenfalls in der Weise gelebt, daß sich die Ehefrauen entlang einer meist klaren Kompetenzverteilung in der versorgenden Hausfrauenrolle betätigen. Die typische Partnerwahl trifft auf kontrollierende, die konfliktvermeidenden Strategien zusätzlich stützende Frauen. Die weitgehende Verleugnung der Abhängigkeitswünsche setzt jedoch einmal untergründige Ängste frei, die dem Durchbruch exzessiver Strebungen gelten, die einem Kontrollverlust gleichkämen, und reaktiviert andererseits Phantasien über ungebundene, also unkontrollierte Lebensformen. So ist als Gegenstück zur sozialen Funktionstüchtigkeit zumindest die Sehnsucht nach Abenteuer und Freiheit als Thema in allen Gesprächen virulent.

Typischerweise beziehen sich Verleugnung und Vermeidung weniger auf konfliktuöse Inhalte als vielmehr auf die sie begleitenden Gefühlszustände. Konfliktthemen werden durch Versachlichen oder Rationalisieren integriert, während die affektiven Anteile abgespalten werden, u. U. auch in Symptomen. Die Vermeidung psychosozialer Konflikte durch Symptombildung stellt eine weitere Anpassungsleistung dar. Die Vertreter dieses Typus bleiben psychisch unauffällig und bieten, sofern sie sich überhaupt krank fühlen, „arztgerechte" Beschwerden an. Sie fügen sich ins medizinische Bezugssystem und bilden, indem sie den geltenden Krankheitsbegriff übernehmen, relativ klar begrenzte körperliche Beschwerden aus. Als Bestandteil ihrer sozialen Anpassungsleistungen orientieren sie sich auch bei der Symptomwahl an soziokulturellen Wertmustern. Somit korrespondiert der kontrollierende

Umgang mit sich selbst mit den Kontrollfunktionen der Organmedizin (vgl. Overbeck 1977, Brede 1972).

Ätiologisch betrachtet, sind die Kontrollstrategien dieses Typus an eine einseitige Identifikation mit der väterlichen Leistungsmoral gekoppelt und gelten einem überschüssigen, nicht lebbaren Wunschpotential. Sie sind Resultat einer relativ gleichförmigen lebensgeschichtlichen Konstellation, in der die (oftmals zu geringe) mütterliche Fürsorge mit der Strenge väterlicher Anforderung einhergeht. Dadurch überlagern sich zwei Konfliktebenen: Die Abhängigkeitswünsche bleiben bestehen, sind aber im Einklang mit einem gut ausgebildeten Über-Ich als Niederschlag der väterlichen Anforderungen abzuwehren. Die väterliche Identifikationslinie ist es auch, die diesem Typus die Realitätstüchtigkeit und Leistungsfähigkeit garantiert, wobei sich allerdings die weniger gut gelungene Integration der passiven Strebungen in den Symptomen sowie einem spezifischen Beziehungsstil wiederfindet.

Diese zusammenfassenden Hinweise auf die charakteristischen Merkmale des Typus werden wir nun im folgenden anhand von Fallbeispielen weiter verdeutlichen.

Falldokumentation 1

Herr D., 32-jähriger verheirateter Schlosser, ein Kind

Erstes Gespräch:

An der Haustür treffe ich auf Herrn D., als ich gerade schellen will. Das bräuchte ich nicht, meint er. Darauf sage ich: „Sie sind Herr D." Hier schon habe ich das Gefühl einer merkwürdig unabgeschlossenen Situation: Etwas fehlte mir. Ich hatte von ihm erwartet, daß er sich vorstellt und mich begrüßt. – Er schließt nun die Tür auf und geht in die Wohnung im Parterre; erst hier reicht er mir die Hand und läßt mich vorangehen und sein Wohnzimmer aufmachen. Ich habe das ein wenig als Zumutung erlebt, in einer fremden Wohnung selbst die Tür öffnen zu müssen. Im Wohnzimmer spielt das Radio irgendeine leichte Musik – ich beginne, das Tonband aufzubauen, dann stellt er das Radio ab, meint, das wäre wohl besser und setzt sich.

Ich frage ihn zunächst, was er denn wisse, was ihm Frau Dr. L. über unsere Untersuchung gesagt habe. Darauf er: Er wisse gar nichts, da sollte jemand kommen, um ein paar Fragen zu stellen über Drogenmißbrauch oder so. Ich erkläre ihm daraufhin, daß es nicht nur darum ginge, sondern insgesamt um den Zusammenhang von Gesundheit und Lebensproblemen und daß ich mit ihm Gespräche führen möchte. Ich habe schon hier den Eindruck, daß der Mann nicht sehr motiviert ist, etwas von sich zu erzählen, er wirkt auf mich sehr unentschieden, nicht unfreundlich, aber untergründig mißtrauisch. Ich habe Schwierigkeiten, ein Gefühl für ihn zu entwickeln und bin schon jetzt ein wenig ratlos. Von seiner äußeren Erscheinung her – der Mann ist ziemlich groß, kräftig, aber nicht dick und hat ein etwas breitflächiges, angebräuntes Gesicht mit hellen Augen – wirkt er eher wie ein braver junger Familienvater.

Er beginnt dann zu erzählen, daß er früher geraucht habe, so zwanzig bis 25 Zigaretten am Tag, dies vor zwei Jahren jedoch aufgegeben habe. Der Anlaß dafür sei gewesen, daß ihm so oft schwindelig wurde, wenn er mal lange stehen mußte (z. B. beim Anstehen im Schwimmbad) oder es ihm schwarz vor den Augen wurde, wenn er sich mal gebückt hat. Es sei ihm anfangs nicht leicht gefallen, er habe – was er sonst selten tue – oft vom Rauchen geträumt (er erwähnt dabei die Schuldgefühle im Halbschlaf), jetzt wäre aber alles in Ordnung. Trotzdem wisse er nicht so genau, ob er standhalten könne, wenn er sich mal zu einer Zigarette hinreißen lassen würde.

Auffällig in dieser Erzählsequenz (das passiert dann später häufiger) ist, daß er sich beim Erzählen kurzfristig ziemlich engagiert, dann aber sehr schnell abschlafft – wie eine Quelle, die sprudelt, dann aber plötzlich versiegt. Dieses Verhalten bringt mich dann immer in eine Situation, in der ich mich unter Druck fühle und ich die Empfindung habe, es liege jetzt ganz in meinen Händen, ob ich die Situation fortsetze oder ob ich abbreche. Das heißt, ich habe dann eigentlich versucht, weiterzumachen – ich hatte aber stets das Gefühl, neu beginnen zu müssen – so, als hätte sich nichts Tragfähiges entwickelt in der Beziehung.

Ich frage also weiter nach seinem sonstigen Wohlbefinden, worauf er mir erzählt, er habe es früher (vor sechs Jahren) auch mal am Magen gehabt – das sei aber streßbedingt gewesen, er sei auch nicht beim Arzt gewesen deswegen, er sei sowieso grundsätzlich gegen Medikamente. Er führt den Streß auf die hektische Arbeit zurück, wo er als Kundendienstmonteur fahren mußte und er mehr gestanden sei im dicken Verkehr als gefahren. Ich frage nach seinen jetztigen Arbeitsbedingungen. Er hat inzwischen gewechselt, arbeitet an seinem Wohnort in einem Kraftwerk als Schlosser und fühlt sich dort nicht so unter Zeitdruck. Außerdem sei es hier insgesamt viel ruhiger. Ich will wissen, wie es mit dem Alkohol ist, worauf er zunächst gar nicht anspringen will, dann aber meint, er trinke nicht besonders viel, so drei bis vier Flaschen Bier am Tag – was anderes sei ja auch nicht drin, vom Betrieb aus nicht. Er redet in diesem Zusammenhang vom „Gesellschafts"trinken, er macht halt gerne mit, wenn seine Kollegen trinken. Alles aber in Maßen. Auf meine Frage, ob seine Frau was dagegen habe, meint er in einer etwas seufzenden Manier: „Ach, meine Frau, die trinkt nichts, nicht mal 'ne halbe Flasche Cola." Im Zusammenhang damit bemerkt er, daß er hier wenig Kontakt hat – hier sei nichts los, die Kollegen wolle man auch nicht dauernd sehen.

Mit 27 Jahren – so erfahre ich – heiratete er seine Frau, die er in F. kennenlernte und zog mit ihr an ihren Heimatort. Früher hat er in F. gelebt, wo er mehr Kontakte hatte. Unter dem Großstadtleben versteht er Bars, Kneipen, Discos, „da wußte man immer, wo man hingehen konnte." In F. sei mehr geraucht, getrunken und vor allem gegessen worden. Mir entsteht bei diesen Erzählungen das Bild von einem Lotterleben als Junggeselle, voll von Genüssen, die er sich jetzt nicht mehr so gestattet. Gleichzeitig wirkt er aber gar nicht so lasterhaft, obwohl er das Wort „Laster" im Zusammenhang mit seinem Trinken erwähnt. Ich habe den Eindruck, daß er in der Männerszene extrem verführbar sein kann, daß also die Initiative gar nicht so sehr von ihm ausgeht. Während der Zeit in F. wars auch so schlimm mit seinem Magen. Auch hier ist er bereits öfter ohnmächtig geworden. Das sei stets in Situationen gewesen, in denen er aufgeregt war. Ihm fällt dabei ein, daß „es" ihm an seinem jetzigen Wohnort vor eineinhalb Jahren auch wieder passiert sei: Er habe ein flaues Gefühl im Magen bekommen und sei dann ohnmächtig umgefallen, wobei es ihm hinterher so ginge, als sei nichts gewesen. Diese Zustände – so erzählt er – habe er wohl immer, wenn er sich ein neues Auto kaufen wolle. Seine Frau sei damals auch hochschwanger gewesen. Der Zusammenhang von Ohnmacht, neuem Auto und schwangerer Frau fällt mir hier auf, irgendwie scheint es um Potenz, Aufregung und Sexualität zu gehen. Ich frage ihn, ob er die Symptome in seiner Kindheit auch schon hatte, was er verneint. Seinem Onkel sei es so gegangen, der habe auch Schwindelanfälle gehabt. Er selbst, das falle ihm jetzt ein, habe das zum ersten Mal in der Bundeswehrzeit gehabt. Er führt die Ohnmachten dann auf das lange Stehen in voller Montur bei Hitze zurück. Außerdem sagt er, es könne am Rauchen und der Ernährung gelegen haben. Ich meine daraufhin, vielleicht fühle er sich ja manchmal überfordert und sehr unter Druck, das staue sich bei ihm dann möglicherweise an. Ich spiegele ihm dabei meinen Eindruck von ihm in der Situation zurück, nämlich daß ich ihn als einen gut kontrollierten Menschen empfin-

de, der lange braucht, um die Fassung zu verlieren, der vielleicht auch viel in sich anstaut, und dann käme es vielleicht abrupt. Für mich stellte diese Intervention den Versuch dar, einmal zu testen, was eine solche situationsbezogene Bemerkung in ihm auslöst. Ich wollte sehen, ob ich nicht doch ein bißchen mehr an ihn rankomme. Seine im Stil der Bejahung vorgetragene Antwort war, er sei nicht schnell zu beleidigen.
Ich versuche dann, an seine Kindheit anzuknüpfen: Er mußte schon früh spuren, er war der letzte, d. h. jüngste von insgesamt fünf Geschwistern (Brüder + zwei, + vier, + 26; Schwester + acht). Der Vater ging immer auf Montage und kam nur alle vier Wochen nach Hause. Der älteste Bruder sei eine Art Onkel gewesen, tyrannisiert wurden er (und nach seinen Aussagen alle anderen Familienmitglieder auch) vor allem durch den vier Jahre älteren Bruder. Wenn der Vater mal da war, berichtete ihm die Mutter das Sündenregister der Kinder; dabei lernte er den selten anwesenden Vater auch nicht von der besten Seite kennen. Bemerkenswert ist, daß der Vater – immer wenn er nach Hause kam – sich als Friseur betätigte und die Haare der Kinder „rupfte". Auf meine Frage, ob ihm denn die väterliche Zuwendung nicht gefehlt habe, meint er, das wisse er nicht, er habe es ja nicht anders gekannt, der Vater sei auch schon zu alt zum Spielen gewesen. Vielleicht sei er deswegen auch selbständiger geworden. Es habe ihm auch nichts ausgemacht, allein nach F. zu gehen. Ich erfahre außerdem, daß anläßlich der Tauglichkeitsuntersuchung für die Lehre sein damaliger Hausarzt ihm einen Herzklappenfehler bescheinigt habe. Das sei aber eine Fehldiagnose gewesen, wie sich später herausstellte. Die Mutter jedenfalls litt stets unter Herzanfällen, habe auch schon einige Infarkte hinter sich. Ihre Symptome besserten sich erst, als die Kinder dann nach und nach aus dem Haus gingen.
Ich interessiere mich für seine Enttäuschungen in der Kindheit, wobei ich merke, daß er eigentlich dabei an etwas anderes, nämlich spätere Kränkungen, denkt. Die Kinderzeit schiebt er auch eher beiseite. Der Vater sei immer schon auf Montage gefahren, wichtig war der Mutter ja auch, daß die Kasse stimmte. Auf dieses unglückliche Mißverhältnis von Geld und Anwesenheit angesprochen, meint er, darum sei er ja heute so sparsam. An dieser Stelle habe ich das Gefühl, daß seine Sparsamkeit auch einiges über die Art der ihm möglichen Beziehungen aussagt. Er hatte auch einige spätere Enttäuschungen: Er erwähnt ein Mädchen, eine Verlobung, die in die Brüche ging, dann eine Situation, in der er beim Autokaufen von raffgierigen Kreditinstituten übers Ohr gehauen wurde – das war alles in F. Hier habe ich den Eindruck, daß er sehr wenige Enttäuschungen bewältigt hat, auffällig ist mir auch wieder der Zusammenhang zwischen Auto, Mädchen und dem Übers-Ohr-gehauen-, Betrogenwerden. Er mache auch nicht gerne Schulden, andere kümmere das ja vielleicht wenig.
Wieder erschlafft das Gespräch. In diesem Augenblick hört man sein Kind an der Tür, was ihn zu der Bemerkung veranlaßt, der Kleine möchte wohl wissen, was hier drin los ist. Ich beende dann das Gespräch. Auch er meint, er wüßte nicht, was das solle. Ich meine auch, ich sei etwas ratlos, weil ich nicht das Gefühl hätte, daß er wirklich reden wolle. Er meint, er wisse ja auch gar nicht, warum ich das mache, worauf ich ihm nochmal ausführlich den Zusammenhang der Untersuchung erläutere. Er versteht die Zielsetzung dann, führt aber an, die Frau Dr. L. habe etwas von „Drogeninstitut" und „Ausfragen" gesagt. Ich bin ziemlich entsetzt und geneigt, dieses Mißverständnis der Frau Dr. L. in die Schuhe zu schieben, habe aber den Eindruck, daß das Mißverständnis auch an ihm liegt. Ich vereinbare mit ihm, daß wir das Gespräch auf uns wirken lassen sollten und daß ich ihn nochmals anrufe, damit wir entscheiden können, ob wir noch einen zweiten Termin ausmachen. Ich fühle mich so richtig als Eindringling, abgewiesen und ratlos. Beim Hinausgehen sehe ich seine Frau im Kinderzimmer, grüße sie kurz und fühle mich bemüßigt, darauf zu verweisen, daß ich jetzt ginge.
Ich rufe Herrn D. wie vereinbart am darauffolgenden Dienstag an. Er wirkt sehr aufgeräumt und erklärt sich zu einem weiteren Gespräch bereit. Als es um die Aushandlung eines Termins geht, sagt er – und das bekomme ich am Telefon mit – zu seiner Frau:

„Gell, das junge Fräulein kann doch am Donnerstag kommen, da kannst Du dann mit dem Kind rausgehen." Ich stutze etwas anläßlich dieser mir zu Ohren gekommenen Verniedlichung.

Zweites Gespräch:

Ich komme zum zweiten Gespräch gut eine halbe Stunde zu spät, weil ich bei schlechtem Wetter in einen Stau geraten bin. Mit etwas schlechtem Gewissen klingele ich, niemand öffnet. Ich schaue mich etwas ratlos um und entdecke dann von weitem einen Mann mit einem Kind auf dem Arm, der auf mich zukommt. Ich glaube, Herrn D. zu erkennen und gehe auf ihn zu, begrüße ihn und entschuldige mich für mein Zuspätkommen. Er tut so, als sei dies ganz nebensächlich, meint nur, wir müßten auf seine Frau warten, die mit dem Fahrrad in den Regen gekommen sei. Im Wohnzimmer schließe ich in der Zwischenzeit schon mal das Gerät an, er schaut mit dem Kind auf dem Arm zum Fenster hinaus. Es dauert eine Weile, bis die Frau kommt. Sie begrüßt ihn dann im Flur und erzählt sprudelnd, wie es ihr mit dem Fahrrad ergangen sei – ich habe den Eindruck, sie weiß gar nicht, daß ich da bin. Er sagt auch dazu weiter nichts und kommt dann ins Wohnzimmer, schließt die Tür und setzt sich hin. Er wirkt freundlich und sieht mich an: „Ja, fragen Sie, ich weiß nicht, was es noch zu erzählen gibt." Schon hier wird mir wieder klar, daß diese Situation ähnlich zäh verlaufen wird wie die letzte.
Ich bemühe mich, einen Anfang zu finden und meine, er habe ja das letztemal einiges gesagt übers Rauchen, Trinken, seine Magengeschichten und Ohnmachten. Darauf wiederholt er, daß er ja aufgehört habe mit dem Rauchen. Ich bleibe etwas bei diesem Thema und versuche noch genauer herauszufinden, was die Gründe für das Aufhören waren und ob es, da er ja manchmal davon geträumt habe, ihm heute noch schwerfalle, nicht zur Zigarette zu greifen. Er sieht das zunächst ganz harmlos: Er habe einfach so aufgehört und heute habe er kein Verlangen mehr. Damit bricht die Sequenz wieder ab und ich starte einen neuen Versuch, den Faden wieder aufzunehmen: Er habe sich doch für das Drogenthema interessiert, das müsse doch einen Grund haben. Darauf gesteht er zu, daß er wohl die Befürchtung hatte, von den Zigaretten abhängig zu werden, das wolle er nicht. Außerdem habe er einen in der Familie, der drogensüchtig sei und anläßlich dessen habe er sich seine Gedanken gemacht. Ich will dann wissen, um wen es sich dabei handelt, habe bei dieser Frage aber gleichzeitig das Gefühl, seine mir signalisierte Distanz zu unterlaufen. Noch stärker als beim letztenmal vermittelt er mir das Gefühl, kein Recht auf solch intime Fragen zu haben. Es kommt dann heraus, daß es sich bei dem Abhängigen um seinen Neffen handelt. Hier bricht das Gespräch zunächst wieder ab, d. h. es entsteht eine Pause, die nicht einen bedeutungsschwangeren, sondern eher einen leeren Charakter hat. Ich versuche, einige Fäden aus dem letzten Gespräch wieder aufzunehmen, spreche nochmals die Alkoholproblematik an. Hier wehrt er sich heftig gegen den bei mir entstandenen Eindruck regelmäßigen Trinkens. Hatte er mir beim letztenmal noch von drei bis vier Flaschen täglich erzählt, so reduziert sich jetzt sein Hang zum Alkohol auf monatliche Geburtstagsfeiern. Auf das Trinken im Betrieb angesprochen, meint er, er sei da dagegen, da werde man so müde und dumpf, er wolle schließlich etwas von seinem Tag und der Familie haben. Immer könne man sich allerdings nicht entziehen. Ich komme dann nochmal auf den Übergang vor sechs Jahren zu sprechen, auf das muntere Stadtleben, das er aufgegeben habe: Dafür – so meint er – könne er hier viel Sport treiben; er schildert dann seine diversen Aktivitäten: Segeln, Schlittschuhlaufen, Radfahren, Skilaufen und vieles andere mehr.
Mit Arbeitskollegen will er nicht viel außerhalb der Arbeit machen, weil er fürchtet, daß es zu Streitsituationen kommen könne. Auf meine Frage, wie er das meine, erzählt er von einer Geschichte, die er gehört hat, wo es zwischen zwei Arbeitskollegen zum Streit

gekommen sei. Er vermeide das lieber dadurch, daß man sich nicht so häufig sehe. Ich meine darauf, er beuge wohl möglichen Enttäuschungen vor und frage, wie er das denn in seiner Ehe mache. Darauf er: Er könne sich z. B. nicht vorstellen, mit seiner Frau am selben Arbeitsplatz zu sein, das wäre zuviel. Er sei auch vor kurzem vierzehn Tage allein Skifahren gewesen, zuviel Zusammensein tue nicht gut, das habe er schon mal erlebt, wie das in Streitereien geendet habe. Er spielt dabei auf eine Frau an, mit der er in F. bereits zusammengewohnt habe. Aus dem letzten Gespräch weiß ich, daß es sich um seine frühere Verlobte handelt – ich versuche, daran anzuknüpfen, stoße aber auf Widerstand. Aufs Neue habe ich das Gefühl, eigentlich nicht weiter fragen zu dürfen. Das Gespräch versiegt wieder.
Ich gehe dann nochmal auf seine Ohnmachten und die darin möglicherweise sich äußernden Gefühle z. B. von Ärger ein, worauf er von einer Szene berichtet, die ihm in der Zwischenzeit unserer Gespräche eingefallen sei: Das erste Mal sei „es" im Alter von zwölf Jahren aufgetreten. Er war damals mit Freunden beim Schwimmen und es ging darum, bestimmte Scheine zu erwerben, da habe er sich sehr angestrengt. Anschließend seien sie in so eine Art Spielhölle gegangen, und da mußte er schnell rausgehen, sonst wäre er wohl umgekippt. Er spricht von einer Art Platzangst: niedrige Decke, zuviele Leute. Ich versuche mir die anderen Szenen dazu vorzustellen (Autokauf, Schwangerschaft, Bundeswehr, Hitze) und suche nach Gemeinsamkeiten. Ich habe aber bloß ein diffuses Bild von Männergemeinschaft, womit ich noch wenig anfangen kann.
Ich verweise nochmal darauf, daß das mit der Ohnmacht so eine Sache sei, weil er sich nicht sicher sein könne, wann dieses Symptom wieder auftrete. Dabei erfahre ich, daß er inzwischen schon ein wenig vorbeugt; er stellt sich im Schwimmbad nicht mehr an, wenn die Schlange lang ist etc.. Im Zusammenhang seiner heimlichen Befürchtungen, auf die ich hinaus will, erzählt er von der Phantasie, evtl. auch mal später Krebs zu bekommen. Sein Vater und sein Onkel wären davon heimgesucht. Ich spreche daraufhin an, daß er trotz seiner großen Bemühungen, alles im Griff haben zu wollen, doch befürchtet, daß sich in ihm irgendetwas unkontrolliert tut. Er kommt dann von selbst darauf, daß er Ärger oft schluckt. Auf meine Frage, warum er seinen Ärger nicht zeige, meint er, dann würden sich die anderen ja freuen. Ich bemerke dann: „Sie denken das, weil es Ihnen selbst so geht", worauf er lacht und von Späßen berichtet, die im Betrieb mit anderen getrieben würden, die sich dann ärgerten. Wieder – meine ich – beuge er lieber vor. Hier habe ich das Gefühl, daß er mal was von sich gezeigt hat – seine eigene Schadenfreude.
Schnell ist jedoch seine Normalfassade wieder hergestellt und er bricht ab: „Ja, ich weiß nicht, was jetzt noch" und ob ich noch Fragen hätte. Nach einer längeren Pause sage ich dann, es sei so schwierig, ihn etwas zu fragen, weil er so gesund sei. Ich hätte auch keine vorfabrizierten Fragen. Er versicherte mir daraufhin, er sei ein ganz normaler Mensch mit keinen außergewöhnlichen Erfahrungen. Ich beende das Gespräch mit dem Gefühl, nicht nochmal wiederkommen zu wollen. Ich gebe Herrn D. meine Telefonnummer und sage ihm, daß er, wenn ihm noch was einfalle und wenn er nochmal Lust habe, mich ja anrufen könne. Ich füge hinzu, ich wolle ihn auch nicht ausfragen, er müsse schon Lust haben, auch zu reden, worauf er meint: Wenn er die nicht gehabt hätte, hätte er sich nicht bereit erklärt. Ich bedanke mich bei ihm und verabschiede mich.

Interpretation

1. Primärer Krankheitsgewinn

Herr D. präsentiert eine Reihe von Symptomen, die seinem Selbstverständnis nach zwar teilweise der Vergangenheit angehören, ihn jedoch innerlich auch in der Gegenwart weiter beschäftigen. Früher als Junggeselle hatte er Magenkrämpfe, diese waren seiner Einschätzung nach streßbedingt. Er leidet außerdem zeitweilig – auch heute noch – an Ohnmachten stets in Situationen, in denen er unter Druck steht und es ihm gleichsam zu heiß wird. Früher hat er stark geraucht, hat dies aus gesundheitlichen Gründen aufgegeben; das Thema wühlt jedoch untergründig in ihm weiter: Er hält sich immer noch für verführbar und gefährdet. Obwohl er andere Suchttendenzen von der Hand weist, hinterläßt sein Umgang mit dem Thema Alkohol während des Interviews den Eindruck, daß er öfter mehr trinkt als er sich und anderen zugestehen will. Ein Großteil der Symptomatik verweist auf ein orales Abhängigkeitsmuster, das ihm offensichtlich Angst macht. Er hat versucht, diese Tendenzen ein Stück weit unter Kontrolle zu bringen, letztendlich traut er jedoch seinen Disziplinierungsbemühungen nicht – wohl auch, weil ihm dabei die Verzichtsleistung so stark bewußt ist. In gewisser Weise trauert er seiner „wilden" Junggesellenzeit in der Großstadt nach, von seinem jetzigen Leben in der Kleinstadt scheint er innerlich nicht so recht überzeugt. Obwohl er sich selbst als sparsamen Menschen einführt, ist sein Hang zu exzessiverem Leben offenkundig: Vor allem das Konsumthema (Essen, Trinken, Rauchen) ist hochbesetzt – hierin spiegelt sich die Angst vor Unterversorgung und Zu-kurz-kommen.

Das lebensgeschichtliche Motiv für diese Befürchtungen findet sich in der Beschreibung des Elternhauses: Die Mutter hatte nicht viel Zeit für die Kinder übrig, sie mußte ein großes Haus in Ordnung halten. Ihre Überlastung äußerte sich in Herzanfällen, die erst nachließen, als die Kinder aus dem Haus gingen. Offensichtlich war sie den Anforderungen und der Lebendigkeit ihrer fünf Kinder (vier Söhne, eine Tochter) nicht gewachsen; sie ließ den Vater, der wegen seiner Montagetätigkeit nur alle vier Wochen nach Hause kam, dann für Ordnung sorgen, zählte diesem das Sündenregister der Kinder auf. Herrn D.s Erinnerungen beschränken sich allein auf die strenge Seite des Vaters: Er stand für Drill und Disziplin („Haare rupfen").

Das Versorgungsthema und die daraus resultierenden Wünsche bzw. Abwehrmanöver sind bei Herrn D. aber noch von einer anderen, um die ödipale Thematik kreisenden Konfliktebene überlagert, den geheimen Motiven seiner Ohnmachtstendenzen: Er scheut brenzlige Situationen, in denen er verführt werden könnte und zieht sich durch Umfallen gleichsam aus dem Verkehr, bevor es zum Überschießen seiner angstbesetzten Wünsche kommt.

Sicherlich deuten jene unterdrückten Tendenzen auch auf das Verhältnis zu den älteren Geschwistern hin: Die „Spielhölle", aus der er, um sich vor der Ohnmacht zu schützen, im Pubertätsalter entfloh, steht in gewisser Weise für die gefährlichen Nähewünsche unter den Brüdern (vgl. auch das Umfallen während der Bundeswehrzeit). Die Angst vor homosexueller Verführung – die besondere Anfälligkeit in Männergemeinschaften (vgl. Herrn D.s Äußerungen zum Rauchen und Trinken am Arbeitsplatz und zu den sportlichen Aktivitäten) verweisen auf eine ebenfalls im Symptom vertretene mütterliche Identifikationslinie, die sich in dem bei ihm vermuteten, irrtümlich diagnostizierten Herzklappenfehler weiter fortsetzt. Die Mutter schützte sich in ihren Herzanfällen ja auch in gewisser Weise vor der Lebendigkeit, ja Triebhaftigkeit ihrer Kinder – und man kann vermuten vor allem den inzestuösen

Wünschen der Söhne. Darüber hinaus gilt Herrn D. das mütterliche Vorbild als allgemeine Form der Triebkontrolle immer dann, wenn es sich um verpönte, angstbesetzte Wünsche handelt, die psychisch nicht mehr verarbeitet werden können. Auf den ödipalen Konflikt bezogen kastriert sich Herr D. im Symptom der Ohnmacht gleichsam ein Stück weit selbst und meidet so den psychischen Rivalitätskonflikt mit dem Vater bzw. den älteren Brüdern. Statt Angst zu empfinden, ist er im Extremfall nicht mehr bei Bewußtsein.

Offensichtlich hat Herr D. über die Internalisierung des väterlichen Bildes nur die strafende, verbietende Seite des über-Ichs realisieren können, die sich auch in seinen Disziplin-, Sparsamkeits- und Leistungstendenzen (insbesondere beim Sport) wiederfindet. Die überschüssigen Ängste, es könnte doch noch etwas unkontrolliert in ihm wuchern, äußern sich in den Phantasien, vielleicht an Krebs zu erkranken oder womöglich doch körperlich süchtig zu sein, welche wiederum vom psychischen Konflikterleben ablenken. Herr D. läßt sich so als Phobiker charakterisieren, der vermeidet, verleugnet und somatisiert, um seine verpönten Wünsche unter Kontrolle zu halten.

Diese Bemühungen zeigten sich auch in der Interviewsituation, in der es äußerst schwierig war, ihn zu offenen, gefühlsbetonten Äußerungen zu bewegen. Offensichtlich hat Herr D. das Gespräch als Verführungsangebot erlebt und dagegen seine bewährten Abwehrstrategien der Sparsamkeit und Selbstkontrolle mobilisiert. Darüber hinaus war auch die Phantasie im Spiel, die Interviewerin könne ihn ausfragen und damit Macht über ihn gewinnen. Der befürchteten Geständnissituation hat er darum ebenfalls vorgebeugt.

2. Sekundärer Krankheitsgewinn

Herr D. hat durch seine Eheschließung und dem damit verbundenen Umzug aufs Land seine triebhaften Überschüsse einzudämmen versucht: Seine Frau hat ihn gleichsam dem Sündenpfuhl der Großstadt entrissen und ist darüber seinen Wünschen nach Selbstkontrolle entgegengekommen. Im familialen Bereich hat er sich also einen psychosozialen Zusammenhang ‚gesucht', der seine Abwehrtendenzen stabilisiert.

Mit seinen Ohnmachtssymptomen macht er seine Umgebung indirekt darauf aufmerksam, daß er eigentlich Hilfe braucht. Er signalisiert in dieser Position Abhängigkeits- und Beziehungswünsche, die er sich bei vollem Bewußtsein kaum gestatten darf. Dieses auffällige Symptom ist ihm aber auch peinlich – zumindest in der Öffentlichkeit. Darum versucht er auch, so gut es geht, dem Umfallen vorzubeugen: Wenn er beispielsweise im Schwimmbad, wo es ihn in der Hitze oftmals überfällt, die ersten Anzeichen, nämlich das flaue Gefühl im Magen verspürt (in seinen Worten „kurz davor ist"), geht er schnell unter die kalte Dusche (!). Im Umgang mit dem Symptom zeigt sich wiederum dessen untergründiger Sinn – ja Symbolgehalt: Die Abkühlung unter der Dusche erscheint als Ersatzhandlung für die psychische Verarbeitung verpönter, peinlicher, sexueller Wünsche. (Die Interpretation dieses

Zusammenhangs wurde durch Detailinformationen möglich, die aus dem Abhören der Tonbänder stammen.)

Die Anerkennung seines Leidens von seiten des medizinischen Versorgungssystems scheint für Herrn D. hingegen keine so bedeutende Rolle zu spielen. Er geht selten zum Arzt und hat auch nichts für Tabletten übrig. Hingegen bilden die Symptome für ihn eine stete Quelle heimlicher Befürchtungen, die sich auch auf das Drogen- bzw. Suchtthema erstrecken. Seine Phantasien, entgegen allen Kontrollbemühungen doch womöglich körperlich süchtig zu sein oder aber an irgendeiner geheimnisvollen Krankheit leiden zu können („man kann ja nie wissen"), entfernen ihn dabei wiederum von lebensgeschichtlich bedeutsamen Beziehungskonflikten (s. o.).

Zu den besonderen sekundären Gratifikationen symptomatischen bzw. risikohaften Verhaltens gehört hier, daß Herr D. sich durch den Alkohol- und (früheren) Zigarettenkonsum die Beziehung zum gleichen Geschlecht – die Anerkennung in der Männergemeinschaft – am Arbeitsplatz und in der Freizeit sichert. Obwohl er zuweilen auch Versuche unternimmt, sich von den „Konsum"gewohnheiten seiner Kollegen abzugrenzen, also die Suchttendenzen ein Stück weit kontrollieren möchte, bleibt er im Prinzip anfällig für die Verführungen dieses besonderen Milieus: Da muß man mithalten können, um seine Wertschätzung nicht einzubüßen.

Die Struktur seines Arbeitsplatzes, wo – nach seinen eigenen Worten – nichts produziert, sondern nur repariert, instandgesetzt wird und es dabei viele Leerläufe gibt, scheint dem kollektiven passiven Bewältigungsmuster Sucht hier entgegenzukommen. Auf dieser Ebene wie auch auf der Ebene sozialer und geschlechtsspezifischer Normierungen ist es sicherlich auch allgemein schwerer, sich zu entziehen als im Bereich des Privaten.

Der erfahrenen Fremdkontrolle und dem Gefühl des in gewisser Weise Ausgeliefertseins setzt Herr D. in der Freizeit sportliche Aktivitäten entgegen: Hier ist es bedeutsam, daß er sich selbst in der Hand hat bzw. seinen Körper voll kontrolliert. Hier ist bei ihm auch der Ort, wo es um Einsatzfähigkeit, Durchhaltevermögen, siegreiche Konkurrenz und Höchstleistung geht. Man gewinnt den Eindruck, daß die sportliche Selbstbeherrschung sowohl die latente Unzufriedenheit mit dem Beruf („Hier wird nichts produziert") wie auch ein Stück weit die triebhaften Gefährdungen, denen er unter Arbeitskollegen ausgesetzt ist, kompensieren soll.

3. Veränderungschancen

Herr D. konnte sich auf die Gesprächssituationen mit der Interviewerin nicht einlassen. Ihm war daran gelegen, die Kontrolle zu behalten, dabei konnte sich kein Vertrauen entwickeln. Dort, wo es ernst wurde, hat er sich auch im Interview entzogen. Das ging sogar so weit, daß er Aussagen übers Trinken im ersten Gespräch während des zweiten Gesprächs indirekt zurücknahm. Die Interviewerin fühlte sich regelrecht ausgetrickst. Im Sinne einer Flucht nach vorn vor drohender Gefahr hat er dabei die Strategie gewählt, die er selbst am meisten fürchtet: Er verlegte sich aufs unfaire Spiel und arbeitete mit Tricks, um sich vor einer Niederlage zu schützen. Der in diesem Sinn strategische Charakter der Gesprächssituation, das Vorherrschen des Kontrollinteresses macht offenkundig, daß es Herrn D. schwerfällt, sich in der Beziehung zu einem anderen mit seinen seelischen Problemen zu konfrontieren.

Daß dennoch solche Wünsche existieren und ihn sicherlich auch mehr beschäftigen, als er anderen und insbesondere seiner jetzigen Umgebung zugestehen will, läßt sich seinen Erzählungen aus der Zeit des Großstadtlebens und den wenigen Bemerkungen entnehmen, die er zu seiner momentanen häuslichen Situation machte. Zudem hat er sich ja – wennzwar mit unangemessenem Verständnis („Ausfragen") zunächst auch auf die Interviewsequenz eingelassen. Womöglich wäre es ihm im zweiten Gespräch leichter gefallen, diese Seiten stärker preiszugeben, wenn er seine ursprüngliche Vorstellung, nämlich zu dieser Zeit seine Frau aus dem Hause zu schicken – hätte realisieren können. Bemerkenswerterweise kam die Interviewerin zu diesem Termin – aus verständlichen Gründen zwar (s. o.) – jedoch zu spät. Womöglich hat sich seine Enttäuschung über das verhinderte Arrangement im zweiten Interview bereits blockierend ausgewirkt. Auf ein drittes Gespräch wollte Herr D. sich dann nicht mehr einlassen. Hier wie in anderen Fällen stark kontrollierten Verhaltens ist die Vermutung angebracht, daß eine außerhäusliche Interviewsituation sich sicherlich entlastend ausgewirkt hätte. Möglicherweise wäre Herrn D.s andere Seite mehr zum Zuge gekommen, wenn die Ehefrau, die ja seine Kontrollbedürfnisse absichert, nicht in der Nähe gewesen wäre.

Dem Sinn seiner Symptome in einem gemeinsam-aufklärenden Gespräch auf die Spur zu kommen, würde indes allgemein voraussetzen, einen Rahmen anzubieten, der ihm einen weniger strengen Blick auf sich selbst gestattet und gleichzeitig seine Bemühungen um Kontrolle anerkennt. Anknüpfen läßt sich bei dieser Form der Konfliktverarbeitung stets auch an kognitive Potentiale: Zusammenhänge zwischen körperlichem Symptom und spezifischen Konflikten sind Herrn D. durchaus zugänglich. Von daher dürften auch bloß kognitiv angelegte Präventionsstrategien gesundheitlichen Risikoverhaltens bei ihm auf eine passende Struktur treffen. Immerhin läßt er sich ja handlungsrelevant vom Wissen über die gesundheitsschädlichen Folgen beispielsweise des Rauchens beeinflussen. Wie doppeldeutig diese Bedürfnisse nach Selbstkontrolle indes sind, zeigt sich darin, daß sein Problem damit noch nicht gelöst ist: Zeitweiliges Einstellen seines Risikoverhaltens verhindert es nicht, daß das Bedürfnis ihn stets untergründig beschäftigt oder sich andere Bahnen sucht (Alkohol/Krebsangst).

Vermutlich wäre der Komplex Risikoverhalten auch gemildert, wenn die sozialen bzw. geschlechtsspezifischen Normierungen geselligen Verhaltens am Arbeitsplatz und in der Freizeit nicht in Richtung Alkohol- und Zigarettenkonsum programmiert wären. Eine solche Sichtweise darf indes nicht vernachlässigen, daß es sich bei den allgemeinen Suchttendenzen sowohl kollektiv wie individuell ja um – wennzwar defizitäre – jedoch auch fungierende Bewältigungsformen innerer wie äußerer sozialer Realität handelt. Hier käme es dann entscheidend darauf an, daß auf den verschiedensten Ebenen alternative eben nicht regressive Handlungsmöglichkeiten sichtbar werden bzw. realisierbar erschienen. Dazu gehörte im Einzelfall auch (hier bezogen auf die Problematik von Herrn D.) eine – etwa durch ein Beratungsangebot zunächst von außen stimulierte – kommunikative Selbstverständigung über den lebensgeschichtlichen und aktuell-situativen Sinn seiner im Risikoverhalten und anderen Symptomen sich manifestierenden Konflikte.

Falldokumentation 2

Herr L., 44 Jahre, Elektriker, ein Kind

Bei der telefonischen Kontaktaufnahme ist Herr L. nicht zu sprechen, weil er sich in seinem Garten aufhält. Seine Frau sagt mir aber, sie sei unterrichtet und könne für ihren Mann einen Termin ausmachen. Dies erweckt bei mir die Befürchtung, daß sich Frau L. am Gespräch beteiligen möchte.

Erstes Gespräch:

Herr L. öffnet mir selbst die Tür. Frau und Tochter kommen kurz darauf zur Begrüßung hinzu. Ich werde sehr respektvoll und mit gewandten Umgangsformen empfangen. Frau L. kocht noch Kaffee und zieht sich dann mit der Tochter ins Wohnzimmer zurück.
Herr L. ist über die Untersuchungsbedingungen informiert, zählt sie selbst kurz auf, interessiert sich aber etwas mißtrauisch noch eingehender für die Fragestellung. Vor allem aber scheint es ihn zu beunruhigen, daß gerade er angesprochen wurde. Nach meinen Erläuterungen meint Herr L., bisher nur gute Erfahrungen mit Ärzten gemacht zu haben, zumal er nie ernstlich krank gewesen sei. Zu den verbleibenden Kleinigkeiten rechnet er sein Sodbrennen, das besonders durch Ärger am Arbeitsplatz entsteht. Einmal hatte er auch zu hohen Blutdruck, der sich durch Kopfschmerzen bemerkbar machte. Seitdem schränkt er Kaffee – und Alkoholgenuß ein, was ihm nicht schwerfällt, weil sich seine Frau ebenfalls aus gesundheitlichen Gründen daran beteiligt.
Im Alter zwischen ca. 25 und 30 Jahren arbeitete Herr L. auf Montage. Damals war er Junggeselle und „nicht abhängig". Er meint, Familie und Montage vereinbarten sich nicht. Deshalb wollte er nach der Heirat eine Arbeit, in der er „fest drin" sein konnte. Seitdem ist er im Öffentlichen Dienst beschäftigt. Auf Montage arbeitete er mitunter 18 bis 20 Stunden pro Tag. Trotzdem hat es ihm Spaß gemacht, weil er noch jung war und viel dabei lernte. Weil er sich in seinem Elternhaus um nichts zu kümmern brauchte, beanspruchte ihn in seinem Junggesellendasein die selbständige Sorge um Kleidung und Essen derart, daß er stets die Gefahr der Verwahrlosung empfand. Demgegenüber bezeichnet Herr L. sein heutiges Leben als bequemer. Seine ebenfalls berufstätige Frau ist allein für den Haushalt zuständig, während er den Garten besorgt. Bei seiner heutigen Tätigkeit als Elektriker im Außendienst ist er jedoch ähnlich wie damals ständig unterwegs, „so gut wie freiberuflich". Mit den Kollegen gibt es keine Schwierigkeiten, weil jeder weiß, was er zu machen hat. In der Freizeit werden zudem quasi freundschaftliche Kontakte gepflegt.
Im Alter von 24 Jahren verließ Herr L. die DDR. Als Grund nennt er Abenteuerlust. Die Frage, ob er auch aus dem Elternhaus wegwollte, verneint er, denn er habe ein schönes Zuhause gehabt. Herr L. wurde nach der Schule in einem Großbetrieb als Hutmacher ausgebildet, wollte aber eigentlich Fleischer werden. Die Eltern verweigerten ihm aber die Erlaubnis zur Ausbildung mit der Begründung, wegen seiner geringen Körpergröße sei er auf dem Schlachthof zwischen den Kühen nicht mehr zu sehen. Weshalb er gerne Fleischer werden wollte, weiß Herr L. nicht mehr so genau; Hausschlachtungen haben ihn wohl dazu angeregt wie auch die Möglichkeit, günstig Fleisch zu bekommen. Nach der

Lehre verließ Herr L. die Fabrik, um im Freien (hauptsächlich auf Baustellen) arbeiten zu können. Er wechselte daraufhin noch öfter die Arbeitsstelle.
Das Abschaltgeräusch des Tonbandes registriert Herr L. ungewöhnlich aufmerksam. Er steht jetzt auf und holt sich zu meiner Überraschung Zigaretten. Er bietet mir eine Zigarette an und drängt mich auch zu einer weiteren Tasse Kaffee. Dann berichtet er von einer berufsgenossenschaftlichen Untersuchung, die etwas erhöhte Leberwerte ergab. Er stellt sich nun als mäßiger Trinker dar und führt das Untersuchungsergebnis auf gutes Essen und Trinken während der vorausgegangenen Feiertage zurück. Mit 15 Jahren hat Herr L. angefangen Bier zu trinken. Das Rauchen sei aber bei ca. 30 bis 40 Zigaretten am Tag sein einziges Laster. Das Gespräch dreht sich jetzt hauptsächlich ums Rauchen. Herr L. glaubt nicht, daß das Rauchen für Erkrankungen ausschlaggebend ist, sondern vielmehr die Umweltverschmutzung. Mit der Nahrung würden die meisten Schadstoffe aufgenommen. In seinem Betrieb jedenfalls weiß jeder, daß die Nichtraucher viel öfter krank sind als die Raucher.
Das Gespräch versandet immer mehr. Während Herr L. anfangs ausgesprochen ruhig und gefestigt wirkt, spielt er jetzt nervös und mit zitternden Händen mit dem Feuerzeug. Ich habe schon von vornherein das Gefühl, daß Herr L. unbedingt einen guten Eindruck machen möchte, und sich daher ausgesprochen konventionell äußert. Ich respektiere das, lasse ihn gewähren und vermeide es, seine Fassade in Frage zu stellen.
Zum Schluß frage ich Herrn L., ob ich noch mal kommen solle. Er bejaht zunächst, ihm werde sicher noch etwas einfallen, als es dann aber um den Termin geht, meint er, der sei zu früh, „bis dahin fällt mir noch nichts ein". So einigen wir uns, es bei einem Gespräch zu belassen.

Interpretation

1. Primärer Krankheitsgewinn

Herr L. lebt im Widerstreit gegensätzlicher Strebungen, zwischen dem Bemühen um konventionelle Biederkeit auf der einen und dem Wunsch nach freizügiger Unabhängigkeit auf der anderen Seite. Dieser Grundkonflikt begleitet seine Biographie und stellt sich auch aktuell in seinen verschiedenen Lebensbereichen dar: Bis zu seiner Heirat wechselte Herr L. häufig die Arbeitsstelle; nach der anfänglichen Fabrikarbeit, bei der er sich eingeschlossen fühlte, ging er zur Bautätigkeit im Freien über; später übersiedelte er in den „freien" Teil Deutschlands. Es folgte daraufhin die ungebundene und wechselhafte Zeit der Montagearbeit, als Herr L., wie er sagt, „nicht abhängig" war. „Fest drin" bzw. abhängig ist er, seit er verheiratet und deshalb im Öffentlichen Dienst tätig ist. Aber auch hier weiß er sich seine Unabhängigkeit zu wahren, denn seine feste Anstellung beinhaltet immer noch eine ausschließlich im Freien ausgeübte Tätigkeit. Seinen sicheren Arbeitsplatz definiert er deshalb als „quasi freiberuflich". In der Freizeit betätigt sich Herr L. im Garten, also wiederum im Freien.

Einen Hinweis auf seinen Abhängigkeitskonflikt, den Herr L. im Gespräch als Verhältnis von drinnen und draußen gestaltet, gibt er möglicherweise im Zusammenhang mit seinem ersten und eigentlichen Berufswunsch. In der merkwürdig anmutenden Begründung für Motivation und Scheitern der Berufswahl ist von Hausschlachtung die Rede und der Gefahr, zwischen dem Schlachtvieh unterzugehen.

Darin mag sich die Befürchtung ausdrücken, zu Hause unterzugehen, geschlachtet zu werden. Hausschlachtung stünde somit als Symbol für aggressiv erlebte Abhängigkeitsbeziehungen. In der mit Abenteuer assoziierten Flucht in die Bundesrepublik begehrt er auf, um dann nach der Heirat wieder in das ihm vertraute Schema zurückzufallen. Aus der Kindheit ist allerdings nur soviel bekannt, daß die Mutter offenbar eine totale häusliche Fürsorge entfaltete, die Herrn L. vermutlich alle Spielräume nahm. Diese Situation scheint sich in seiner Ehe zu wiederholen. Mit seinen exzessiven Strebungen lehnt sich Herr L. dagegen auf, sieht sich jedoch in Verwahrlosung enden und schützt sich im Bemühen, eine äußerlich intakte Lebensführung durchzusetzen.

Aus diesem Spannungsverhältnis wird seine Symptomatik verständlich (offenbar hoher Alkohol- und Zigarettenkonsum; Folgeerscheinungen; Nervosität und Sodbrennen). Insbesondere der Alkohol konfrontiert Herrn L. mit seinem Lebensproblem. Einerseits erlaubt ihm das Trinken, seinen Freiheitsdrang kompensatorisch zu leben, andererseits drohen dadurch Verwahrlosung und Zusammenbruch der spießbürgerlichen Fassade. Dies gilt fürs Rauchen nicht, das deshalb eher dazu dient, die aus der untergründigen Spannung resultierende Nervosität zu mindern.

2. Sekundärer Krankheitsgewinn

Die Ambivalenz von Freiheit und Abhängigkeit, von drinnen und draußen, ist sekundär nicht nur in der Form der Arbeit organisiert, sondern auch in der Ehe. Während sein Arbeitsplatz das Spannungsverhältnis von drinnen und draußen, von Sicherheit gewährender Abhängigkeit und mit Gefahr verbundener Freizügigkeit abbildet, führt die rigide Arbeitsteilung in der Ehe dazu, daß Herr L. sich auch in der Freizeit ausschließlich draußen betätigt, zugleich aber durch die Versorgungsleistungen der Frau in einer ähnlichen Abhängigkeit wie der von seiner Mutter gehalten wird. Sie sorgt für geordnete Verhältnisse in Familie und Haushalt, auch dadurch, daß sie aus gesundheitlichen Gründen zur Abstinenz verpflichtet ist. Außer der von Herrn L. arrangierten Funktion der Ehefrau veranlassen ihn anscheinend auch die genannten Folgesymptome des Alkohols zur Reduktion. Diese wirken somit verstärkend auf seine Bemühungen, den Alkoholkonsum im sozial akzeptierten Rahmen zu halten.

3. Veränderungschancen

Entsprechend den überaus ordentlichen Verhältnissen, in denen sich Herr L. präsentiert, bleibt auch das gesamte Gespräch auf der Oberfläche der Konvention, wozu auch die Interviewführung beiträgt. Dies ist als beiderseitige Reaktion auf die unter dem konventionellen Schein verborgenen gegenläufigen Tendenzen zu verstehen, die einen bedrohlichen, unheimlichen Untergrund abgeben. Dies wird insbesondere an der Vermeidung der für Herrn L. so brisanten Alkohol-Thematik deutlich.

Herr L. offenbart deshalb als erstes seine Befürchtung, der einzige zu sein, der herausgegriffen wurde, als sei etwas Verborgenes entdeckt und identifiziert worden. Seine Angst bleibt als untergründige Nervosität während des gesamten Gesprächs bestehen, äußert sich in motorischer Unruhe, während er zugleich einen ruhigen und selbstsicheren Eindruck vermittelt. Herr L. begründet außerdem seine Gesprächsbereitschaft damit, der Allgemeinheit dienen zu wollen, also das Gespräch auf allgemeiner Ebene belassen zu wollen, was dann auch geschieht. Als durch den Tonbandwechsel eine Gesprächszäsur entsteht, gestaltet Herr L. ums Rauchen und Kaffeetrinken eine Verführungsszene, findet dabei gleichsam einen Komplizen, was ihn dann soweit entlastet, daß er offener wird und mehr über das bisher verschwiegene Ausmaß seines Alkoholkonsums zugesteht. Die Verleugnung übernimmt aber jetzt die Interviewerin, die hartnäckig beim für Herrn L. unproblematischen Thema Rauchen bleibt und damit ihrerseits Widerstand gegen die untergründig spürbaren exzessiven Tendenzen entwickelt. Die Wahrung der Oberfläche im Interview spiegelt somit das Problem von Herrn L. wider. Den bedrohlichen Untergrund offenzulegen, hätte nicht nur bedeutet, den Sucht- und Verwahrlosungstendenzen Raum zu geben, sondern auch die diesen zugrunde liegende Abhängigkeitsproblematik in der Beziehung zuzulassen. So kommen in der Ambivalenz der Schlußszene Wunsch und Angst zu sprechen gleichermaßen zum Ausdruck.

Explizit läßt Herr L. keinerlei Problembewußtsein erkennen. In der hochgradigen Ambivalenz einer betont intakten Lebensführung, die von exzessiven Durchbrüchen bedroht ist, organisiert Herr L. sein Abhängigkeitsproblem. Das hinter der Normalfassade mühsam Verborgene darf nicht zum Thema werden, es ist im Gespräch lediglich szenisch präsent: In der Verführungsszene, der sich steigernden Nervosität und dem konstanten Verleugnen der Alkoholproblematik.

Allgemeine Typenbeschreibung

1. Primärer Krankheitsgewinn: Der lebensgeschichtliche Sinn der Symptome

Kennzeichnend für den Beziehungsstil des Typus Kontrolle ist es, im Gespräch das Bild des Normalen und Unauffälligen zu vermitteln. Bei denjenigen, die dieses Wunschbild von sich in der Realität nur unvollkommen herstellen können, bei denen also die Kontrolle weniger gut funktioniert, als es ihrem Selbstbild entspricht, sind Leugnen und Normalisieren üblich, vor allem dann, wenn es um den Mißbrauch von Suchtmitteln geht, die als Laster gefürchtet sind. Denn unter dem Anstrich des Lasters verbergen sich exzessive Strebungen und die Gefahr sozialer Desintegration.

Gemäß dem Grad der erreichten Selbstkontrolle finden wir, was das gesundheitliche Risikoverhalten angeht, zwei unterschiedliche Gruppen vor: Zwei Interviewte, Herr H. (31 Jahre alt, Handwerksmeister, zwei Kinder) und Herr K. (30 Jahre alt, Elektriker, ein Kind), bei denen kein Suchtmittelgebrauch vorliegt, und die beiden anderen Gesprächspartner dieses Typus, Herr D. (32 Jahre alt, Schlosser, ein Kind) und Herr L. (44 Jahre alt, Elektriker, ein Kind), die Alkohol und Zigaretten konsumieren. Die beiden letzteren bedienen sich hinsichtlich ihres Mißbrauchsverhaltens im Interview einer Leugnungs- und Normalisierungsstrategie. Bei diesen Interviewten bleibt man deshalb regelmäßig im unklaren, wie es auf diesem Gebiet wirklich um sie steht. So dreht sich bei Herrn L. (der bereits das beunruhigende Gefühl hatte, als einziger aus seinem Betrieb für die Untersuchung herausgegriffen worden zu sein, so als wäre er irgendwie auffällig) das gesamte Gespräch fast ausschließlich um die Themen Alkohol und Zigaretten. Obwohl Herr L. zugesteht, daß seine Leberfunktion zumindest zeitweise infolge von Alkohol beeinträchtigt ist, ist er gleichzeitig bemüht, seinen Alkoholkonsum im akzeptierten konventionellen Rahmen zu schildern. In diesem Zusammenhang betont Herr L., daß er sowieso nur in Gesellschaft gerne trinkt. Weil aber seine Frau aus gesundheitlichen Gründen Alkohol meiden muß, trinkt er zuhause normalerweise überhaupt keinen Alkohol. Die Interviewerin gewinnt aber gerade wegen der auffälligen Leugnungs- und Verharmlosungsstrategie den Eindruck, daß der Alkohol für Herrn L. eine besonders brisante Thematik darstellen muß.

> „Mit Alkohol ist bei mir nicht soviel drin. */Interviewerin: Auch auf der Arbeit nicht?/* Nee, nur mal ne Flasche Bier, wenn es warm ist im Sommer, wenn ein Kunde kommt, da kriegt man mal ne Flasche Bier oder mal en Schnaps angeboten, da trinkt man den natürlich, nich. Aber – das ist nicht so häufig. (. . .) Und sonntags zum Beispiel, wenn ich zuhause bin, trink ich gar keinen Alkohol. Wir haben zwar Wein und Bier da und auch Schnaps, aber ich trink es nicht. Da sitzt man alleine da, ne, und wenn man keine Gesellschaft weiter hat, trinkt man halt nicht so, nich. Die Frau trinkt auch keen Alkohol, ne. Und alleene schmeckt das nicht."

Erst nachdem Herr L. seinen gleichfalls hohen Zigarettenkonsum eingestanden hat, gibt er einen verschlüsselten Hinweis auf sein Alkoholproblem. Er schildert in allgemeinen Redewendungen das Trinkverhalten derer, die bis zur Bewußtlosigkeit trinken, und unterscheidet davon die gesellige Runde am Biertisch. Für diese bringt er Verständnis auf, selbst wenn gelegentlich mehr getrunken wird, als man verträgt.

> „Und am meisten wird ja geraucht am Biertisch. Da wird eene Zigarette nach der anderen geraucht. Da wird das meiste konsumiert. */Interviewerin: Meinen Sie, daß es mit dem Alkohol ähnlich ist?/* Och, sicher . . . es gibt ja Leute, wenn sie einmal dabei sind, hören sie nicht mehr uff. Aber wenn man weiß, jetzt hab ich genug, jetzt muß ich nach Hause, nich, da ist doch een Unterschied. Es gibt ja auch Leute, die können sich ja da nicht beherrschen, ne. Die müssen trinken, bis sie nicht mehr laufen können. Es gibt ja genug davon . . . Sicher, wenn man schon mal dabei ist, und man trinkt was gemütlich mit jemand, sitzt man auch ein bißchen länger, ne. */Int.: Klar, ne. Das kann schon mal vorkommen./* Ja, ja, das kommt schon mal vor. Es kommt darauf an, was für Gesellschaft das ist, ne. Mit wem man zusammen sitzt. Über was für Themen, über was gesprochen wird. Und da kommt eins ins andere. Und dann noch en Bier, und noch en Bier, na ja, da wird's erst die richtige Stimmung, und dann noch en Bier, das ist so. Da werden natürlich statt zwei, drei Bier, werden natürlich fünf und sechs und sieben Bier getrunken, ne, . . . nich. Merken tut man das am anderen Tag erst, wieviel man getrunken hat. (. . .) Dann wird's ernst."

Bezeichnenderweise setzt sich Herr L. deutlich von denen ab, die sich nicht „beherrschen" können, die sich also in den Rahmen des ritualisierten Trinkens am

Biertisch nicht mehr einfügen. Herr L.s Sucht findet also eine zusätzliche Kontrolle durch die Trinksitten des Biertisches, die zum individualisierten Trinken bis zur Bewußtlosigkeit eine klare Abgrenzung schaffen.

Sofern sich also diejenigen Interviewten, die dem Widerstreit ihrer gegenläufigen Tendenzen stärker ausgesetzt sind, risikohaft verhalten, scheinen sie es noch im sozial tragbaren Rahmen belassen und somit das für ihre soziale Funktionstüchtigkeit notwendige Maß an Selbstkontrolle aufrechterhalten zu können. Sie leiden schamvoll unter exzessivem Mißbrauch und versuchen, diesen Bereich zu bagatellisieren oder zu normalisieren. So erfährt man von Herrn D., der sich auf dieses Thema ebenfalls nur ungern einläßt, daß er nicht mehr oder weniger trinkt als jeder andere und auch wiederum nur in Gesellschaft. Auch seine Frau verhält sich abstinent, am Arbeitsplatz kann er sich aber nicht entziehen.

„*/Interviewerin: Und sonst mit dem Trinken, wie ist denn das?/* Ja, wie ist das mit dem Trinken? Das ist allgemein, das Trinken. Ich trink net mehr und net weniger wie jeder andere auch, ne. Und wenn man drin ist, ist man drin, ne. (. . .) Na ja, ich mein, wenn fünf, sechs Kollegen zusammen stehen, trinken Bier, dann trinkt man eben mit, und wenn se noch eins trinken, trinkt man noch eins mit, ne. Ich mein, das ist – natürlich es kommt immer auf die Gesellschaft drauf an, ne. (. . .) */Int.: Also da kann man sich auch schlecht entziehen irgendwie?/* Ja, ja, sicher, ich mein, daß, das, das ist dann, das ist gesellschaftsbedingt, kann man so sagen, ne. Ich mein (. . .), es gibt ja so Würfelspiele und so, ne. Da spielt man immer mal um ne Runde Bier oder irgendwas, net, muß man auch mittrinken, ne. (. . .) */Int.: Also haben Sie das Gefühl, das ist viel manchmal, oder?/* Nee, also ich . . . viel? Also mir kommt's net viel vor. Was (lacht) man unter viel versteht. Der eine, der eine sagt, wenn man drei Flaschen Bier am Tag trinkt, ist viel, ne, und beim anderen ist das normal. Ich mein, ich trink meistens (. . .) sagen wir, drei Flaschen Bier, vier Flaschen Bier oder zwei Flaschen Bier und ne Flasche Apfelwein am Tag, ne. Ne, ich weiß nicht, ob das viel ist, ne."

Wenn ein „Laster" dennoch eingestanden wird, wird es sogleich rationalisiert oder bagatellisiert: Herr L. weiß eine Reihe von Gründen zu nennen, weshalb Zigarettenrauchen nicht so schädlich sein kann, wie immer behauptet wird, und obwohl Herr D. sich durchs Rauchen gesundheitlich beeinträchtigt fühlte und obwohl ihm vor allem der Suchtcharakter, die körperliche Abhängigkeit, zu denken gab, stellte er sein langjähriges Rauchen angeblich nur wegen einer Wette ein.

„*/Interviewerin: Ja, aber das war für Sie doch sehr dringend, dann auch aufzuhören zu rauchen, ne?/*Ja, ja, ja, ich mein, wie schon gesagt, ich hab's net deswegen gemacht, ich habe nur aus Jux praktisch aufgehört zu rauchen. Ja, um wo, um, um, um eh festzustellen, ob ich's überhaupt kann, ne. Daß, ob ich überhaupt aufhören kann zu rauchen. Wie, wieweit ich so praktisch mein Körper in der Gewalt hab, ne."

Die letzte Formulierung drückt im übrigen deutlich aus, wie sehr eine nichtkontrollierbare Sucht Herrn D. beunruhigt, wie sehr er also um Selbstkontrolle bemüht ist.

Wie schon beim Mißbrauchsverhalten finden sich auch im übrigen Gesundheitsverhalten unterschiedliche Ergebnisse: Die beiden Männer, die die größeren beruflichen Leistungen aufzuweisen haben bzw. eine höhere Qualifikation anstreben, sind es auch, die sich im Hinblick auf Suchtmittel vernünftiger verhalten. Ihr vermehrtes

Konformitätsstreben, das sich generell auf die Anpassung an soziokulturelle Wertmuster richtet, drückt sich sowohl in der Ausrichtung an beruflichen Aufstiegskriterien als auch in der Übernahme geltender medizinischer Normen aus. Sie, die in einer entbehrungsreichen und belastenden Meisterausbildung ihre Selbstkontrolle unter Beweis stellen, bieten außerdem arztgerechte Beschwerden an.

> „Also gesundheitlich ist das einzige Problem, das ich habe, Rückenschmerzen . . . aber ansonsten könnte ich also echt momentan nicht sagen, daß ich irgendwie andere Probleme noch hätt'."

Ähnlich Herrn K., dessen Beschwerden sich auf Rückenschmerzen begrenzen, nennt auch Herr H. ein klar abgegrenztes, einzelnes Symptom. Herr H. hatte nämlich während seiner Meisterausbildung Magengeschwüre und leidet seitdem weiterhin unter Magenbeschwerden. Im Gegensatz zu Herrn H. und Herrn K. sind diejenigen, die einen nicht unbeträchtlichen Konsum an Alkohol und Zigaretten aufweisen, zugleich die, welche eher diffuse, funktionelle Störungen benennen. Bei Herrn D. und Herrn L. machen sich demnach die weniger gut gelungenen Kontrollstrategien auch in der Ausbildung der körperlichen Beschwerdebilder bemerkbar. Diese sind zwar vielfältiger, aber organisch eher unerheblich und somit der medizinischen Diagnose weniger gut zugänglich. Herr D. litt in seinem früheren Beruf unter Magenbeschwerden, heute wie damals unter ungeklärten Ohnmachtsanfällen bzw. Kreislaufstörungen. Herr L. erwähnt als Folge von Kaffee- oder Biergenuß Sodbrennen, Kopfschmerzen und Bluthochdruck. Bei Herrn D. und Herrn L. zeichnet sich demnach die brüchige Kontrolle der passiven Strebungen im Gesundheitsverhalten so ab, daß sie Abhängigkeitsbedürfnisse im Suchtmittelgebrauch und funktionellen Syndromen zulassen. Da sie keine medizinisch abklärbaren Krankheiten aufweisen, bezeichnen sich beide spontan als nicht ernstlich krank. Folgerichtig sind die beiden anderen Interviewten, die sich mit ihrem Selbstbild durch gelungene Kontrollstrategien besser im Einklang befinden, auch in der Lage, ein Bündnis mit der Organmedizin einzugehen.

Herr H. macht für seine Magenbeschwerden in erster Linie die Arbeitsbelastung verantwortlich. Daß er während seiner Meisterausbildung unter Magengeschwüren zu leiden hatte, führt er vor allem auf die persönlichen Begleitumstände in seinem Betrieb zurück. Entgegen der Verabredung nämlich, die Ausbildung gemeinsam zu absolvieren, zogen sich die betreffenden Kollegen zurück; einer nahm statt dessen an einem innerbetrieblichen Kursus teil und erreichte auf diese Weise leichter sein Ziel. Im Magengeschwür richtete Herr H. seine Aggressionen gegen sich selbst. Seine Enttäuschung versuchte er durch erhöhte Leistungsanforderungen zu bewältigen. Seinem Tüchtigkeitsideal folgend, will er Anerkennung gewinnen, handelt sich in der Rolle des idealen Mitarbeiters aber nur die Vorbehalte seiner Kollegen ein.

Demgegenüber führt Herr K. seine Rückenschmerzen auf eine frühe körperliche Überforderung zurück: Mit fünfzehn Jahren mußte er, als seine Eltern ein Haus bauten, auf Geheiß des Vaters zu starke Lasten tragen.

Väterliche Strenge, der sich Herr K. in seinem Symptom gleichsam beugt, lernte auch Herr D. kennen. Sein Vater, der fünfzig Jahre lang auf Montage arbeitete, kehrte nur alle vier Wochen heim und übte dann seine väterliche Autorität in Strafmaßnahmen an den Kindern aus. Seine seltenen Besuche waren deswegen keineswegs freudige Anlässe.

„Hm, ja, ja, da haben wir den Vater praktisch net emal von der besten Seite kennengelernt, ne, weil wenn der nur alle vier Wochen nach Haus gekommen ist, (. . .) und da ist zuerst mal aufgezählt worden, was wir alles angestellt haben, ne. Da ist, da kam die Abrechnung, ne. (. . .) Und dann, also sonntags früh, kann ich mich noch erinnern, sind wir dahin gesetzt worden. Dann sind wir erstmal alle Mann zum Haarschneiden drangekommen, ne. Weil – Geld war ja auch net so viel da, daß wir zum Friseur gehen konnten, ne. *Interviewerin: Der Vater hat die Haare geschnitten?*/Ja, klar. Und da sind wir erstmal gerupft worden (. . .). Waren wir net immer so erfreut, haben wir gesagt: ‚Oh ja, schon wieder vier Wochen rum' (lacht) Ne, jetzt ist das ein bissel einfacher, kann man zum Friseur gehen, ne."

Als Lokführer sowie durch Vereins- und Parteitätigkeiten beansprucht, war auch Herrn H.s Vater häufig abwesend. In Familie L. wiederum sind die Kinder wohl ebenfalls wie in Familie K. zur Mitarbeit herangezogen worden, beide sind also in ihrer Kindheit mit anfallenden Arbeiten nicht verschont worden.

„Sicher, Arbeiten, die angefallen sind, mußten wir natürlich machen, ne. Aber wir waren ne verhältnismäßig große Familie gewesen, ne. Wir waren ja sieben Kinder. Und da mußte schon jeder ein bißchen hinfassen."

Neben den abwesenden und/oder strengen Vätern waren vermutlich wohl auch die Mütter wegen großer Kinderzahl bzw. Berufstätigkeit überfordert, die mangelnde väterliche Zuwendung ausgleichen zu können. Hierüber weiß man allerdings nichts Genaues, da über die Mütter trotz Nachfragen in der Regel nicht viel zu erfahren war.

Die starke Autorität ihrer Väter bietet den betroffenen Männern eine Identifikationsmöglichkeit, der sie vor allem im Berufsziel Ausdruck verleihen. Während Herr K. das Fach seines Vaters wählte, wollte Herr H., dessen Vater Mitglied im Vereinsvorstand war, Berufsfußballer werden. Um es dem Vater gleichzutun, ging Herr D. nach der Lehre zuerst auf Montage. Die Ambivalenz der Identifikation mit den väterlichen Leistungsanforderungen drückt am besten Herr K. aus, der mit seiner beschwerlichen Meisterausbildung vor allem die Phantasie nährt, den alternden Vater zu überflügeln und ihn womöglich als Angestellten im eigenen Betrieb zu beschäftigen. Denn der Vater wollte immer schon einen Betrieb eröffnen und Herrn K. bei sich einstellen. Jetzt aber möchte Herr K. gerne die Gelegenheit wahrnehmen, die Rollen umzudrehen.

„Die Idee kam eigentlich, woll'n mal sagen, von mir aus. Ja, weil also mein Vater Meister ist und so, das hat mich irgendwie doch ein bißchen angespornt. (. . .) Und im Endeffekt jetzt praktisch, da tut es sich wirklich verwirklichen (. . .)./*Interviewerin: Dann hätten Sie so das Gefühl, dann sind Sie besser als der Vater, oder?*/Nee, besser net, aber ich würd' sagen: ‚Jetzt hast du's ihm gezeigt. Siehst Du, hier, Dein Sohn kann auch was, ja, oder bitte, der ist jetzt genauso gut wie Du.' So ungefähr. (. . .) Ja, mich reizt das in dem Sinn, woll'n mal sagen, äh – der Vater sagt ab und zu: ‚Haha, wenn Du Meister bist, machen wir ein Geschäft usw. . .' Und das reizt mich halt eben, weil er, woll'n mal so sagen, er spricht das so aus: ‚Na ja, Du hast ja doch kein Interesse dran.' Oder: ‚Du willst ja doch net.' Deswegen reizt mich des ja, um das allein zu machen, und dann sag ich: ‚So, auf, komm, jetzt können wir ein Geschäftchen machen, auf, komm. Du schaffst bei mir jetzt.' So ungefähr auf diese Art, ne. Es ist mehr der Reiz in dem Sinn dazu./*Int.: Also auch der Reiz, mal, das mal umzudrehn.*/Ja, ja, so ungefähr, praktisch auch mal umzudrehen und zu sagen: ‚So, jetzt schaffst Du emal bei mir und nicht ich bei Dir.' So ungefähr, ne."

Aufgrund ihrer relativ einheitlichen biographischen Erfahrung verfügen diese Männer über ein gleichartiges Vaterbild, das sich hauptsächlich als instrumentell und strafend kennzeichnen läßt. Eine Auseinandersetzung mit ihren abwesenden oder strengen Vätern war ihnen kaum möglich. Dafür liefern insbesondere die Interviews mit Herrn K. und Herrn H. Anhaltspunkte.

Herr K. hat die Auseinandersetzung mit der Autorität des Vaters, der ihn im Jugendalter mit den abverlangten Arbeitsleistungen überforderte, offenbar noch nie geführt. Er hat bei seinem Vater, dem wohl nur die Leistungsfähigkeit des Sohnes etwas galt, seine Liebes- und Zärtlichkeitsbedürfnisse nicht einklagen können. Als Folge körperlicher Beanspruchung im Jugendalter könnten die Rückenschmerzen deshalb außerdem Sinnbild eines Kompromisses zwischen Auflehnung und Anpassung sein, sich der väterlichen Autorität nicht mehr beugen zu wollen, sich ihr zugleich aber in der schmerzhaften Wendung gegen die eigene Person zu unterwerfen.

Herrn K.s rebellische Züge, seine Versuche, dem Autoritätsbereich des Elternhauses zu entkommen, äußern sich insbesondere in der Bedeutung, die seine zahlreichen Auslandsaufenthalte für ihn gewinnen: Sie sind Inbegriff von Freiheit, Ungebundenheit und Wärme. Der Identifizierung mit dem Beruf/den Idealen des Vaters mußte jedoch jede offene Rebellion weichen. Die ungelösten Autoritätsprobleme werden somit zum Teil somatisiert, zum Teil in einer kompromißhaft resignativen Lebensweise (s. 2.) organisiert. Die Entstehungsgeschichte des Symptoms zeigt darüber hinaus die Bedeutung des sekundären Krankheitsgewinns beim erstmaligen Auftreten der Rückenschmerzen. Damals konnte Herr K. sich den Zwängen der Arbeitsanforderungen des Vaters dadurch entziehen, daß er eine Zeitlang liegen, sich schonen mußte und so indirekt zu verstehen gab, daß er sich nicht mehr bücken wollte.

Wie bereits erwähnt, traten bei Herrn H. die Magenbeschwerden erstmals im Zusammenhang mit seiner Ausbildung als Meister auf. Wahrscheinlich hatt Herr H. als ältester Sohn sich mit dem vielbeschäftigten Vater identifiziert und versucht, Anerkennung über Leistung zu gewinnen. Den zu vermutenden Rivalitätskonflikt mit dem jüngeren Bruder, der nach Herrn H.s Worten heute aktiver und reicher ist als er selbst, hat er masochistisch gegen sich selbst gewendet: Statt Einheirat wählt er die berufliche Anstrengung, geht also den verdienstvolleren Weg. In der Formulierung, der Bruder habe „besser eingeheiratet" als er selbst, verbirgt sich vielleicht auch ein Hinweis auf dessen frühere bessere Stellung bei der Mutter. Zudem verweist die Bemerkung von Herrn H., es habe ihm gutgetan, im Elternhaus seiner Frau akzeptiert worden zu sein, darauf, daß es bei ihm zuhause damit nicht so gut bestellt war. In diesem Sinn verbergen sich in der Magensymptomatik infantile Abhängigkeitswünsche, die durch die Orientierung an einem rigiden Leistungsideal abgewehrt werden.

2. Sekundärer Krankheitsgewinn: Psychosoziale Organisationsformen des primären Krankheitsgewinns

Allen Interviewten gemeinsam sind die oben erwähnten Normalisierungs- und Leugnungsstrategien beim Thema Familie. Über die konventionelle Oberfläche hinaus erscheint ihnen Privates offenbar nicht ohne weiteres kommunizierbar. So werden die persönlichen Beziehungen so gut es geht ausgeblendet, auch die Lebensgeschichte wird ja meist nur knapp berührt. Die Gespräche vermitteln den Eindruck, daß diese Männer aufblühen, wenn sie über Berufliches, seien es Erfolge oder Belastungen, sprechen können, während sie die intimeren Bereiche nur nebenbei und ohne Emotionen streifen.

Die Ehebeziehungen sind vorrangig am Modell der vernünftigen Partnerschaft orientiert. Herr D. formuliert dies am deutlichsten. Für ihn ist das eheliche Arrangement eine Angelegenheit sportlicher Fairness. Die gegenseitigen Freiräume, die er für ein Zusammenleben als wichtig erachtet, nutzt er für seinen Teil nicht über Gebühr, sondern nur in dem seiner Frau zumutbaren Maße. Dadurch will er ehelichen Streit von vornherein vermeiden.

> „/*Interviewerin: Gibt es denn auch so Situationen oder mögliche Streitsituationen zwischen Ihnen und Ihrer Frau, wo Sie das Gefühl haben . . .?*/Nee, eigentlich ganz, ganz selten, . . . weil – wir verstehen uns eigentlich ganz gut, ne./*Int.: Aber Sie brauchen Ihre Spielräume, ne?*/Ja, Spielräume, klar, ne, die Spielräume . . . Und ich übertreib nix, ne. (. . .)/*Int.: Übertreiben Sie's nicht, weil Sie es dem anderen nicht zumuten wollen oder . . .?*/Ja, genau./*Int.: Ja, aber nicht so sehr aus innerer Überzeugung, oder?*/Nee, ich mein, nur eben aus Fairness, ne. Fairnesshalber, weil – die Frau macht's ja auch net, ne. (. . .) Ja, ich mein, wenn die, wenn die auch fair ist, und, und bin ich's auch. Ich mein, wenn – das ist genau, wenn ich irgendwie mit jemand Fußball spiele oder irgendwas und der ist fair zu mir, dann bin ich ja auch fair zu ihm, ne. Oder wenn, wenn einer beim Fußballspiel holzt, dann holz ich noch mehr, das ist ganz klar. Und so ist das dann. (. . .) Das gibt dann ein Anfang ohne Ende, ne. Und das ist eben bei uns net, ne. Äh, weil – das ist praktisch, wenn mal irgendwas ist, sprechen wir uns aus und ist gut, ne. Gibt's auch weiter keine Streitereien."

Auch Herrn B. ist es selbstverständlich, die unterschiedlichen Bedürfnisse seiner Frau zu respektieren. Sofern also eheliche Beziehungen überhaupt zur Sprache kommen, sind mögliche Konflikte in einer eher unpersönlichen Argumentation untergebracht. Es geht in erster Linie um unterschiedliche Interessenlagen, die auf der vernünftigen Basis einer aufgeklärten Partnerschaft im Sinne von Ausgleich und Einigung gehandhabt werden.

Auffallend ist bei allen Interviewten eine Partnerwahl, die dem Modus der Kontrolle entgegenkommt. Nach den kurzen Eindrücken, die die Interviewerinnen von den Ehefrauen gewinnen konnten, scheint es sich um selbstbewußte, fordernde und kontrollierende Frauen zu handeln, die sich im Dienste der Familieninteressen mit der Leistungs- und Anpassungsfähigkeit der Männer verbünden.

Bei allen Betroffenen bedeutete aber die Familiengründung einen mehr oder weniger abrupten Wechsel der Lebensgewohnheiten. An die Stelle verschwenderischen Umgangs mit Geld, außerhäuslicher Freizeitaktivitäten, familienunabhängigen Daseins in wechselnden Berufen treten nach der Heirat berufliches Sicherheits- und Erfolgsstreben, Sparsamkeit und häufig Rückzug an den Ort oder ins Haus einer der Herkunftsfamilien. Das unkontrollierte Junggesellendasein verweist darauf, daß die Probanden zunächst im Zuge der Ablösung vom Elternhaus eine ungebundene Verselbständigungsphase durchlebten, die heute noch als Wunschpotential präsent ist, aber einer besseren Einsicht Platz gemacht und in ruhigen, geordneten Verhältnissen einen Kompromiß gefunden hat. Vor allem Herr K. vermißt die Annehmlichkeiten seines früheren Lebens im Ausland, das ihm das Gefühl von Wärme, Freiheit und Unabhängigkeit gab.

„/*Interviewerin: Und trauern Sie dem manchmal ein bißchen nach, dem Ausland?*/Also manchmal, ja. Also wenn man so, grad so sieht, grad wenn man das Wetter hier sieht und alles, da wär man manchmal doch froh, wenn man unten wär, ja, zumal das, da waren immer die Baustellen direkt am Meer gelegen und so, ne. Das ist natürlich was anderes und man ist, woll'n mal sagen, freier irgendwie. (. . .) Das war also – ein anderes Leben, ne. Ich mein, das war so, durch daß man viel Geld verdient hat, hat man vielleicht auch net so auf das äh – auf die kleinen Pfennige geachtet, ne. (. . .) Was man doch jetzt hier daheim, da muß man ja doch rechnen mit die Pfennige."

Resigniert gesteht Herr K. sich ein, sich zu früh gebunden zu haben und zudem zugunsten der Familie die lukrativen, mit Ansehen und Wertschätzung verbundenen Auslandsaufenthalte aufgegeben zu haben. Während Herr H. es bedauert, im Hause der Schwiegereltern Wohnung genommen zu haben, vermißt Herr D., der seiner Frau an ihren abgelegenen Heimatort folgte, die Geselligkeit seines früheren Großstadtlebens. Freiheits- und Abenteuerdrang werden daher wenigstens kompensatorisch in der Freizeit gelebt. Eine Betätigung im „Freien" steht dabei an erster Stelle: Herr L. bewirtschaftet einen Garten, Herr D. betreibt zahlreiche Sportarten und Herr H. treibt ebenfalls regelmäßig Sport und unternimmt einsame Waldspaziergänge.

So scheinen die erreichten Anpassungsleistungen nicht ohne Verzicht und Kompromisse zustande gekommen zu sein. Vor diesem Hintergrund wird die Partnerwahl der Männer verständlich, denn die Ehefrauen bilden jeweils neben der inneren eine zusätzliche äußere Kontrollinstanz. Sichtbar wurde dies daran, daß die Gespräche bei den Probanden zuhause nicht ohne Einschaltung der Ehefrauen zustande kamen. Während Frau L. sich von vornherein so einbezieht, daß sie für ihren Mann den Termin vereinbart, bringt sich Frau H. durch eine rabiate Intervention ins Spiel, möchte genau wissen, worum es geht, und sich beteiligen. Frau K. wiederum ist von ihrem Mann nicht darauf vorbereitet worden, daß das Interview ohne sie stattfinden soll, und zieht sich beleidigt zurück. Auch bei Herrn D. ist die Anwesenheit der Frau nicht problemlos, denn er sorgt beim zweiten Termin dafür, daß sie außer Haus ist. Daß es mit einer Ausnahme bei diesen Interviewten bei einem Gespräch geblieben ist, liegt neben der Befürchtung, den kontrollierten Beziehungsstil nicht durchhalten zu können, sicher auch am Kontrollbestreben der Frauen.

Die als familiale Kontrollinstanz fungierenden Ehefrauen unterstützen die Kontrollstrategien der Männer also zusätzlich; der individuelle Modus verdoppelt sich in der Familie. Da Regressions- und Abhängigkeitswünsche bzw. ihr im Abenteuer- und Freiheitsdrang ausgebildetes Gegenstück in der Familie nicht zum Zuge kommen und entweder in Resignation oder Kompensation verbleiben, ist in den Ehebeziehungen, gerade weil in den Interviews darüber nicht gesprochen werden konnte, ein stets virulentes Konfliktpotential zu vermuten. Andeutungsweise bestätigt sich diese Vermutung z. B. daran, daß Herr K. die Zuneigung seiner Frau nur dadurch gewonnen zu haben glaubt, weil er ihr mit seinen damaligen, auch finanziell erfolgreichen Auslandsaufenthalten imponierte. Herr H. wiederum gibt zu verstehen, daß seine Frau an seinen beruflichen Problemen keinen Anteil nimmt. Sie bringt offenbar kein Verständnis dafür auf, warum ihn die Konflikte am Arbeitsplatz so beschäftigen. Nur die Flucht ins Symptom (Magengeschwür) gestattet es anscheinend Herrn H., seine Abhängigkeitsbedürfnisse auszuleben. Gefährliche Symptome zu präsentieren, verschafft ihm bei seiner Frau wahrscheinlich mehr Anerkennung als seine beruflichen Probleme.

Die beschriebene Rolle, die der Vater in den Herkunftsfamilien einnahm, wird von den interviewten Männern nicht kritiklos übernommen. Vielmehr versuchen sie, den Kindern bessere Väter zu sein. So werden die oft schwierigen Kindheitsbedingungen für die Betroffenen ein Motiv, es an den eigenen Kindern besser zu machen. Für Herrn D. etwa, der seinen Vater nur alle vier Wochen sah, ist es ein wichtiger Bestandteil der Erziehung, sich den Kindern zu widmen. Herr K., der die keinen Widerspruch duldende Autorität des Vaters zu erleiden hatte, begrüßt, daß es heute anders ist, daß sachlich diskutiert und nicht einfach befohlen wird.

„Ich mein, heute ist das also, das find ich jedenfalls heutzutage schön, daß, daß die Jungen in dem Alter heut haben, daß man diskutieren kann und alles mal drüber. Ja, man kann sich darüber ausreden, und was richtig oder falsch ist und dann danach gehen. Das war ja zu der Zeit (. . .) erstmals das, wer hat sich dafür Zeit genommen von den Eltern?"

Gerade weil sie es besser haben, mobilisieren die Kinder in den Vätern aber auch Gefühle von Abhängigkeit und Rivalität, denn sie leben in gewisser Weise die Anteile, die sich diese Männer nicht gestatten können. So bestehen bezeichnenderweise für Herrn H. Familienkonflikte in der Wildheit und Ansprüchlichkeit der Kinder, denen er gerne mehr Grenzen setzen würde. Darüber hinaus kommen Gefühle des Verzichts und der Einschränkung zur Sprache, wenn z. B. wegen der Kinder kein Urlaub möglich ist oder wie im Falle von Herrn K. die Schulausbildung der Tochter zur Seßhaftigkeit am Heimatort führte.

Weil diese Interviewpartner eine relativ einseitige Identifikation mit den väterlichen Leistungsanforderungen ausgebildet haben, wird ihr Lebensgefühl aber in erster Linie durch den Arbeitszusammenhang und nicht so sehr durch die Familie geprägt. Der Arbeitsbereich steht ja auch thematisch in den Interviews im Vordergrund. Diese Männer suchen die Anerkennung durch die väterliche Autorität. Infolgedessen vermittelt ihnen beruflicher Erfolg auch das entscheidende Identitätsgefühl. So fühlt sich Herr H., seit er seine Meisterprüfung abgelegt hat, wie befreit, weil er nun erreicht hat, was er wollte. Herr H. glaubt sich zudem Gleichgestellten fachlich überlegen und ist stolz auf sein gutes Verhältnis zu den Untergebenen, auch wenn ihm dies Ärger mit Neidern und Rivalen einbringt. Ähnlich erlebt sich Herr K.: Seine Auslandstätigkeit vermittelte ihm, wie er glaubt, ein Können, das durch die übliche betriebliche Lehre nicht zu erreichen ist.

Bei den anderen beiden, die von vornherein keine so klaren Berufsziele verfolgten, vielmehr in wechselnden Berufen tätig waren, sind die Leistungsideale weniger an erreichbare Qualifikationen als an quantitative Arbeitsanforderungen gebunden. Verwirklicht sehen sie ihr Ideal deshalb auch eher in der Vergangenheit. Herr L., dessen heutiges Dasein im Vergleich zu früher eher bequem und ruhig erscheint, weiß seine frühere Montagetätigkeit, bei der er ständig eingespannt war, aber auch viel verdiente und viel gelernt hat, heute noch zu schätzen. Auch bei höchstem Arbeitseinsatz machte die Arbeit Spaß, weil sie ihm Abwechslung und Gemeinschaftsgefühle verschaffte.

> „Man arbeitet ja mitunter achtzehn bis zwanzig Stunden, ne. Die sind ja am Tag drin. Nich, es kommt drauf an, was für Arbeit, wo es nun ist und – wir waren auch viel unterwegs, wird sind auch gefahren von einem Ort zum anderen, nich. Und wenn irgendwie ne Störung war oder kaputt war was, da mußten wir hin. Egal wie. Sind wir schon mal ne Nacht durchgefahren. (. . .) Und dann, das macht irgendwie, hat's Spaß gemacht. Sagen wir mal so. Das kommt drauf an, mit was für Kumpels man zusammen ist. (. . .) Das ist ne interessante Sache. Man lernt Leute kennen, und auch andere Arbeitspraxis lernt man kennen usw. Man lernt viel dabei. Da schadet es nicht. Das kann man immer brauchen, was man lernt."

Seit seiner Heirat ist Herr L. in einem kommunalen Versorgungsbetrieb als Elektriker beschäftigt.

Herr D. nun macht deutlich, daß der Idealisierung hoher Arbeitsbelastung ein Produzentenstolz zugrunde liegt, der sich aus der Beschäftigung mit Reparaturtätigkeiten nicht gewinnen läßt. Infolgedessen spricht Herr D. beinahe abfällig von seiner (ihm durch den Schwiegervater vermittelten) Tätigkeit in der Instandhaltung. Dort werde ja keine Leistung gefordert, sondern nur Reparatur. Demgegenüber machte auch ihm früher das Arbeiten Spaß, wenn er im gleichsam spielerischen Wettbewerb der Baukolonnen die geforderte Akkordleistung zu überbieten half.

> „Ah ja, klar, ich meine, wir haben früher zwölf, zehn, zwölf Stunden geschafft, ne, auf der Baustelle und auch so, wo, wo ich noch Kundendienst gefahren bin, ne. Und hier habe ich meine geregelte Arbeitszeit. (. . .) In sonem Betrieb, wo mer jetzt schaffe, da ist ja ganz anders arbeiten, weil mer ja net in einem Produktionsbetrieb sind, sondern nur Instandhaltung, ne. Und da braucht, kommts ja net praktisch drauf an, was man, man herstellt, sondern man braucht ja nur seine Aufgabenbereich instandzuhalten, ne. (. . .) Mir hat auch manchmal das Arbeiten Spaß gemacht, wenn wir Akkord gemacht haben, haben wir, äh – meinetwegen für ein Einfamilienhaus haben wir tausend DM bekommen. Haben wir dann das Einfamilienhaus in drei Tagen fertig gemacht, ne. (. . .) Wenn jede Kolonne ein Haus macht, ne, da haben wir versucht, das Haus schneller fertig zu machen wie die anderen, ne. . . Das hat dann eben mehr Spaß gemacht, ne. Das ist dann, das ist dann, das hat man nimmer so ans arbeiten gedacht, sondern weil's ja mehr dann spielen war, ne."

Wie schon beim Gesundheitsverhalten findet sich also in der Bewertung der gegenwärtigen Tätigkeit und der Art der Leistungsorientierung dieselbe Unterscheidung der Interviewten wieder. Die beiden Meister schöpfen ihr Selbstbewußtsein aus fachlicher Kompetenz und üben Tätigkeiten aus, in denen sie das Gefühl haben, diese unterbringen zu können. Beide leiden aber auch unter den größeren Belastungen, welche die Meisterposition bzw. die Meisterausbildung mit sich bringt. Dagegen befinden sich die Facharbeiter, so läßt sich ihren Schilderungen entnehmen, in Tätigkeiten, in denen ihr Ehrgeiz und ihr Leistungsvermögen nicht gefordert werden, ganz im Gegensatz zu der enormen Arbeitsbelastung ihrer ersten Berufsjahre. Statt dessen halten sie sich nun die Vorteile einer bequemen, geregelten Arbeit ohne Zeitakkord vor Augen. Vielleicht sind sie deswegen Verführungen zum Alkohol und Rauchen am Arbeitsplatz stärker ausgesetzt. Denn im Unterschied zu den beiden Meistern betonen gerade sie die Geselligkeit im Kollegenkreis, die bei Herrn L. sogar bis in die Freizeit reicht und die ihnen offenbar mehr bedeutet als den rivalisierenden, individualisierten Meistern. Es scheint so, daß der von ihnen empfundene Mangel an formeller Anerkennung durch informelle Bestätigung kompensiert wird. Sie möchten sich aus ihrer Arbeitsbiographie, wenn sie sich schon nicht den Produzentenstolz erhalten konnten, doch wenigstens ihr Gemeinschaftsgefühl bewahren. Die aus dem informellen Teil der Arbeit gewonnenen sozialen Gratifikationen wie Zugehörigkeitsgefühl oder Männlichkeitsbeweis können sie jedoch unter dem Konformitätsdruck des Interviews nicht eingestehen. Allerdings hat das Mißbrauchsverhalten dieser Männer bereits eine lange Tradition, denn es war bei beiden von Anfang an fester Bestandteil des Arbeitslebens. Deshalb ist ihr Mißbrauchsverhalten seit langem in dem für sie so wichtigen informellen Teil der Arbeit organisiert. Die genannten sekundären Gratifikationen erlangen aber in dem Maße eine vermehrte Bedeutung, wie sich die Interviewten in ihrer Leistungsfähigkeit unterbewertet fühlen.

3. Veränderungschancen

Die Sachorientierung und das Bewußtsein von Leistung und Fachkompetenz finden sich auch im Kommunikationsstil wieder: Die Interviewten sind kognitiv ansprechbar, sachlichen Argumentationen zugänglich und zur wechselseitigen Anerkennung fähig. So nimmt etwa Herr H. im Interview die eingangs formulierte Forschungshypothese sofort zustimmend auf.

> „Ja, ich bin überzeugt, daß das so ist. (. . .) Es treten sowieso immer Schwierigkeiten auf, wenn man einen verantwortungsvollen Posten hat. (. . .) Und da kommt man schon in Konfliktsituationen, die man halt mit den Leuten persönlich austragen muß."

Wie Herr H. aus der Erfahrung mit einem verantwortungsvollen Posten zu sprechen weiß, sieht Herr L. in seiner Gesprächsbereitschaft einen Dienst an der Allgemeinheit. Anders als beim Typus Abhängigkeit oder Inszenierung nehmen die Interviewten das Gesprächsangebot nicht als Gelegenheit wahr, sich etwa durch Mitteilung einer privaten Leidensgeschichte zu entlasten, sondern sie fühlen sich anläßlich des Forschungsthemas eher als Experten im Dienste einer guten Sache angesprochen. Mit diesen Betroffenen läßt sich also vernünftig reden. Sie haben ihre Gefühle im Griff und versuchen, das Gespräch sachlich-informativ auszurichten. Sie kontrollieren damit aber auch die Gesprächssituation, indem sie alles vermeiden, was einen unsachlichen, emotionalen Eindruck erwecken könnte, etwa dem Eingeständnis von Schwäche oder Unsicherheit gleichkäme. Deshalb fällt es ihnen generell schwer, persönliche Probleme vertrauensvoll zu kommunizieren. Das könnte aus ihrer Sicht zu einer Geständnissituation führen und damit zum Scheitern der Kontrollstrategie.

Vor allem die Interviews mit den beiden Männern, die zum Mißbrauch von Suchtmitteln neigen, waren von deutlichem Mißtrauen und der Furcht begleitet, die kontrollierte Fassade könnte durchschaut werden, Schwäche und Abhängigkeit sich offenbaren. Herr D. scheint sogar etwas zu verheimlichen, so daß das Gespräch einen fast strategischen Charakter annimmt. Bevor Herr L. sich zum Erzählen bereitfindet, soll die Interviewerin zuerst seine Befürchtungen zerstreuen, daß er als einziger aus seinem Betrieb herausgegriffen wurde, als wäre etwas Verborgenes entdeckt worden. Sodann möchte er unbedingt einen guten Eindruck machen. Er demonstriert eine betont intakte Lebensführung, die, wie sie ihm im Alltag die Wahrung der Kontrolle sichert, sich ebenfalls im Interview gegen den wenn auch nur sporadischen Durchbruch exzessiver Strebungen richtet. Das hinter der Normalfassade mühsam Verborgene darf auf keinen Fall zum Thema werden, weil sonst die tiefer liegende Abhängigkeitsproblematik, die ihn als Gefahr von Sucht und Verwahrlosung bedroht, auch in der Beziehung zur Interviewerin zugelassen würde.

Dagegen zeigen die beiden Meister in Zusammenhang mit ihren Symptomen ein größeres Maß an Introspektionsfähigkeit. Insbesondere Herr K. erweist sich, was die möglichen Konflikthintergründe seiner Symptomatik anbelangt, Deutungsversuchen gegenüber als sehr aufgeschlossen. Dennoch war es wie in den anderen auch in den Interviews mit den Meistern sehr schwierig, einen emotionalen Kontakt herzustellen. Die Affektkontrolle der Interviewten mag dadurch verstärkt worden sein, daß die Interviews rein räumlich bereits einen Einbruch in den Intimbereich dargestellt haben, was die Betroffenen zumal wegen der Brüskierung der Ehefrauen vermehrt motiviert haben mag, Distanzierungsversuche anzustellen. Ein Gesprächsort, der ihnen eine Distanz zum Intimbereich garantiert hätte, hätte die Interviewten zumindest von familialen Loyalitätszwängen entlasten und ihnen so einen größeren Reflexionsspielraum eröffnen können. So aber vermitteln alle diese Interviews den Eindruck, daß die eigentlichen Probleme nicht zur Sprache kommen dürfen. Bei Herrn H. und Herrn K. scheint der Ausschluß der Ehefrauen vom Gespräch eine besonders große Rolle zu spielen. Frau H. stört das bereits begonnene Interview und bietet sich als die eigentlich kompetente Gesprächspartnerin an. Ihr unfreiwilliger Rückzug trägt sicher dazu bei, daß Herr H. die intimeren, häuslichen Themen nicht aufkommen läßt. Als ähnlich folgenreich erweist sich die Einhaltung der Gesprächsbedingungen vermutlich bei Herrn K. Seine Frau fühlt sich ebenfalls ausgeschlossen und verläßt beleidigt den Raum. Trotz relativer Ergiebigkeit bleibt deshalb das Interview mit Herrn K. auf der konventionellen Oberfläche.

Während bei den Meistern primär die eigenen hohen Leistungsansprüche und damit berufliche Belastungen die Gesundheit beeinträchtigen, wie dies ganz deutlich bei Herrn H. der Fall ist, gefährden die Facharbeiter ihre Gesundheit durch Suchtmittelmißbrauch. Was die Veränderungschancen betrifft, so vermitteln nun die Facharbeiter einen ihrem Grundkonflikt entsprechenden zwiespältigen Eindruck. Da ihr Mißbrauchsverhalten in den für sie besonders wichtigen informellen Arbeitsbeziehungen organisiert ist und den dort herrschenden Normsetzungen unterliegt, findet ihre Normalisierungsstrategie hierin eine realistische Basis. Solange Kollegen sich in der Tat genauso verhalten bzw. von den Interviewten gleiches fordern, sind sie ihrer eigenen Verantwortlichkeit weitgehend enthoben. Sie passen sich hier wie überall einfach an. Gleichzeitig ist ihnen aber ihre Abhängigkeit nicht geheuer, als Mangel an Selbstkontrolle ist sie ihnen sogar peinlich. Zudem verhalten sich die Ehefrauen beider abstinent, so daß die betroffenen Männer in ihren kontrollierenden Familienmilieus keine Bestätigung oder Anerkennung für ihr Verhalten erfahren. Dies muß allerdings angesichts des Geschlechtsrollenverständnisses nicht viel besagen, da sich die Interviewten in dem Maße, wie sie sich von ihren Frauen hierin unterscheiden, an ihren ausschließlich von Männern umgebenen Arbeitsplätzen erst recht in ihrer Männlichkeit bestätigt fühlen.

Zum akuten Problem wird ihnen daher ihr Mißbrauchsverhalten erst dann werden, wenn der wesentliche Teil ihres Identitätsgefühls, ihre Leistungsfähigkeit, gefährdet erscheint, was sich ja bei Herrn L., dem älteren, bereits andeutet. Soweit sich trotz der Verleugnungsstrategien in den Interviews Schlüsse ziehen lassen, versucht Herr L. angesichts seiner Folgesymptome wenigstens zuhause von Alkohol auf Kaffee umzusteigen. Erst die bereits eingetretene Beeinträchtigung seiner Gesundheit vermag ihn zu motivieren, sich präventiv zu verhalten. Sein übermäßiges Rauchen dagegen, das bislang keine spürbaren Folgen zeitigt, verteidigt er vor sich und anderen mit gekonnten Rationalisierungsstrategien. Die Verursachung der Krebserkrankung vermutet er in der Umweltverschmutzung bzw. in krebserzeugenden Nahrungsrückständen. Außerdem zeige der Krankenstand in seinem Betrieb, daß die Nichtraucher sehr viel höhere Fehlzeiten aufzuweisen hätten. Herr L. sammelt also gleichsam Beweise, die geeignet sind, sein Rauchen harmlos erscheinen zu lassen. Ähnlich verfährt auch Herr D. Während er das Rauchen aufgab, verteidigt er seinen Alkoholkonsum durch Normalisierung. Wie ihre Argumentationen zeigen, sind diese Interviewten also durchaus kognitiv zu beeinflussen. Gleichzeitig wenden sie ihre sachliche Orientierung aber in Rationalisierung um. Die der Affektkontrolle dienenden Leugnungs- und Normalisierungsstrategien werden auf den als Zeichen von Abhängigkeit bedrohlichen Bereich mißlungener Selbstkontrolle angewandt. Mit Hilfe von scheinbar sachlogischen Argumentationen, welche den Mißbrauch bagatellisieren und normalisieren, täuschen sie sich über ihre Abhängigkeit hinweg und sichern sich so scheinbar den Zustand der Selbstkontrolle. So fungiert ihre Sachorientierung, die sie zugleich für kognitive Aufklärungsstrategien ansprechbar macht, auch als Mittel des Widerstands gegen Veränderung.

Nicht zuletzt die Orientierung an äußeren Normen, ihr Leben unter Konformitätsdruck, ist bei allen Interviewten dieses Typus ein Grund, die damit unvereinbaren passiven Strebungen zu verleugnen. Bei den einen, den Meistern, führt dies zu einem sie übermäßig beanspruchenden beruflichen Leistungsstreben, bei den anderen, den Facharbeitern, zu einer übermäßigen Teilnahme an sozial konzessionierten Regressionsformen. Zugleich ist aber auch bei allen ein Wunschpotential nach Ungebundenheit und Freiheit und damit ein den Anpassungsleistungen gegenläufiges Potential präsent. Eine Lockerung normierter Wertvorstellungen, wie sie mit Leistung, Disziplin und Männlichkeit verbunden sind, könnte diesen in ihren Anpassungsleistungen ja durchaus flexiblen Männern helfen, ihre gegenläufigen Tendenzen besser zu vereinbaren.

V. Die Familieninterviews

Unsere Erfahrungen mit den im Rahmen des Projekts exemplarisch vorgesehenen Familieninterviews verdienen eine gesonderte Darstellung, weil wir hier sowohl im Hinblick auf die Frage des Zugangs und damit auch der letztlich getroffenen möglichen „Auswahl" der Familien als auch in der Praxis dieser Interviews mit besonderen, vorher nicht in dieser Weise eingeschätzten Problemen konfrontiert wurden. Wir haben also in gewisser Weise neue Erfahrungen gemacht, die sicherlich auch für die hier interessierende Einschätzung der Frage der auf ein Familiensystem als Ganzes bezogenen Aufklärungsinterventionen einige bedeutsame Konsequenzen nach sich ziehen.

1. *Der Zugang zu den Familien*

Die ersten Schwierigkeiten tauchten bereits in der Suche nach geeigneten Familien auf, die bereit wären, sich für die Zwecke unserer Forschung zur Verfügung zu stellen. Zur Vermittlung von Familien, die dem oben (vgl. Kapitel III.) explizierten Kriterium „sozialer Unterprivilegierung" im Sinne des unteren Einkommens- und Bildungsniveaus in etwa entsprechen würden, haben wir Kontakte zu folgenden Stellen aufgenommen:

- zwei Arztpraxen in Frankfurter Stadtvierteln mit überwiegender Arbeiterbevölkerung
- zwei Kindertagesstätten in Frankfurt und Umgebung
- einem freien Kinderladen
- einer Kindergruppe der evangelischen Kirche in einem Frankfurter Stadtteil
- einer über das Sozialamt vermittelten Hausaufgabenhilfe
- einem Kinderbuchladen in einem Frankfurter Stadtteil
- einem Familienberatungsprojekt innerhalb der psychosomatischen Abteilung der Frankfurter Universitätskliniken.

Keine dieser Anlaufstellen konnte uns geeignete Familien vermitteln. Es wurde uns dabei stets die Erfahrung weitergegeben, daß es offensichtlich sehr viel einfacher ist, einzelne Menschen für diese Art offener Gespräche zu motivieren als Familien, wo es oftmals entscheidend von der aktuellen Konfliktlage abhängt, ob über ein solchermaßen gemeinsames Projekt Einigkeit erzielt werden kann (vgl. unten). Die Schwierigkeit, motivierte Familien zu finden, hatte in einigen Fällen sicher auch etwas mit der Ambivalenz der kontaktierten Stellen gegenüber unserem speziellen Forschungsvorhaben zu tun, darüber hinaus gab es jedoch dafür auch zeitliche Gründe: Daß Familieninterviews im Rahmen des von uns geplanten Zeithorizonts schwer zu realisieren sind – eine Erfahrung übrigens, die uns auch von dem kontaktierten Familienberatungsprojekt bestätigt wurde – verdeutlichten uns insbesondere die Bemühungen, die von dem praktischen Arzt, der uns bereits in der Vermittlung von Einzelpersonen hilfreich und erfolgreich unterstützt hatte, unternommen wurden. Dieser hatte bereits bestimmte Familien im Auge, die er jedoch aus mehreren Gründen, welche auch seine Vertrauensstellung bei den Patienten betreffen, nicht außerhalb des Rahmens einer freiwilligen Konsultation ansprechen wollte. Seine Vorgehensweise hatte sich bei den Einzelpersonen im Hinblick auf deren Motivierung zu Gesprächen bewährt, scheiterte jedoch schließlich an den von uns vorgegebenen zeitlichen Begrenzungen.

Als absehbar wurde, daß innerhalb der uns im Rahmen des Gesamtprojekts verbleibenden kurzen Vorbereitungszeit über die offiziellen Kontaktstellen keine Familien vermittelt werden konnten, haben wir uns dann kurzfristig dazu entschlossen, auf privatem Wege Zugang zu entsprechenden Familien zu bekommen. Durch den privaten Kontakt einer Projektmitarbeiterin zu einem nebenamtlichen gewerkschaftlichen Schulungsleiter gelang es dann schließlich, vier bereitwillige Familien aus dessen über Gewerkschaftsschulungen vermittelten Bekanntenkreis zu finden. Die Männer in diesen Familien sind bis auf die Ausnahme eines Amtmanns einfache Beamte, davon zwei im Schichtdienst; die Frauen arbeiten bis auf die Ausnahme einer Inspektorin als kaufmännische Angestellte. Eine weitere Familie fand sich dann noch darüber, daß sich die Putzfrau einer entfernten Bekannten dieser Mitarbeiterin mit ihrem Mann, einem Meßwartenarbeiter, und ihrer Tochter zu einem Gespräch zur Verfügung stellte.

Dieser eingangs nicht geplante private Zugangsweg hat mehrere Probleme in den Raum gestellt, die bei der Auswertung der Interviews gleichsam als Rahmenbedingungen mitberücksichtigt werden müssen. Zum einen hatte man es durch die Zufälligkeit des Kontakts bei der ersten Gruppe durchweg mit relativ aufgeklärten, durch Schulungserfahrungen für Probleme von Arbeits- und Umweltbelastungen sensibilisierten „Kollegen" zu tun, die zusätzlich im Rahmen des von der Zugehörigkeit zur Beamtenschaft bestimmten sozialen Milieus auch einen gegenüber anderen Gruppen von kleinen Angestellten oder Arbeitern privilegierten Status genießen. Das Milieu des Meßwartenarbeiters und der Putzfrau war dagegen deutlich anders. Zum anderen hat der private Zugang die unter den Gewerkschaftsmitgliedern herrschende kollegiale Solidarität auch ein Stück weit auf die Interviewerin ausgedehnt, was sich beispielsweise darin zeigte, daß sie überall freundlich, ja fast herzlich willkommen geheißen wurde. Dabei liegt die Vermutung nahe, daß sich diese „Privatisierung" und die damit verbundenen Gefühle von Loyalität und Verpflichtung an einigen Stellen sowohl auf die Interviewführung als auch auf die Haltungen der Familien ausgewirkt haben (s. u.). – Aus den Interviewerfahrungen, über die wir im folgenden Abschnitt berichten wollen, gehen Hinweise auf Gründe für die Schwierigkeit hervor, Familien für die Kooperation zu gewinnen. Wir haben einen Punkt bereits in der Einleitung zur Sprache gebracht: Das Thematisieren des Privaten und Peinlichen ist ein Problem, das auf die konventionelle Ebene ausweichen läßt. Der Familienwiderstand, auf den wir noch zu sprechen kommen, hat sich unseres Erachtens bereits in diesem Vorfeld intensiv bemerkbar gemacht.

2. Die Interviewerfahrungen

Ein immer wiederkehrender Eindruck, der sich bei allen – auch bei denjenigen Interviews, die zunächst einmal relativ aufgeklärt und offen abliefen – aufdrängte, wurde in der Schwierigkeit sichtbar, im Gespräch an jene Ebene heranzukommen, die Gegenstand unserer Untersuchung sein sollte: die nämlich der latenten organisierenden Motive für Widerstand gegen gesundheitliche Aufklärung auf der Ebene der Familie als eines Systemganzen. Dies hatte sicherlich mehrere Gründe. Zunächst einmal war davon auszugehen, daß die Interviewführung – gemessen an den Einzelgesprächen – insbesondere in ihren aktiv-intervenierenden Momenten im Hinblick auf einen solchen Gruppenzusammenhang erheblich schwieriger sein würde. In Familieninterviews ist ja eine solidarische Loyalität bzw. Offenheit allen Familienmitgliedern gegenüber notwendig, um nicht durch Koalitionsbildungen andere ins Abseits zu drängen und damit den Systemkonflikt aus dem Auge zu verlieren (vgl. hierzu auch das Konzept der „Allparteilichkeit" bei Stierlin u. a. 1977). Diese allgemein-offene Aufmerksamkeitshaltung allen Familienmitgliedern gegenüber ist an sich schon eine besondere Forderung an die Kompetenz des Interviewers, hat er es doch hier mit einer sehr komplexen Übertragungssituation zu tun. Hinzu kommt in einem dynamisch auf Veränderung hin orientierten Verfahren jedoch auch noch die Anforderung gezielter Interventionen, um vorbewußte Widerstandlinien sichtbar und womöglich handhabbar, d. h. thematisierbar zu machen. Offensichtlich waren wir in dieser gedoppelten Haltung im Hinblick auf das methodisch neue Feld von Gruppenzusammenhängen zu ungeübt und unerfahren – dies erklärt die überwiegend rezeptive Haltung der Interviewerin, die oftmals über Oberflächenstrukturen nicht hinausgelangte und es auch nicht dazu kommen ließ, daß sich das Gespräch in einem möglichen zweiten hätte vertiefen können.

Eine andere, wichtigere Begründung für die besonderen Schwierigkeiten mit Familien, die nicht etwa eigenmotiviert sich zu einer Therapie entschließen, über gesundheitsrelevante Probleme offen sprechen zu können, liegt an der Eigentümlichkeit des hier so genannten *Familienwiderstands*. Dies hat vor allem die psychoanalytische Supervision der Interviews deutlich gemacht. Es scheint hier manchmal so, als hätten sich die Familien intern darauf geeinigt, Dritten gegenüber nur gewisse Ausschnitte von Konflikten zu präsentieren. Dies liegt einmal in ihrer Funktion als einer wenn auch oftmals brüchigen, jedoch als solcher definierten und in gewissen Grenzen funktionierenden Solidargemeinschaft. Zum anderen haben sich die Partner meist unbewußt auf Rollen festgelegt, die ihre jeweilig persönliche Konfliktlage mit der Struktur der Familienbeziehungen vermitteln. An diesen werden sie ohne größere Not auch nicht rütteln lassen wollen, zumal sie deren Bedeutung ja oftmals nicht einmal vor sich selbst thematisieren können, weil ein Großteil des Arrangements unbewußt ist. Insofern ist an den Familieninterviews sinnfällig geworden, wie sich individueller Widerstand zusätzlich auf der Systemebene verankert und daß interpersonell organisierter Widerstand für kommunikative Interventionsformen eine erheblich größere Barriere darstellt. Trotz der erwähnten methodischen Einschränkungen kann dies als ein wichtiges Ergebnis der Interviewerfahrungen gelten.

Aus der familiendynamischen Literatur ist ja bekannt, daß es eine Reihe von Familienmechanismen zur Aufrechterhaltung eines gewissen prekären Systemgleichgewichts gibt (z. B. Delegation, Bindung, Ausstoßung – vgl. Stierlin u. a. 1977). Wir haben es hier jedenfalls stets mit einem hochorganisierten Komplex von auf die Erhaltung des Systems gerichteten Beziehungsmodalitäten zu tun, die es – einmal abgesehen von den besonderen Schwierigkeiten unserer Interviewpraxis – in jedem Fall erschweren, etwas über zentrale systemare Konfliktebenen und Veränderungschancen zu erfahren. Auffällig war ja in den Gesprächen, daß die Interviewerin an manchen Stellen den Eindruck hatte, hier ist eine(r) der Beteiligten ja ganz offen, mit der(m) müßte man jetzt allein weitermachen können.

Das besagt sicher doppeltes: Zum einen wird daran sichtbar, daß eine Gesprächssituation zu zweit von vornherein mehr Chancen hat, „tiefer" zu gehen; im Rahmen der Familiendynamik bedeutet dieser Eindruck aber auch zum anderen, daß die signalisierte einseitige Gesprächsbereitschaft bereits Ausdruck einer problematischen Gesamtbeziehungskonstellation ist (etwa im Sinne einer langfristig konflikthaften Rollenverteilung).

Zu „Bahnhofsgesprächen" im Sinne der in der Einleitung dargelegten Offenbarungsbereitschaft kam es also nicht. Unserer Ansicht nach zeigt der Familienwiderstand ganz deutlich, daß der in Form eines sozialen Systems organisierte Widerstand, indem er den der Einzelperson abstützt, besonders hartnäckig verteidigt wird als Abwehrlinie vor den je individuellen Konflikten.

Dieser Schwierigkeiten eingedenk haben wir uns dazu entschlossen, zwei Familieninterviews zu dokumentieren, damit sich der Leser selbst ein Bild von der möglichen Ergiebigkeit machen kann. Wir stellen darin zwei extreme Übertragungssituationen vor, die jeweils zu ganz unterschiedlichen Interviewverläufen führten. Das erste Beispiel betrifft die Familie M., wo von Beginn an ein sicherlich durch die besondere Stellung der Interviewerin gegenüber der Putzfrau ihrer Bekannten verschäftes Klima von Mißtrauen und Feindseligkeit überwiegt. Im zweiten Beispiel kommt Familie P. zu Wort, eine Familie, die sich außerordentlich freundlich auf die Interviewerin einstellt und auch über gewisse Möglichkeiten verfügt, Konflikte darstellen und diskutieren zu können.

3. *Fallbeispiele*

Familie M.
Vater: Meßwartenarbeiter; Mutter: Putzfrau; Tochter: Schülerin, 13 Jahre

Interviewbericht

Familie M. wird mir durch eine entfernte Bekannte, bei der Frau M. als Putzfrau arbeitet, vermittelt. Als ich Frau M. anrufe, erkundigt sie sich sofort von sich aus, worum es eigentlich geht. Deshalb lasse ich mir am Telefon nochmals ausdrücklich die Gesprächsbereitschaft der Familie zusichern.

Familie M. wohnt in einem Mehrfamilienhaus am Rande einer Taunusgemeinde. Zum vereinbarten Termin treffe ich das Ehepaar, etwa 30 bis 35 Jahre alt, vor dem rückwärtigen Hauseingang im Gespräch mit Nachbarn an. Die Begrüßung fällt nicht eben freundlich aus. Beide sind reserviert. Als wir die Wohnung betreten, kommt die Tochter sofort hinzu. Das Gespräch findet dann in der Eßecke des Wohnzimmers statt.

Neben der adrett angezogenen, aufgeschlossen wirkenden Frau M. fällt Herr M. im Erscheinungsbild etwas ab. Er wirkt älter, klein und vor allem lassen seine Züge ein unverhohlenes, etwas spöttisches Mißtrauen mir gegenüber erkennen. Der Eindruck einer leichten Asymmetrie verstärkt sich an der Tochter. Sie ist ein wohlerzogenes, etwas scheues Mädchen, das im Unterschied zu den Eltern keinen Dialekt spricht.

Während ich noch mit dem Tonband beschäftigt bin, nimmt die Familie am Tisch Platz, mir am nächsten die Mutter, dann Vater und Tochter. Als ich mich setze, bemerke ich, daß ein Blumenstrauß mir den Blick zur Tochter teilweise verwehrt. Da aber alles so ordentlich ist, wage ich nicht, hier etwas zu verändern. Gleich zu Anfang will Herr M. erst einmal wissen, zu welchem Zweck die Untersuchung durchgeführt wird. Ich spüre hieran erneut seine Vorbehalte. Auch habe ich den Eindruck, daß das Tonband eigentlich unerwünscht ist. Ich überlege außerdem, ob es die Tischplatte beschädigen könnte.

Nach anfänglichem Hin und Her kommt das Gespräch so in Gang, daß die Eltern meinen, keine Krankheiten zu haben. Nach dieser Versicherung führt Frau M. für mich überraschend schnell eine Ausnahme an, nämlich den „Unterzucker" der Tochter. Bei einer Bergwanderung vor drei Jahren habe sie keine Luft mehr bekommen. Das war der Anlaß, den Arzt aufzusuchen. Seitdem muß H. immer in kleineren Abständen etwas essen. Obwohl ich sie absichtlich anspreche, kommt H. dabei kaum zu Wort, weil die Mutter für sie spricht. Der Vater nimmt abschließend mit der Bemerkung Stellung, das sei eigentlich gar keine Krankheit, worauf die Mutter meint, es könne aber eine werden.

Das Ehepaar betont dann wieder, sonst gebe es nur das Übliche wie etwa Grippe. Danach fällt Frau M. ihr Heuschnupfen ein, der vor einem Jahr zum ersten Mal auftrat. Grund sind die zahlreichen Erlenbäume in der Nähe des Hauses, das die Familie kurz zuvor bezogen hatte. Um das Gespräch damit nicht enden zu lassen, spreche ich nun Herrn M., der sich gerade eine Zigarette anzündet, aufs Rauchen an. Er meint, sehr wenig zu rauchen, höchstens eine halbe Packung am Tag und hauptsächlich in Gesellschaft. Vor zehn Jahren hat er einmal für drei Monate das Rauchen eingestellt, wurde dann aber in Gesellschaft wieder verführt. Er sieht keinen Anlaß, erneut aufzuhören, weil die Gesundheitsgefährdung durch Schadstoffe in Nahrung und Luft viel höher zu veranschlagen sei. Hierin stimmt ihm seine Frau zu. Irgendwie kommt er dann darauf zu sprechen, daß gutes Essen und Trinken in der Familie wichtig ist. Das wäre das Letzte, an dem gespart würde, wenn man sich mal einschränkten müßte. An dieser Stelle entsteht eine fast fröhliche Atmosphäre zwischen den dreien. Sie witzeln und ironisieren sich selbst.

Herr M. ergeht sich daraufhin in Klagen über die Heizölpreise, erwähnt, daß viele deswegen schon auswandern. Ich frage ihn, ober er als Familienvater Angst vor der Zukunft habe. Er bezeichnet sich jedoch als Optimisten. Seine Frau pflichtet ihm bei. Es sei besser, nichts davon zu wissen, wenn die Zukunft Schlechtes brächte. Während Frau M. also anfangs am meisten erzählt, steht Herr M. jetzt ganz im Vordergrund. Von der Tochter ist nichts mehr zu hören und für mich auch nur wenig zu sehen. Im Zusammenhang mit den Zukunftsängsten entwickelt sich im folgenden ein Gespräch über die Sicherheit des Arbeitsplatzes. Herr M., der früher in einer Tankstelle arbeitete, hat sich, veranlaßt durch die Ölkrise, einen Großbetrieb der chemischen Industrie gewählt. Dort arbeitet er in Wechselschicht als Überwacher einer automatischen Anlage. Es geht nun um Vor- und Nachteile der Schichtarbeit, ein Thema, an dem sich auch Frau M. wieder beteiligt. Dabei gibt sie – allerdings eher ironisierend – zu erkennen, daß sie ihren Mann in seiner Freizeit kaum sieht, weil er sich ständig handwerklichen Betätigungen widmet, z. B. die Rasenmäher der Nachbarschaft repariert. Um die Tochter doch noch ins Gespräch einzube-

ziehen, frage ich sie beim Thema Arbeit, was sie einmal werden möchte, bekomme die Antwort jedoch von der Mutter: Kosmetikerin.
Es geht dann noch um einige sportliche Aktivitäten in der Freizeit. Frau M. geht regelmäßig in die Sauna und zur Massage, weil sie unter niedrigem Blutdruck und Schmerzen im Nacken leidet. Ich habe hier den Eindruck, daß die Beschwerden der Familie nur nach und nach zum Vorschein kommen. Die Nackenschmerzen seien durch vieles Stricken im Handarbeitszirkel bedingt. Auch Herr M. litt früher unter niedrigem Blutdruck, wogegen aber die sportlichen Betätigungen geholfen haben. An dieser Stelle schaltet sich plötzlich die Tochter ein mit dem Hinweis, sie habe viel Bewegung durch den täglichen Schulweg. Die Eltern formulieren nun wechselseitig, wie wenig sie von Medikamenten, überhaupt von „Chemie" halten und verweisen auf die Tablettensucht von „Oma und Opa". In diesem Zusammenhang kommen auch Arztbesuche zur Sprache, was Herr M. nun zum Anlaß nimmt, seine bislang nur untergründige Feindseligkeit gegen micht deutlich werden zu lassen. Wenn er und ich zum Arzt gingen, sei das noch lange nicht dasselbe. Er unterstellt ganz selbstverständlich, daß ich privat versichert bin.
Als Abschluß dieser Episode über Arztbesuche äußern sich die Eltern erneut einhellig, zum Glück nicht wirklich krank zu sein. Frau M. fügt noch wie beiläufig an, nur die Tochter mache Sorgen, weil sie von klein auf immer mal wieder etwas gehabt habe, z. B. „zu wenig rote Blutkörperchen", aber zum Glück nichts Ernstes, man müsse zufrieden sein.
Damit endet die Tonbandaufnahme, was ich zum Anlaß nehme, auch das Gespräch zu beenden, weil ich von vornherein ein unterschwelliges Mißtrauen spürte, das ich auf das Arbeitsverhältnis von Frau M. zurückführe. Ich bin daher bereits entschlossen, kein weiteres Gespräch mehr auszumachen. Als ich das Tonband einpacke, werden alle lebhafter und regen sich über den Tablettenmißbrauch der erwähnten Großeltern auf, die davon nicht abzubringen seien. Es geht wieder um „Chemie" und „Natur" und darum, daß die Familie „Chemie" so gut es geht vermeidet, z. B. verzichtet Frau M. auf Make-up, weil sie dagegen ebenfalls allergisch ist, wie ich erst jetzt erfahre.
Herr M. will dann aber noch wissen, was nun mit dem Tonband geschieht. Ich erkläre es kurz, was ihn sinngemäß äußern läßt, auf diese Weise werde das Geld der Steuerzahler wieder einmal verschleudert. Abschließend bedanke ich micht mit der Bemerkung, das Gespräch sei für unsere Untersuchung bestimmt sehr interessant.

Interpretation

In diesem Gespräch ist keine positive Übertragungssituation zustande gekommen, die über die konventionelle Oberfläche hinaus etwas hätte erfahrbar machen können. In einer feindlichen Übertragung, wie sie hier vorliegt, wird das zum Intimbereich gehörende Thema Krankheit nicht offenbart, weil man sich sonst möglichen Angriffen und Verletzungen durch den „Feind" aussetzen würde. Deshalb werden hier die eigentlichen Probleme nicht zur Sprache gebracht, und das Interview bleibt auf der Ebene des konventionellen Alltagsgesprächs.

Bereits an der reservierten, unfreundlichen Begrüßung spürt die Interviewerin, daß ihr Feindseligkeit entgegengebracht wird. Vor allem Herr M. macht aus seinem Mißtrauen keinen Hehl. Er äußert seine Vorbehalte gegenüber der Untersuchung, die auch nach dem Gespräch, wie seine verächtliche Bemerkung zeigt, nicht ausgeräumt sind. Diese Feindseligkeit, so läßt sich dem anklagenden Tenor in der Rede über die schlechten Zeiten entnehmen, entspringt einer abwehrenden und zugleich verachtenden Haltung gegenüber denjenigen, die es besser haben, etwas besitzen und im Wohlstand leben. Die Interviewerin wird dieser Schicht zugerechnet, weil die Familie durch die Arbeitgeberin von Frau M. vermittelt wurde. Herr M. gibt ihr dies deutlich zu verstehen. Nach seiner Auffassung lebt die Interviewerin auf Kosten der Steuerzahler und sie ist selbstverständlich privat krankenversichert.

Familie M. jedoch fühlt sich auf der Seite derer, die im Mangel leben. Das Thema des Mangels ist im Gespräch an einigen Stellen implizit präsent (z. B. Arbeitslosigkeit, Preissteigerungen), insbesondere wird es aber auch auffällig an den Beschwerden, die eines gemeinsam haben, nämlich durch einen „Mangel" charakterisiert zu sein: zu wenig Blutzucker, zu wenig Blutdruck, zu wenig rote Blutkörperchen. Demgegenüber haben Essen und Trinken, also orale Versorgung oder allgemeiner: Besitzen und Haben in dieser Familie ebenfalls eine besondere Bedeutung. Die beschriebene Übertragungssituation verschärft sich nun dadurch, daß die Interviewerin als jemand, die zu den Besitzenden zählt, von denen, die ohnehin zu wenig haben, noch etwas mitnehmen möchte. Schließlich will sie ja die Familie für ihre Untersuchung „ausbeuten". Die Interviewerin erhält jedoch nichts. Sie wird mit nichtssagenden Allgemeinplätzen buchstäblich abgespeist. An der Interviewsituation wird daher das Interpretationsschema von Familie M., Mangel zu leiden und leer auszugehen, nochmals deutlich. Sie wendet es unmittelbar auf die Interviewerin an und nutzt somit das Interview als Gelegenheit, das Muster einmal umzukehren.

Um sich in der feindlichen Übertragungssituation gegen die durch eine Offenlegung der Probleme provozierbaren Angriffe und Verletzungen zu schützen, tritt die Familie als loyaler Block auf. Einer wacht über den anderen. Die Tochter jedoch, die bereits dadurch aus dem Rahmen fällt, daß sie keinen Dialekt spricht, könnte die Loyalität sprengen. Deshalb läßt die Mutter sie auch nicht zu Wort kommen. Ein untergründiger Bruch zeigt sich vor allem daran, daß die Tochter, um schön zu werden, die Mutter schädigen will. Denn gegen Kosmetika ist die Mutter allergisch. Im Wunsch, Kosmetikerin zu werden, unternimmt die Tochter daher einen ersten Abgrenzungsversuch.

Was die Tochter in ihrem Berufswunsch erst anstrebt, gilt für den in einem Chemieunternehmen tätigen Vater bereits seit einiger Zeit. Er hat Umgang mit allergenen Stoffen der Außenwelt, die von der Mutter, ausgedrückt im Symptom, als giftige und feindselige erlebt wird. Ihre präambivalente Haltung, die das Böse („Chemie") nach draußen externalisiert und das Gute („Natur") in der Familie weiß, wird sicher auch vom Mann geteilt. (In diesem Zusammenhang ist übrigens auch die Schilderung der Interviewerin über ihre Befürchtung zu verstehen, mit dem von draußen hereingebrachten Tonband die „gute" Tischplatte zu beschädigen.) Die im Gespräch dominanten Themen: Mangel, Chemie und Natur ergeben in ihrer Bedeutung ein durchgängiges familiales Interpretationsmuster: Das Ehepaar lebt in dem Einverständnis, im Leben zu kurz zu kommen, ausgebeutet zu werden und sich aus Sicherheitsgründen sogar dem Feind (Chemieunternehmen) andienen zu müssen. Mit diesem starken, bösen Objekt liebäugelt nun die Tochter, denn sie möchte in dessen Regionen aufsteigen. Es ist daher zu vermuten, daß sich an der heranwachsenden Tochter in dem Maße, wie sie ihre Loyalität mit dem familialen Deutungsmuster aufkündigt, die familiären Konflikte entzünden werden.

Familie P.
Vater: Beamter des einfachen Dienstes, 43 Jahre; Mutter: Kaufmännische Angestellte, 43 Jahre; anwesende Tochter: Auszubildende, 17 Jahre; abwesende Tochter: kaufmännische Angestellte, 18 Jahre

Interviewbericht

Den Zugang zu dieser Familie finde ich über die Gewerkschaft. Frau P., mit der ich telefoniere, ist sofort mit einem Interview einverstanden, nennt aber die Schwierigkeit, die Familie „unter einen Hut" zu bringen. Auch erfahre ich, daß eine der Töchter gerade Urlaub macht. Frau P. spricht leicht schleppend und leidend, wirkt zugleich aber sehr warmherzig und entgegenkommend.
Vor dem Haus der P.s angekommen, registriere ich gleich den großen Lärm, den eine in der Nähe vorbeiführende Straße sowie ein Rasenmäher verursachen. In der Wohnung treffe ich Vater, Mutter und Tochter bereits zusammen an. Herr P. begrüßt mich kollegial mit „Ich bin der Fritz", seine Tochter jugendlich-flott „Ich bin die Silvie". Das Ehepaar schlägt dann als Gesprächsort den Balkon vor, wo man sich offenbar bis jetzt auch aufgehalten hat. Da es dort aber sehr laut ist, bitte ich mit dem Hinweis auf die Tonbandaufnahme darum, daß wir ins Wohnzimmer gehen. Das Ehepaar wird jetzt sehr aktiv in dem Bemühen, gute Gesprächsbedingungen zu schaffen. Frau P. weist den anderen und mir sogar den Platz an, den sie für das Gelingen der Aufnahme am günstigsten hält. Die Einladung auf den Balkon habe ich bereits als Zeichen freundschaftlicher Aufnahme empfunden, jetzt wird mir noch etwas zu trinken angeboten, was ich in einem Familieninterview zum ersten Mal erlebe.
Da ich bisher nur mit Frau P. gesprochen habe, erkläre ich zunächst, worum es geht. Herr P. kann sich erst nichts Rechtes darunter vorstellen, fühlt sich dann aber offenbar dazu aufgerufen, eine Art Vortrag über die heutigen Arbeitsbedingungen zu halten. Er spricht dabei langsam und in überlegten Formulierungen, als hätte er gerade eine Versammlung vor sich. Mutter und Tochter versinken in Schweigen. Herr P. will auf die These hinaus, daß auch ein Dienstleistungsunternehmen im Sinne der Arbeitsbedingungen ein Produktionsbetrieb ist. Ich bitte ihn dann, die Auswirkungen der Arbeit für sich selbst zu beschreiben. Zu meiner Überraschung hat Herr P., der seit 25 Jahren im Schichtdienst arbeitet, bislang noch keine gesundheitlichen Schädigungen davongetragen. Nur nervös sei er geworden, was sich auch in der Familie auswirke. Er sei sehr lärmempfindlich und brauche seine Ruhe. Ich frage ihn, ob er die Belastung durch Schichtarbeit deshalb besser als andere bewältige, weil er gewerkschaftlich so aktiv sei. Er hält das aber nur für eine zusätzliche Belastung mit viel „Frust".
Frau P. meint nun, ihr Mann merke gar nicht, wie nervös er ist Schon die geringsten Geräusche regen ihn auf, wie etwa heute der Rasenmäher. Zur Bestätigung der Mutter schaltet sich jetzt die Tochter vehement ein, um zu schildern, wie nervös der Vater immer in der Wohnung herumläuft. Allmählich entwickelt sich daraus ein reger Disput, insbesondere zwischen Vater und Tochter, in dem es darum geht, daß Herr P. Rücksichtnahme fordert, der Tochter „Egoismus" und mangelnde „Solidarität" vorwirft, die Tochter sich aber ungerechtfertigt beschuldigt fühlt. Nach meinem Eindruck muß dies eine andauernde Auseinandersetzung sein, die bei jeder beliebigen Gelegenheit stets aufs neue entsteht. Zunehmend ergreift Frau P. die Partei ihres Mannes und wendet sich ebenfalls gegen die Tochter. Von Kindern könne man keine Einsicht erwarten. Sie wünscht sich, die Töchter würden einmal andere Familien kennenlernen, denn dann wüßten sie ihre Freiheiten daheim erst zu schätzen. Als die Tochter resigniert aufgibt, wende ich mich an Herrn P. und sage ihm, daß er mit seiner Forderung nach Ruhe vielleicht nur mehr Anerkennung für

seine schwere Arbeit bekommen möchte. Dies lehnt er aber entschieden ab. Er ist nicht der Auffassung, daß die Arbeitsanforderungen der anderen geringer sind.
Frau P. ist seit einem Jahr ganztags berufstätig (zuvor zehn Jahre halbtags), und zwar gerade deswegen, weil die Töchter ihre eigenen Wege zu gehen beginnen. Die Auseinandersetzung über Rücksichtnahme entzündet sich jetzt erneut und kulminiert darin, daß die Tochter ihren Wunsch, ausziehen zu wollen, deutlich macht. Meiner Ansicht nach, die ich auch äußere, fällt die Ablösung der Töchter diesem Ehepaar sehr schwer. Davon wollen aber beide nichts wissen. Das sei schließlich der Lauf der Welt, gut so und notwendig. Überhaupt wird die Auseinandersetzung von allen dreien im fast geschult erscheinenden Stil der argumentativen Konfliktaustragung geführt. Einerseits wirkt die Gesprächsatmosphäre sehr offen auf mich, weil mir keine falsche Harmonie vorgespielt wird, andererseits vermute ich wegen des geschulten Stils ganz andere Probleme unter der Rubrik Rücksicht, z. B. den Freund der Tochter, der auch einmal zur Sprache kommt.
Die Familie wohnt in sehr beengten Verhältnissen. Die fast erwachsenen und berufstätigen Töchter müssen sich das Kinderzimmer teilen. Während die Tochter meint, in einem Eigenheim gäbe es diese Probleme erst gar nicht, ist ihr Vater der Auffassung, daß sich an den Verhaltensweisen trotzdem nichts ändern würde. Das verstärkt bei mir den Eindruck, daß das Thema Ruhestörung eher vorgeschoben ist.
Irgendwann beruhigen sich die Gemüter wieder. Herr P. möchte einen Schlußstrich ziehen, indem er feststellt, das habe ja nun nichts mehr mit Gesundheit zu tun. Ich spreche Frau P. noch auf ihre Arbeitssituation an. Sie bezeichnet sich nun ebenfalls als nervös, sie fühlt sich überlastet. Beim Thema Hausarbeit gibt es erneut eine kleine Auseinandersetzung mit der Tochter, die aber schnell beigelegt ist. Schließlich geben die Eltern sogar ihrer Zufriedenheit mit den beiden Töchtern Ausdruck. Diese Probleme gebe es wohl überall, das sei ganz normal.
Auch auf Nachfragen können die drei keine Beschwerden oder Krankheiten nennen, mit Ausnahme von Erkältungskrankheiten. Es bleibt bei Nervosität im Sinne von Launen, Empfindlichkeiten und Überlastung.

Interpretation

In diesem Fallbeispiel finden wir eine gesunde, relativ symptomfreie Familie vor. Familie P. läßt sich nicht nur wegen fehlender ernstlicher Erkrankungen als gesund charakterisieren, sondern vor allem wegen ihres Kommunikationsstils, welcher für den in dieser Untersuchung zentralen Zusammenhang von Krankheit und Konflikt als ein positives Beispiel gelten könnte. Wie der Interviewbericht gezeigt hat, nimmt Familie P. das Thema Gesundheit zum Anlaß, die Abgrenzungsschwierigkeiten zwischen Eltern und heranwachsenden Kindern vorzuführen, und zwar so, daß ein reger, argumentativer Austausch zwischen den Familienmitgliedern stattfindet. Die Interviewerin bleibt daran weitgehend unbeteiligt. Die Familie nutzt vielmehr das Interview als Gelegenheit zum Gespräch untereinander und ist imstande, dieses Gespräch autonom, ohne Strukturierung durch die Interviewerin zu entwickeln. Familie P. setzt sich auf diese Weise wohl auch im Alltag auseinander und hält damit ihre aktuellen Konflikte in der Diskussion. Sie ist deshalb weniger darauf angewiesen, auf andere Lösungsmöglichkeiten bzw. Abwehrstrategien auszuweichen.

Die Ansprüche der Töchter, die sich aus dem Erwachsenwerden ergeben, führen zwangsläufig zu einer Menge realer Probleme, zumal unter den beengten Verhältnissen einer Drei-Zimmer-Wohnung. Natürlich entstehen aus dem Ablösungsprozeß der Töchter auch innere Konflikte, die allerdings auf einer tieferen (unbewußten) Ebene liegen, als sie im Gespräch zum Vorschein gekommen ist: Wenn die Töchter selbständig werden und aus dem Hause gehen, verliert der Vater aufgrund der unbewußt wirksamen ödipalen Konstellation gleichsam mehr als die Mutter. Er muß zunehmend mit Nebenbuhlern leben, während die Mutter vermutlich eher froh ist, die beiden Rivalinnen loszuwerden. Diese Interpretationsrichtung läßt sich jedoch nur aufgrund allgemeingültiger Annahmen verfolgen, denn hierzu bietet Familie P. selbst kein szenisch interpretierbares Material an. Gerade weil sie „bewußter“ lebt, verrät sie weniger davon, was sich auf einer tieferen Ebene deuten ließe. Familie P. legt zwar eine breite Oberflächenschicht dar, worunter aber tiefere Dimensionen verborgen bleiben.

Weil Familie P. angesichts ihres reifen psychischen Entwicklungsniveaus nichts zu befürchten hat, kann sie es sich auch erlauben, eine Fremde vorbehaltlos und freundschaftlich aufzunehmen. So machen sich Vater und Tochter mit dem Vornamen bekannt, man lädt die Interviewerin auf den Balkon ein und bietet ihr Getränke an, ist also in jeder Hinsicht bemüht, gute Gesprächsbedingungen zu schaffen. Darüber hinaus fällt der Interviewerin auf, daß Familie P. sie gemeinsam empfängt und daß nicht, wie sonst üblich, die Familienmitglieder einzeln nacheinander eintreffen. Diese auffällige Geschlossenheit in der Anfangssituation belegt ein Gefühl der Zusammengehörigkeit, das sich auch am Ende des Gesprächs in der Bereinigung der Auseinandersetzung wiederherstellt. Familie P. ist demnach in der Lage, sich produktiv zu streiten. Gemeinsamkeit und Solidarität werden dadurch nicht gefährdet.

Vor allem an der Mutter läßt sich ein Interaktionsstil beobachten, der die Fähigkeit zum fließenden Positionswechsel, zur Elastizität der Argumentation anzeigt. Während Vater und Tochter zwar die Interessen des jeweils anderen argumentativ anerkennen, letztlich aber auf ihren Positionen beharren, nimmt Frau P. einen mehrfachen Positionswechsel vor. Zunächst bezeichnet sie ihren Mann als nervös und gibt damit implizit den Vorwürfen der Tochter recht. Nur weil er überempfindlich ist — Frau P. nennt als Beispiel den Rasenmäher —, stören ihn die Aktivitäten der Tochter. Im Laufe der Auseinandersetzung jedoch, als nämlich die dem Thema Ruhestörung zugrunde liegenden Loslösungstendenzen der Töchter sichtbar werden, solidarisiert sie sich mit ihrem Mann und teilt seine Klagen über die Töchter. Zum Schluß wiederum erkennt sie die Autonomiewünsche als notwendig und unabänderlich an und zeigt sich mit der Entwicklung der Töchter zufrieden. Frau P. fühlt sich als Mutter offenbar in der Rolle derjenigen, welche die familiären Gegensätze auszugleichen sucht, ohne aber deshalb ihrem Mann die eheliche Solidarität aufzukündigen. Außerdem ist sie, wenn es um ihre eigene emotionale Betroffenheit oder ihre (z. B. Haushalts-)Interessen geht, imstande, eine eigenständige Position zu formulieren und in die Auseinandersetzung einzubringen.

Insgesamt kennzeichnet die beschriebene Auseinandersetzung ein recht hohes Niveau der Differenzierung und Separation: Jeder kann sich artikulieren, ohne deswegen gleich destruktiv zu wirken. Insofern ist auch Frau P.s Bemerkung am Telefon, es sei schwierig, alle unter einen Hut zu bekommen, als eine durchaus realitätsangemessene Äußerung zu verstehen und kein Anlaß, Spaltung und Zerstrittenheit zu vermuten. Der positive Entwicklungsstand dieser Familie geht allerdings ein wenig zu Lasten des Vaters. Wenn alle anderen, zumal ausschließlich weiblichen Mitgliedern der Familie gleichberechtigt ihre Interessen anmelden und gleichermaßen zu Wort kommen, so kann Herr P. keine traditionell dominante Vaterposition beziehen. Seine männliche Bestätigung sucht er deswegen vermutlich in seiner gewerkschaftlichen Betätigung, indem er ähnlich wie im Interview gerne Vorträge hält.

VI. Schluß und verallgemeinernde Auswertung

1. *Einige gesellschaftstheoretische Voraussetzungen zum Verständnis von „Gesundheitsverhalten" heute*

Im Rahmen eines in erster Linie interpretierend verfahrenden wissenschaftlichen Ansatz ist es besonders wichtig, die Bedeutung der unmittelbar untersuchten Probleme zu präzisieren, indem sie auf einen weiteren Zusammenhang bezogen werden.

Das Ausformulieren von allgemeineren gesellschaftlichen Rahmenbedingungen des ins Auge gefaßten Feldes spezifiziert und erweitert das Verständnis für die im Fokus liegenden Phänomene. Zugleich wird auf diese Weise die praktische Perspektive erweitert, weil mehr Wirkfaktoren bekannt werden. Eine solche Horizonterweiterung ist heute insbesondere von Bedeutung, wenn es auf diese Weise gelingt, das Handeln einzelner über einen psychologischen Bezugsrahmen hinaus im Kraftfeld gesellschaftlicher Widersprüche zu interpretieren. Für unser Thema ist in dieser Hinsicht besonders wichtig, wie das Phänomen „Krankheit" gesellschaftlich gehandhabt wird. Sinnzusammenhänge aus jenem Bereich erhellen auch den Bereich „Gesundheitsverhalten" und „Gesundheitserziehung".

Insbesondere der amerikanische Soziologe Talcott Parsons (1964) hat die Handhabung von Krankheit in unserer Gesellschaft untersucht[1]. Im Zentrum seiner Erörterungen steht das Verständnis von „Krankheit" als einer Form „abweichenden Verhaltens", welches nur unter spezifischen Bedingungen gestattet ist. Diese Perspektive ist Resultat einer funktionalistischen Sicht, welche die Elemente einer Gesellschaftsordnung, also auch die einzelnen Menschen, auf das Funktionieren der bestehenden Ordnung hin konzipiert. *Gesundheit* wird unter dieser Voraussetzung verstanden als „Zustand optimaler *Leistungsfähigkeit* eines Individuums für die wirksame Erfüllung der Rollen und Aufgaben, für die es sozialisiert worden ist. Sie wird damit definiert in bezug auf die Teilhabe des Individuums am Sozialsystem" (a.a.O., S. 71). Parsons' Analyse ergibt, daß, falls jemand „krank" wird, diese Person vor-

1 Parsons geht davon aus, daß er in der hier hervorgehobenen Arbeit nationale Unterschiede beim gesellschaftlichen Handhaben des Krankheitsmechanismus untersucht, Differenzen betreffend die USA, die UdSSR und Großbritannien. Aufgrund seiner speziellen Bezugnahme auf die gesellschaftliche Entwicklung können wir jedoch davon ausgehen, daß seine Analyse der amerikanischen Handhabung in den entscheidenden Zügen auch für die bundesrepublikanischen Verhältnisse gilt, eben für hochindustrialisierte bürgerliche Gesellschaften. Auf unserer allgemeinen Diskussionsebene können wir Parsons' Darlegungen auch als Analyse unserer gesellschaftlichen Wirklichkeit verstehen und die beispielsweise sozialpolitisch gestifteten Unterschiede vernachlässigen. Parsons hat einen ungewöhnlich großen Teil seines Werkes den Problemen sozialer Kontrolle vermittels medizinischer Versorgung gewidmet. Aus pragmatischen Gründen wird hier nur diese eine Arbeit zitiert.

übergehend von entsprechenden Rollenaufgaben im Sinne ihres Beitrages zur gesellschaftlich von jedem „gesunden" Menschen geforderten Leistung entbunden wird[2].

Es ist klar, daß unter der Voraussetzung, Gesundheit habe (vor allem) diesen gesellschaftlich (und nicht persönlich) orientierten Gebrauchswert zu haben, Erkanken scharf auf seine Legitimität hin kontrolliert wird. Mit der Problematisierung von „Gesundheitsverhalten" und der Betonung der Prophylaxe wird der Tendenz nach versucht, diese soziale Kontrolle auch ins Vorfeld von „Krankheit" auszudehnen. Es kann hier nicht die gesamte Problematik dieses auf unsere gesellschaftliche Realität bezogenen Ansatzes von Parsons erörtert werden (vgl. dazu Horn 1981a, b). Zum besseren Verständnis unseres Projektes und seiner Ergebnisse bzw. bereits seines Gegenstandes, nämlich der Widerstände gegen Gesundheitserziehung, ist jedoch die Rekapitulation eines auf historische Probleme und spezifische gesellschaftliche Funktionsprinzipien gerichteten Gedankenganges von Parsons wichtig. Dieser geht nämlich davon aus, daß der Krankheitsmechanismus gegenwärtig eine gesellschaftlich besonders wichtige Form von sozialer Kontrolle bzw. Verhaltenssteuerung ist. Er begründet das aus der Differenziertheit unserer gesellschaftlichen Struktur. Wir wollen Parsons ausführlich zu Wort kommen lassen, um uns der Bedeutung dieses zentralen Punktes zu versichern. Parsons (a.a.O., S. 76) schreibt.

„Man könnte sagen, daß nach der Jahrhundertwende die Bühne vorbereitet war für eine neue Ebene der Beschäftigung mit den Problemen der Gesundheit, die in der Tat in dieser Periode stark im Vordergrund standen, ohne freilich die anderen Probleme etwa ganz zu verdrängen. Ihre Bedeutung wird nach meiner Meinung durch eine andere Erscheinung der Gesellschaftsentwicklung weiter unterstrichen. Ich meine die Tatsache, daß mit der Entwicklung der Industrialisierung, der Verstädterung, einer fortschreitenden Technologie, der Massenkommunikationsmittel und vieler anderer Erscheinungen unserer Gesellschaft die höheren Ebenen der Verantwortlichkeit allgemein an Wertschätzung gewannen. Das Leben wurde notwendigerweise komplexer und stellte höhere Anforderungen an das typische Individuum, wenngleich verschiedener Art auf verschiedenen Ebenen. Das nackte Problem der Leistungsfähigkeit, diesen Anforderungen zu entsprechen, wurde dringlicher. Die Motivation, über psychische oder psychosomatische Bahnen den Rückzug in die Krankheit anzutreten, verstärkte sich und damit die Bedeutung wirksamer Mechanismen, um mit denen fertig zu werden, die einen solchen Rückzug antreten."

Hier wurde hervorgehoben, weshalb nach Parsons' Ansicht die Gefahr häufigen Krankwerdens als einer (für möglichst kurze Zeit nur, aber immerhin) legalisierten Form abweichenden Verhaltens heute besonders droht: Der gesellschaftliche Zugriff auf die Leistungsfähigkeit der Menschen ist intensiver geworden und damit auch die Tendenz, sich solcher Verpflichtung in erlaubter Weise zu entziehen. Par-

2 Zentrale Modi der Handhabung des Krankheitsmechanismus sind *erstens*, daß der Kranke für seinen Zustand nicht verantwortlich gemacht werden kann, daß er also aufgrund eines medizinischen Befunds exkulpiert wird; *zweitens*, daß er von seinen normalen Rollen- und Aufgabenverpflichtungen entlastet wird; *drittens*, daß der Kranke selber diese Entlastung nur als bedingte versteht, als im Prinzip unerwünschtes Verhalten und alles tut, damit er wieder gesund wird, und schließlich, *viertens*, daß der Kranke und seine Angehörigen verpflichtet sind, für das Gesunden (d. h. das Wiedererfüllenkönnen normaler Rollenaufgaben) kompetente Hilfe zu suchen. Das gilt für körperliche Erkrankungen. Im Falle psychischer Erkrankungen sind die Sanktionen gravierender, weil dann davon ausgegangen wird, daß die gesellschaftlichen Rollen selber nicht mehr erfüllt werden können, also auch die Krankenrolle nicht.

sons unterstreicht diesen Gesichtspunkt der Leistungsorientierung der Gesundheit immer wieder und hebt dabei sogar hervor, daß diese Orientierung in gewisser Weise in Widerspruch zu politischen Orientierungen treten kann; die Erfahrungen in jeder ökonomischen Krise im Hinblick auf die Handhabung von Krankheit unterstreichen seine Analyse des Handhabens des Krankheitsmechanismus im Hinblick auf die Bedeutung der Leistungsfähigkeit und der sozialen Steuerung bzw. Kontrolle noch einmal:

Die „. . . ‚liberale' Prägung (der amerikanischen Gesellschaft, d. A.), die im Kampf liegt mit einer sehr strengen Integration in Richtung eines Zieles des Gesamtsystems, tendiert zu einer Betonung des Problems, Einheiten dazu zu bringen, ‚sich ranzuhalten'. Das menschliche Individuum ist der Endpunkt der Reihe von Einheiten, von denen das Funktionieren der Gesellschaft abhängt, und ist deshalb in diesem Zusammenhang die ‚letzte Zuflucht'. Gleichzeitig steht die aktivistische Orientierung der Gesellschaft im Kampf gegen jede Art von Orientierung, die es den Individuen gestatten könnte, ‚es sich bequem zu machen', und legt größten Wert auf Schutz und Entwicklung des Leistungsvermögens in dem oben behandelten Sinn" (Parsons, a.a.O., S. 77).

Wenn wir davon ausgehen, daß die Analyse von Parsons im wesentlichen auch für die bundesrepublikanische Gesellschaft gilt, dann ist es zweifellos von Bedeutung, wenn wir diese Studie des Widerstands gegen Gesundheitsaufklärung auch unter den Voraussetzungen dieser historischen Entwicklung sehen. Wenn nämlich die gesellschaftlichen Anforderungen an die einzelnen mit der „Komplexität" der Gesellschaft zunehmen bzw., wie wir es sehen, wenn mit der Tendenz zur Zentralisierung der gesellschaftlichen Lenkungsfunktion überhaupt auch der normativ geregelte Zugriff auf menschliche Leistungsfähigkeit im Sinn von Gesundheit fester wird[3] und als Reaktion auf diesen strikter werdenden gesellschaftlichen Zugriff Krankwerden der entscheidende oder doch zumindest ein wichtiger legitimer Entlastungsmechanismus ist, bleibt der Umgang mit Krankheit und das Sorgen für Pro-

3 Es ist in diesem Kontext nicht ohne Bedeutung, daß Parsons (a.a.O., S. 79) der naturwissenschaftlichen Medizin die Kontrolle darüber zuspricht, ob jemand wirklich krank ist, d. h. ob jemand wirklich „nicht anders kann". Da Parsons die Psychosomatische Medizin kennt, er den psychosomatischen Regressionsmechanismus jedoch, wie wir aus dem oben wiederkehrenden Zitat (a.a.O., S. 76) ersehen konnten, verurteilt, läßt sich dieser Rückgriff auf die naturwissenschaftliche Medizin dahingehend verstehen: Sie urteilt, als Organmedizin Subjektivität notwendig beiseite lassend, nur über den Zustand des Körpers als Basis der Leistungsfähigkeit und soll damit wohl – in ihrer sozialen Kontrollfunktion – die Person als eine ihren eigenen Körper steuernde der Tendenz nach ausschalten können. Die Person wäre nämlich imstande, so läßt sich auch aus anderen Passagen der herangezogenen Arbeit schließen, diesen Körper nach nicht-zentralisierten, nach privaten Maximen zu steuern und seine Leistungsfähigkeit damit der (zentralisierten) sozialen Kontrolle zu entziehen (vgl. dazu Horn u. a. 1984)
Wir möchten die Gelegenheit dieser Anmerkung zu Medizinkonzepten nehmen, um einem weitverbreiteten Irrtum entgegenzutreten: Unsere Einwände gegen den naturwissenschaftlichen Zugang zu Krankheit kritisieren nicht etwa diesen Ansatz schlechthin. Diese Kritik kann nur heißen, daß dieses medizinische Denken und die damit verbundene Praxis nicht der einzige Zugang zum Problem Krankheit sind. Kritik richtet sich also gegen die Ausschließlichkeit dieses Konzepts und die gesellschaftlichen Strukturen, in welchen diese Ausschließlichkeit sich niederschlägt, beispielsweise der überwiegend technisch-pharmakologischen Behandlungsform.

phylaxe vergebliche Liebesmüh', insofern damit nur Symptome *eines grundsätzlicheren Konflikts* verhandelt werden. Solange solchen Entwicklungen gegenüber nicht auch gezielt politisch argumentiert und gehandelt wird und wenn wir deshalb die zunehmenden Schwierigkeiten in unserem Gesundheitssystem[4] nicht auch im Lichte der von Parsons hervorgehobenen historischen Bedeutung von Krankheit als Mechanismus sozialer Steuerung sehen, dann ist der Versuch, die Patienten selber, und zwar bereits als potentielle Patienten, d. h. prophylaktisch und aktiv mit in die Gesundheitsvorsorge einzubeziehen, einerseits zwar zwingend, andererseits aber nur marginal erfolgversprechend.

Aufgrund der hier vorgetragenen gesellschaftstheoretischen Argumente verstehen wir den Widerstand besser, welchen die Bürger diesem Einbezogenwerden in den Vergesellschaftungsprozeß aus privaten Motiven entgegensetzen. Solcher „Widerstand" ist – das dürfte nun deutlich geworden sein – eben nicht nur als „privat" mißzuverstehen, sondern auch als ein Problem zu interpretieren, welches sich im Rahmen der gesellschaftlichen Entwicklung in den Vordergrund schiebt, der gesellschaftlichen Entwicklung von institutionalisierten und relativ schnell wechselnden Leistungsforderungen an Körper und Geist. Insofern das Zustandekommen dieser Leistungsanforderungen für die Mitglieder dieser Gesellschaft im wesentlichen undurchsichtig bleibt („Sachzwang"), kommt es zu Motivations- und Legitimationskrisen. Um daraus resultierenden Krisen sozialer Steuerung entgegenzuwirken, tritt zunehmend der gesellschaftliche Zugriff auf die Leistungsfähigkeit von Körper und Geist mittels der Medizin als Instrument sozialer Kontrolle in den Vordergrund (Parsons a.a.O., S. 78). Es entsteht ein Steuerungsinteresse, welches im Sinne einer Bindung menschlicher Leistungsfähigkeit an jene Rollenaufgaben arbeitet, welche aus der als „Sachzwang" begriffenen Automatik der gesellchaftlichen Entwicklung hervorgehen. Damit ist die *Person als Produzent von Motivationen,* welche den *objektiv organisierten Zwecken* zuwiderlaufen könnten (vgl. dazu Rammstedt 1981, S. 84 ff.), der Tendenz nach in den Hintergrund gedrängt. Die gesellschaftliche Organisation dieses kritischen Nervpunktes: der Energiezufuhr für die Gesellschaft von den Individuen her trägt dazu bei, daß der naturwissenschaftlichen Medizin in jüngerer Zeit eine stärkere Funktion im Rahmen sozialer Kontrolle zugewachsen ist. Denn diese Form der Kontrolle über generalisierbares Leistungsvermögen soll laut Parsons – der drohenden Weigerung entgegenwirken, für gesellschaftlich vorgegebene, politisch nicht beeinflußbare Zwecke etwas leisten zu müssen, wozu man keinen als diesen Leistungsbezug hat.

Die naturwissenschaftliche Medizin soll sich gesellschaftlichen Zwecken querlegende Motivationen, sich separierende Sinnzusammenhänge entlarven. Genau betrachtet soll damit potentiell massenhaften Versuchen ein Riegel vorgeschoben werden, aus *Gesundheit* bzw. aus dem eigenen Körper in einer Art bewußtlosen und zugleich gezielten Gegenbewegung einen *persönlich (und nicht gesellschaftlich) zentrierten Gebrauchswert* zu machen. Aber zugleich schneidet die naturwissen-

4 Insbesondere, daß es teurer und ineffektiver zugleich wird; Argumente dazu in Horn u. a. 1984.

schaftliche Medizin damit natürlich die ganz spezifische, auf die je eigenen Regressionswünsche bezogene persönliche Kooperationsmöglichkeit zur Gesundung bzw. zum Gesundbleiben ab (auf welche unser Ansatz zielt). In diesem allgemeinen Widerspruch bewegt sich heute Gesundheitspolitik. Das hat für unser Problem, den Umgang mit Widerständen gegen Gesundheitserziehung, ganz enorme Bedeutung: Gesundheitserziehung geht mit etwas um, mit auf Gesundheit bezogenem Handeln nämlich, das seine wichtigen Determinanten in einer Hierarchie von Gründen hat, deren Rangordnung von unterschiedlichen Standpunkten her höchst verschieden aussieht; ein staatliches Interesse an Gesundheit (die von einer kontrollierenden Medizin definiert wird) deckt sich mit einem persönlichen nicht notwendig. Es leuchtet ohne weiteres ein, daß es für den politischen Umgang mit dieser Diskrepanz auch ganz verschiedene Mittel gibt und „Erziehung", d. h. Appelle usf. an einzelne, sicher nicht der Königsweg einer Verbesserung der prophylaktischen Einstellung und der Morbidität sind.

2. *Einige Verständnisvoraussetzungen des persönlichen Umgangs mit Gesundheit*

„Gesundheitsverhalten" als Ergebnis eines Zielsetzungskonflikts

Wir verstehen die Aufklärungsresistenz von Risikoverhalten also nur unzureichend, wenn wir solche allgemeinen gesellschaftlichen Lebensbedingungen wie die oben geschilderten nicht im Auge haben. Diese machen sich im Alltag der einzelnen zwar systematisch bemerkbar, werden jedoch zumeist nicht im Sinne ihrer hier dargelegten Logik, sondern eher als Unbehagen wahrgenommen. Da unsere Hauptfragestellung die nach Widerständen gegen Gesundheitsaufklärung ist und erst nach dem Erörtern „des Widerstandes" und seiner umfassenden Ätiologie auch sinnvoll erläutert werden kann, wie man eine bessere Gesundheitsaufklärung realisieren könnte, wollen wir uns zunächst weiter mit diesem Widerstand befassen.

So ist es wichtig, sich zu vergegenwärtigen, inwieweit das bisher der Gesundheitsaufklärung bzw. der Gesundheitserziehung (eher implizit als explizit) unterlegte Menschenbild mit derartigen Erkenntnissen über Wirkungszusammenhänge zwischen Individuen und Sozialstruktur korrespondiert und in welcher Weise. Ist in diesen zumeist unausdrücklichen Konzeptionen der unterstellte Ansprechpartner eher einer, der sich der *gesellschaftlichen Form von Rationalität,* beispielsweise unter der Überschrift „Vermeiden langfristiger Selbstschädigung", vernünftigerweise fügt, oder wird eingeräumt, daß auch *persönliche Zielsetzungen* Durchsetzungsmöglichkeiten haben? Redet eine Gesundheitsaufklärung, welche mit letzterem überhaupt nicht rechnet, vielleicht nicht nur an den Leuten vorbei, sondern bestärkt sie in ihrem Widerstand vielleicht auch noch und wirkt damit gar konterproduktiv? Das wäre in Spezialuntersuchungen zu klären. Hier kann zunächst nur die Vermutung ausgesprochen werden, daß es so ist.

Unsere Ergebnisse zeigen, daß subjektive Zielsetzungen, die sich nur teilweise mit der Rationalität der gesellschaftlichen Forderungen decken, sich zumindest partiell, meist in Form von nicht oder schlecht thematisierbaren Kompromissen durchsetzen können, in Form von Kompromissen, welche in aller Regel nach dem Muster des in Kapitel II dargelegten „Krankheitsgewinns" strukturiert sind: In diesem Kompromiß sind allerdings weder die persönlichen noch die gesellschaftlichen Zielsetzungen wirklich erfüllt, sondern beide letzten Endes negiert, allein schon aufgrund der langfristig wahrscheinlichen Gesundheitsschädigung derer, die mit einem Risiko lebt. Wir müssen also den persönlichen „Krankheitsgewinn" nicht nur als eine ganz persönliche Angelegenheit verstehen, sondern als Resultante strittiger Zielsetzungen gesellschaftlicher und persönlicher Art im Bereich der Frage, wozu ein Mensch, d. h. seine generalisierbare Arbeitskraft (oder: seine Lebenskraft), letzten Endes gut sein soll. Insofern dieser Zielsetzungs- oder Verwertungsstreit in aller Regel dann kein ausdrücklicher ist, insbesondere nicht, wenn unbewußte Anteile (wie zumeist) dabei eine wichtige Rolle spielen, war die erste zu beantwortende Frage, ob insbesondere mit jener großen Gruppe potentieller Patienten (grob: der Unterschicht) gerade darüber gesprochen werden kann, wo ihr doch im allgemeinen nachgesagt wird, daß sie „Pillen und Spritzen" vorzieht[5].

„Gesundheitsverhalten" als Ergebnis eines ätiologischen Kraftfeldes

Unsere Untersuchung hat klar ergeben, daß, je nach der psychischen Struktur, *Thematisierungsmöglichkeiten* durchaus gegeben sind. Das wurde in Kapitel IV im einzelnen dargestellt; wir brauchen das hier nicht zu wiederholen. Der Haupteindruck war, daß die Redemöglichkeit über Krankheit und Gesundheit mit der normalen Ambivalenz gern aufgegriffen wurde, insbesondere deshalb, weil es soziale Orte, zur Verfügung stehende Institutionen, wo ein solches Gespräch normalerweise geführt werden kann, für diese Patientengruppe in aller Regel nicht gibt. Deutlich wurde auf diese Weise, daß die Leute sich nicht angemessen versorgt, sondern eher medizinisch abgespeist fühlen.

In der Einleitung wurde bereits ausführlich darauf eingegangen, daß wir beim Konzipieren unserer Untersuchungsmethode („verändern statt feststellen") davon ausgegangen sind, daß die *Grenzen der Thematisierungsmöglichkeit überhaupt nur praktisch gefunden, nicht aber theoretisch prognostiziert* werden können. Über das Ausmaß der Thematisierungsmöglichkeit läßt sich deshalb auch im Prinzip nichts aussagen. Vielmehr ist anzunehmen, daß diese Möglichkeit mit dem *Einräumen entsprechender Gesprächsmöglichkeiten* einerseits und *politischer Veränderung* jener Strukturen zunimmt, welche als Größen eines Kraftfeldes an jenem Kompromiß „Krankheitsgewinn" von außen mitwirken. Insofern begreifen wir, wie ebenfalls bereits in der Einführung dargelegt, unser Untersuchungsfeld nicht als ein „psy-

5 Vgl. dazu die zusammenfassenden Darstellungen und Auseinandersetzungen zu diesem Problem in Menne/Schröter 1980.

chologisches" in jenem Sinn, der diesem Begriff gewöhnlich unterlegt wird: Nämlich ein isoliertes, lediglich auf das System Person beschränktes Verständnis von Subjektivität. Vielmehr sehen wir die Kompromißbildung „*Krankheitsgewinn*" (den Kern des Widerstandes gegen Gesundheitsaufklärung) als eine *psychosoziale Größe* an, als Resultante unterschiedlicher Kraftlinien in einem Feld, an dessen Bildung auch Subjektivität maßgebend beteiligt ist.[6] Unser Ansatz konzentriert sich auf diese persönliche Verarbeitung, kann aber im Prinzip von daher auch andere Vermittlungslinien der Ätiologie von Gesundheitsverhalten aus der Perspektive subjektiver Wahrnehmung und Handhabung verfolgen. Deutlich wurde insbesondere, daß Gesundheit für unsere Interviewpartner ein wichtiger Gesichtspunkt war; das korrespondiert durchaus mit dem Gewicht, welches Parsons dem Thema gibt.

Diese theoretische Konzeption: die Vorstellung von einem mehrdimensionalen ätiologischen Kraftfeld des Gesundheitsverhaltens, hat praktische Konsequenzen. Obgleich wir Widerstand gegen Gesundheitsaufklärung im persönlichen Gespräch zu thematisieren versucht haben, sehen wir dieses Vorgehen nicht als die einzige Interventionsmöglichkeit an. Allerdings gehen wir davon aus, daß Veränderungen von anderer Seite, beispielsweise sozialpolitischer Art, immer in den Köpfen der Menschen – und das geht in aller Regel über Gespräche – realisiert werden müssen. Diese Maxime gilt insbesondere für dynamisch unbewußte Motive, die beispielsweise zu einem Risikoverhalten führen und das stabilisieren; sie hat aber auch allgemein Gültigkeit insofern, als Veränderungen in dem genannten Kraftfeld überhaupt erst wahrgenommen, ihre Relevanz für das eigene Interesse und die eigene Lebenspraxis geprüft und eventuelle Konsequenzen gegen eingeschliffene eigene und in der unmittelbaren Umgebung als Erwartungshaltung bestehende Selbstverständlichkeiten durchgesetzt werden müssen. Der Alltag ist in aller Regel derart durchroutinisiert, daß sich auch dann häufig Routinen (selbst unproduktiver Art) erhalten, wenn nur die Entlastung der Routine dabei herausspringt. Selbst wenn dabei kein Krankheitsgewinn im engeren Sinn vorliegt, muß das neue Moment im Kraftfeld (z. B. eine sozialpolitische Veränderung) bis in diese Alltagswelt eindringen. Voraussetzung ist stets, daß die Bereitschaft und Fähigkeit besteht, über Krankheit und Gesundheit sich lernend auseinanderzusetzen. Aus diesem Blickwinkel ist die Bedeutung personaler Kommunikation zur Verbesserung der Durchsetzungschancen gesundheitsbezogener Politik nicht hoch genug einzuschätzen.

Die von uns bei Unterschichtangehörigen erfahrene typusspezifische Thematisierungsfähigkeit ist also die generelle Voraussetzung dafür, daß im Verlauf solcher Gespräche jeweils langfristig in Erfahrung gebracht werden kann, wie die Akzente eines Widerstandes gegen Gesundheitsaufklärung gesetzt sind: Ob und in welchem Maß dynamisch unbewußte Interessen dagegen stehen, ob es sich um vorbewußte und vergleichsweise leicht zu thematisierende, vor allem psychosozial organisierte Routine des Alltags oder aber schlichtes Unaufgeklärtsein handelt oder aber

6 Nur ganz grob aufgegliedert sind daran auch beteiligt der gesellschaftliche Stellenwert von Gesundheit und Krankheit und die institutionalisierten und informellen Angebote am Gesundheitsmarkt.

um bewußte private Interessen, die jemand nicht aufzugeben bereit ist; eine Form des Handelns übrigens, welche wir gewöhnlich nicht mehr im Einzugsbereich von „Krankheit" diskutieren, sondern unter anderen Formen abweichenden Verhaltens wie beispielsweise „asozial". Natürlich treffen wir auf diese *Widerstandsfronten im Einzelfall als gestaffeltes System* und die Umgangsformen damit sind vielfältiger Art. Die von uns thematisierte Front des dynamisch unbewußten, mit Krankheitsgewinn verbundenen Widerstands, so muß vorangesetzt werden, geht in die höher organisierten Formen jeweils ein. Nur in persönlicher Kommunikation lassen sich die einzelnen Ebenen voneinander unterscheiden. Aus dieser Einsicht heraus werden unsere generalisierten Vorschläge sich in erster Linie auf das Herstellen von *Gesprächsmöglichkeiten* und auf die Notwendigkeit beziehen, die *Bedeutung von Gesundheit für den einzelnen* hervorzuheben.

Soziale Unterprivilegierung und Thematisierung von „Krankheit als Konflikt"

Inwiefern die Thematisierungsfähigkeit von „Krankheit als Konflikt" bei Angehörigen der Unterschicht spezifisch getönt ist; inwiefern vielleicht – gemessen an Mittelschichtangehörigen – besondere Formen des Widerstandes gegen Thematisierungen vorliegen, kann, weil wir keine Vergleichsstudie gemacht haben, nur vermutet werden. Allerdings ist diese Gruppe aufgrund ihrer generellen Distanz zum medizinischen Versorgungssystem ein besonderes Problem. Die Vermutung geht dahin, daß in dem Maße, wie in erster Linie eher der Körper in dem alten Sinn der ganz allgemein verwertbaren Arbeits*kraft*, seine physische Leistungsfähigkeit als Subsistenzmittel zur Verfügung steht, auch die implizite oder explizite Kontroverse über die anhand von Parsons geschilderte gesellschaftliche oder persönliche Nutzung der Gesundheit, sprich Leistungsfähigkeit, „heftiger" sein wird: Ist die naturwissenschaftliche, d. h. die auf das Funktionieren der Physis gerichtete Medizin das entscheidende Mittel sozialer Kontrolle im Krankheitssektor, kann angenommen werden, daß diese Kontrolle im blue-collar-Bereich dann stärker ist und auch als stärker wahrgenommen wird, wenn auch von der Lebenserfahrung her die Ausbeutbarkeit des Körpers im Vordergrund steht. Dann ist nicht nur die eigentümliche Distanz zum Medizinsystem (die sich beispielsweise niederschlägt als große Symptomtoleranz und auffällige Arztaversion) mit allen Implikationen für „Gesundheit" plausibel. Es kommt darüber hinaus auch zu jener ,,unheilvollen Koalition" zwischen naturwissenschaftlicher Medizin und Erwartungseinstellungen gegenüber der Medizin, einer Koalition gegen ,,Krankheit als Symptom ungelöster Konflikte". Diese Koalition ist natürlich an allen oben genannten Fronten relevant, d. h. die im Kern der medizinischen Versorgung vermittelte Vorstellung über Krankheit und Gesundheit – beides sind Angelegenheiten des Körpers und im Prinzip chemotherapeutisch zu beeinflussen, und das erfordert nur eine ganz allgemeine Kooperationswilligkeit im Sinne der Unterwerfung unter diese Regeln und nicht etwa die ganz spezifische Mitarbeit i. S. der Bereitschaft zur Konfliktklärung wie im Fall des psychosomatischen Konzepts – untergräbt die insbesondere im Prophylaxebereich erforderliche Praxis der Selbstverantwortung, die ja ganz radikal Selbstverständnis und Lebensweise schlechthin betrifft, systematisch und ständig. Im Hinblick auf Mittelschichtangehörige kann man sich unter der Voraussetzung, daß mehr symbolisch vermittelte „Subsistenzmittel" zur Verfügung stehen bzw. gestellt worden sind, vorstellen, daß die unmittelbare Bedeutung des Körpers für den Krankheitsgewinn abnimmt, obgleich natürlich nicht zu übersehen ist, daß der Körper immer die Basis der Arbeit fürs Überleben überhaupt und auch für die Art des Überlebens bleibt.

Mit der *Thematisierungsfähigkeit* unserer Gesprächspartner dürfen wir auch ein – wie im Kapitel II dargelegt – ambivalentes *Thematisierungsinteresse* voraussetzen. Wir dürfen weiter unterstellen, daß dieses Interesse umso größer sein kann, je deutlicher auch die in dem Kompromiß „Krankheitsgewinn" zum Ausdruck kommenden persönlichen Interessen im Kontext der Gesprächssituation überhaupt als diskutabel denkbar sind.[7] Das ist im Gesundheitssystem bislang nicht systematisch möglich. Denn sowohl die soziale Distanz des Mittelschichtarztes zum Unterschichtpatienten (vgl. Menne/Schröter 1980) als auch die soziale Kontrollfunktion des Arztes und dessen Nichtausbildung fürs Führen solcher Dialoge stehen dem als gewichtige Hindernisse im Wege. Man könnte hier von *Sekundärverdrängung*[8] sprechen. Damit ist folgende Entwicklung gemeint: Eine Person hat über spezifische Aspekte ihres gesundheitsrelevanten Verhaltens, wie man umgangssprachlich sagt, „Ideen", die eine Konfliktätiologie einschließen. Die ganz entscheidende, weil gesellschaftlich vorgeschriebene Hilfe beim „Organisieren der Krankheit" (im Sinne des Strukturierens der Ursachenzuschreibung) und den entsprechenden Gegenmaßnahmen, die Handlungen der Autorität Medizinsystem nämlich, kann diesen Faden jedoch nicht systematisch aufnehmen. Was also auf der persönlichen Ebene zwar sicher noch ambivalent, aber der Tendenz nach eben doch auch offen für eine Diskussion ätiologisch wirksamer Konflikte wäre, wird so zum Verkümmern verurteilt. Die Reduktion der Mitarbeit des Patienten auf die Unterwerfung unter die vom Arzt repräsentierten Regeln drängt vielmehr jene auf persönliche Erfahrungen zurückgehenden „Ideen" über Aspekte von Eigenverantwortung für gesundheitsrelevantes Handeln ins bloß Private zurück und läßt sie – statt daß solche Ansätze kultiviert würden – für den Umgang mit Gesundheit und Krankheit systematisch irrelevant werden. Die Ohnmacht des Gesprächs, in dem sich jemand durchaus zu entfalten vermag, das aber als Koalitionspartner gegen ganz anders organisierte psychosoziale und gesellschaftliche Kanalisierungen zu schwach bleibt, haben wir in einem vorausgehenden Projekt (Horn/Beier/Wolf 1984) hinsichtlich des Medizinsystems,

7 Wohlgemerkt, es geht nicht unmittelbar ums Anerkennen persönlicher Interessen in dem Sinn, daß etwa solchen Interessen allein zur Geltung verholfen werden soll, sondern zunächst einmal lediglich darum, daß derartige (aus oben dargelegten verschiedenen Gründen) nicht thematisierungsfähige Interessen überhaupt als diskutable wahrgenommen und so in die Diskussion gebracht werden könnten. An diese Bedingungen eines größeren Thematisierungsinteresses knüpfen unsere Vorschläge an.

8 Während „Verdrängung" und „primärer Krankheitsgewinn" sich auf die Systemebene Subjektivität beziehen und dort als interne Vorgänge (wenn auch unter äußerem Einfluß) zu verstehen sind, ist „Sekundärverdrängung" auf der psychosozialen Ebene selber als spezifisches Zusammenwirken von Institutionalisiertem und Subjektivem zu verstehen.

in unserem Projekt allgemeiner beispielsweise am Fall G. erfahren: In den Gesprächen gelang es der Frau deutlich, ansatzweise Pläne für eine Reorganisation ihrer Lebensperspektive zu entwickeln, deren Realisierung es ihr hätte gestatten können, auf kostenintensiven Krankheitsgewinn zu verzichten. Aber die gewöhnlichen, routinisierten Verankerungen ihres Alltags – in diesem Fall insbesondere in der Familie – waren zu schwierige Hindernisse. Statt von der inneren Reorganisation fortschreiten zu können zur Reorganisation ihrer äußeren Lebensbedingungen, fing die äußere Realität die beginnenden inneren Umstrukturierungen wieder ein. Wir bemerkten im letzten Gespräch bereits deutliche Rückzugstendenzen. Anhand derartiger Erfahrungen wird die psychosoziale Verschränkung zwischen innen und außen deutlich, besonders auffällig jedoch das dabei zutage tretende Kräfteverhältnis beider Momente, d. h. die große Abhängigkeit der Innenwelt.

Die Verbesserung der Dialogchancen

In unseren Gesprächen haben wir die Veränderungsmöglichkeit gesundheitsbezogener Einstellungen lediglich kurz, in maximal bis zu drei Gesprächen zu je bis eineinhalb Stunden Dauer prüfen können. Daraus ergaben sich nur minimale Veränderungen entsprechender Einstellungen, wie anders nicht zu erwarten war. Ging es doch in erster Linie um die Prüfung der Möglichkeit des Thematisierens von Krankheit bzw. Risikoverhalten als Symptom unausgetragener bzw. verschobener Konflikte. Wenn wir jedoch allgemeine Vorschläge aus unseren Erfahrungen ableiten wollen, so stellt sich die Frage nach einer möglichen Verbesserung der Resultate solcher Gespräche oder überhaupt „personaler Kommunikation" im Ernstfall. Wir kehren, um das zu erörtern, in Abschnitt 3 dieses abschließenden Kapitels zum in der Einführung erörterten *Stellenwertproblem* zurück. Dort wurde der Stellenwert unseres Ansatzes im Verhältnis zu anderen *Forschungsansätzen* diskutiert, die sozialstrukturell, institutionstheoretisch bzw. lerntheoretisch vorgehen. Wir kehren in Abschnitt 3 mittelbar zu jenen Abgrenzungen zurück, unter dem Gesichtspunkt *pragmatischer Ergänzung* dieser Ansätze untereinander. Ziel dieser Argumentation ist, gerade aus der Verschiedenheit des Ansetzens in der gesellschaftlichen Realität Nutzen zu ziehen. Der Nutzen besteht darin, paradigmatisch Ebenen gesellschaftlicher Realität hervorzuheben, die für die Strukturierung sozialen Handelns Bedeutung haben. Wir gehen damit über den Rahmen unseres analog zur Psychoanalyse konzipierten *Forschungs*-Settings hinaus. Wir knüpfen an unser Beispiel aus dem letzten Abschnitt (Frau G.) an und setzen voraus, daß die im Prinzip für eine Aufklärung von Krankheitsgewinn anzustrebende Form „personaler Kommunikation", welche methodisch die dynamisch unbewußte Dimension des Krankheitsgewinns erreicht, nur in den seltensten Fällen zustande kommt. So wird es für politische und/oder massenmediale Interventionen wichtig, sowohl dieser Möglichkeit jeden möglichen Weg zu ebnen als auch das soziale Feld, in welchem die Personen sich bewegen, zu reorganisieren, um sich anbahnende innere Veränderungen, welche von äußeren Strukturen verhindert werden, zulassen zu können. Auf diese Weise lassen sich wenigstens psychosoziale Organisationsformen von Krankheitsgewinn umorganisieren. – Damit wird Erfahrungen Rechnung getragen, die sich jüngst auch in der Psychologie niederzuschlagen beginnen. Dort ist heute davon die Rede, daß soziales Handeln nicht auf der Basis der Kenntnis von Persönlichkeitsstruktur voraussagbar ist, sondern eher aufgrund situativer Bedingungen. Dieser in den Sozialwissenschaften bereits seit längerem bekannte Sachverhalt sollte unserer Ansicht nach pragmatisch genutzt werden: Wenn situative Bedingungen soziales Handeln mitdeterminieren, könnten wichtige *situative Bedingungen* im Hinblick auf das ins Auge gefaßte Ziel *optimal gestaltet* werden. Wir nehmen auf diese Weise auch den Begriff „Vergesellschaftung" insofern ernst, als soziales Handeln überhaupt nicht sinnvoll monokausal erklärt werden kann (wie es sich ja auch in der Aggression- bzw. Gewaltforschung durchzusetzen beginnt). Eine komplexere Interpretation sozialen Handelns ist insbesondere von Bedeutung, wenn man praktisch etwas verändern will. Je mehr man sich auf einen monokausalen Zusammenhang versteift, desto magerer bzw. gegenüber den unzureichenden theoretischen Vorannahmen absurder, weil von unbeabsichtigten Nebenwirkungen begleitet, werden die herbeigeführten Veränderungen sein. Allerdings muß eingeräumt werden, daß komplexere Vorannahmen, die auch zu komplizierten Vorstellungen über die Notwendigkeit gesellschaftlicher Eingriffe führen, häufig Resignation nach sich ziehen, weil gesellschaftliche Kraftfelder (ähnlich wie die Alltagsroutinen) sich nur schwer verändern lassen. Aus dieser Zwickmühle gibt es jedoch kein Entkommen. Es bedarf zur Veränderung von Kraftfeldern jedenfalls eines sowohl weiten als auch langfristigen Planungshorizontes.

Noch einmal der Stellenwert unseres Ansatzes: bloß subjektiv?

Um noch einmal zu demonstrieren, daß der von uns gegangene Weg über Subjektivität, über persönliche Kommunikation, in welchen wir letzten Endes auch die objektiven gesellschaftlichen Lebensbedingungen einfädeln, selbst auch ein gesellschaftlich relevanter Faktor ist, soll hier kurz auf die in Kapitel IV dargestellten Unterschiede des Gesundheitsverhaltens bei Männern und bei Frauen eingegangen werden. Wir sind, grob gesprochen, auf die gleichen Probleme gestoßen, die schon Beckmann (1976) vermittels eines ganz anderen methodischen Zugangs gefunden hatte: „Ein Mann hat nicht neurotisch, gehemmt, emotional, labil und selbstunsicher zu sein, er hat kein seelisches Krankheitsbewußtsein zu haben . . . Zur Rolle der Frau gehören die Emotionalität, Labilität und Depression". (a.a.O., S. 127) Beckmann hat das Problem – gemessen an unseren Ergebnissen – mit folgender Formulierung zwar überzeichnet; aber sie charakterisiert den Stellenwert von Subjektivität, um den es hier noch einmal geht: „ . . . daß der Mann sich gesund fühlt, obwohl er objektiv kränker ist, und die Frau sich krank fühlt, obwohl sie objektiv gesünder ist". (a.a.O.) Stellenwert von Subjektivität heißt hier: Die kritische Funktion, welche nur die betroffene Subjektivität selber ausüben kann gegenüber derartigen gesellschaftlichen Vorgaben, von denen jemand sich umso schwerer distanzieren kann, je mehr ganz persönliches Interesse, d. h. lebensgeschichtlich entstandener Krankheitsgewinn, in dieser Ebene von Rollenstereotypen mitorganisiert ist.

Diese auf Ehepaare bezogene Formulierung macht deutlich, wie außerordentlich wichtig die persönliche Verarbeitung zahlreicher, diesbezüglich relevanter Momente der gesellschaftlichen Objektivität für den Umgang mit der eigenen Gesundheit ist. Es gälte, sich solcher stereotypisierter Lebensvoraussetzungen gewärtig zu werden und sie im Interesse der Erhaltung der je eigenen Gesundheit anders handhaben zu lernen. Wenn wir diese kritische, in ihrer Kritikfähigkeit jedoch oft durch Krankheitsgewinn behinderte Funktion von Subjektivität nicht berücksichtigen, machen wir in der wissenschaftlichen Arbeit und der darauf bezogenen Gesellschaftspolitik das tatsächliche Übergewicht der gesellschaftlichen Objektivität (das der „Sachzwänge") gleichsam mit und können dann auch keinen theoretischen und praktischen Anknüpfungspunkt dafür finden, wie *die Menschen* im Umgang mit Hilfe der an sie herangetragenen Realitäten und Argumente *sich selber, ihre Lebenspraxis im Hinblick auf Gesundheit, auf ihre* Gesundheit, *einsichtig reorganisieren* können. Das kann nur über das aktive Einbeziehen eben dieser Menschen selber laufen.

Geht man davon aus, daß diese von Beckmann formulierte Pointe jedenfalls bei Frauen und Männern auf einen jeweils anders systematisch verzerrten Umgang mit der eigenen Gesundheit und der Tendenz nach wahrscheinlich auch auf eine in die gleiche Richtung gehende unangemessene Nutzung der medizinischen Versorgung hinweist, insgesamt natürlich auch die prophylaktische Einstellung bestimmt, haben wir hier einen Sachverhalt vor den Augen, der den von uns hervorgehobenen kritischen Stellenwert von Subjektivität – in Form des potentiellen Sichdistanzieren-Könnens von rollenstereotypen Einstellungsmustern – deutlich vorführt. Unser Forschungsverfahren setzte, um eine solche Kritikfähigkeit herbeizuführen, noch eine Stufe weiter in Richtung individueller Verarbeitungs- und Handlungsmuster an; gleichwohl entdeckten wir innerhalb dieser individuellen Umgangsweisen mit Realität diese gesundheitsbezogenen Rollenmuster wieder.

3. *Prophylaxe mit Hilfe der Betroffenen und wie man sie dabei unterstützen kann*

Generell: Das Wiedereinführen der Subjektivität, genauer: der Intersubjektivität in die Gesundheitslehre tut not

Die *strukturelle Schwäche der naturwissenschaftlichen Medizin* wurde bis in die Tagespresse und aufgrund persönlicher Erfahrungen der Patienten bekannt: Aufgrund notwendiger methodischer Vorgaben muß sie systematisch vom je eigenen, lebensgeschichtlich entstandenen Verhältnis eines Patienten zu seinem Körper abstrahieren und den Körper diagnostisch, therapeutisch, aber auch prophylaktisch Zugriffen unterwerfen, die auf eine ganz spezifische Weise „intersubjektiv" und im Sinne dieses methodischen Zugangs der Naturwissenschaften „wissenschaftlich" sind. „Intersubjektiv“ in *diesem* Sinn heißt frei von persönlichen, idiosynkratischen Beimengungen der Erkenntnis und des Handhabens, auf einen „festgestellten“ Begriff gebracht, den jeder Mensch zu jeder Zeit und in jeder Situation nachvollziehen und zur Grundlage des Handhabens machen können soll. Diese Medizin unterwirft den Körper einer objektivierenden Betrachtungsweise und Behandlung. Diese Prinzipien beziehen sich auch auf das Arzt-Patient-Verhältnis. Statt Verständigung tritt dann die soziale Kontrollfunktion der Medizin bzw. des Arztes in den Vordergrund. Auf diese Weise reduziert sich die Beteiligung der Patienten auf die bereits mehrfach erwähnte allgemeine und unspezifische Mitarbeitsbereitschaft, die häufig genug vom Patienten sabotiert wird, weil er sich nicht als Subjekt anerkannt, sondern völlig zurecht als Objekt behandelt fühlt. Intersubjektivität im hier praktizierten Sinn wäre hingegen eine analog unserem Gesprächsmodell bzw. dem der Psychoanalyse verlaufende, situativ orientierte, auf das Handeln des Patienten bzw. dessen unbekannte Determinanten zentrierte Verständigung zwischen Arzt und Patient. Diese Art Intersubjektivität produziert kein strategisch bzw. technisch, z.B. als Medikament, gegenüber dem Körper umsetzbares Wissen, sondern ist im Prinzip eine Selbstverständigung des Patienten über seine Lebenspraxis überhaupt.[9] Es wird aus diesem Kontext ohne weiteres deutlich, daß letzten Endes nur die in unserem Verfahren praktizierte Form intersubjektiver Verständigung das entscheidende Modell ist, welches auch strategisches und technisches Wissen in prophylaktischer Absicht angemessen vermitteln, ja überhaupt als Modell für Prophylaxe dienen kann. Das naturwissenschaftlich-medizinische Denken produziert lediglich ein gegenüber jedweder Aneignungsform gleichgültiges, in dem ganz anderen Sinn „intersubjektives“ Wissen über prophylaxerelevante Probleme. Gerade weil Prophylaxe aber – wie wir in Kapitel II ausgeführt haben – nicht im Sinn der Kontrollauflagen der Krankenrolle organisiert werden kann, ist die vorherrschende Medizinform völlig ungeeignet, systematische Verarbeitungsweisen für das von ihr produzierte Wissen beizustellen. Im Gegenteil: Ihre die Krankheit zum körperlichen Defekt verdinglichende Praxis ist als Modell für prophylaktisches Handeln denkbar ungeeignet. So muß sie, insofern sie Denken und Handeln in Krankheits- und Gesundheitsbelangen gesellschaftlich weitgehend bestimmt, in großem Maßstab geradezu antiprophylaktisch wirken.

Dem vorherrschenden Verständnis von Medizin (welches in unseren Interviews häufig als Erfahrung der Probanden zum Vorschein kam) als einer *unpersönlichen Behandlungsmethode* steht nicht nur der Wunsch der Patienten entgegen, mit dem Doktor reden zu können. Heute weiß man auch, daß ohne die ganz spezifische Mitarbeit des Patienten in aller Regel der riesige medizinische Apparat nicht sinnvoll für den Betroffenen eingesetzt werden kann. Was „sinnvoll“ heißt, entwickelt sich in unseren Gesprächen: Es meint die nicht und unbewußten Sinnzusammenhänge, in denen jemand handelt, mit anderen, mit sich selber und nicht zuletzt auch mit seinem Körper umgeht. Das trifft auch auf Risikoverhalten zu. In diesem Sinne ist die

9 An dieser Stelle wird noch einmal deutlich, daß die naturwissenschaftliche und die psychosomatisch orientierte Medizin auf psychoanalytischer Basis einander nicht ausschließen, sondern ergänzen müßten. Das Problem ist vor allem das Vorherrschen des strategisch-technischen Zugangs zur Krankheit.

allgemeinste Erkenntnis aus unserer Studie, *daß im gesellschaftlichen Bereich „Gesundheit" der Stellenwert von Subjektivität wieder anerkannt und ihr soziale Orte verschafft werden müssen, wo sie zum Ausdruck und schließlich, dialogisch vermittelt, auch zu sich selber kommen kann.* Eine typische gegenteilige Entwicklung ist der bereits besprochene „Problempatient". In seinem Fall liegen das Potential der medizinischen Versorgung und die in „Krankheit" bzw. Risikoverhalten verstrickte Person mit Hilfsangebot und Nachfrage derart verquer zueinander, daß Chronifizierungen als die normalen Kompromiß-Bildungen angesehen werden müssen.

Es gilt also, diese allgemeine Erkenntnis in Gesundheitspolitik zu übersetzen. Vielleicht gelingt es, in dem – wie soeben gezeigt wurde – seiner Struktur nach nicht im engeren Sinn medizinalisierbaren Bereich wie dem der Prophylaxe bzw. der Gesundheitsaufklärung gleichsam pionierhaft wichtige und notwendige Entwicklungen leichter in die Wege zu leiten, als das in Herzländern naturwissenschaftlicher Medizin möglich ist.

Dem kompetenten Sprechen über Gesundheitsprobleme soziale Orte verschaffen

Wir gehen davon aus, daß nun deutlich geworden ist, was „kompetentes Sprechen" in unserem Kontext heißt: Es kann nicht die Mitteilung sein, daß Übergewicht ein „Risikofaktor" ist und daß jemand das zu berücksichtigen habe; vielmehr ist von diesem jeweiligen Wissen auszugehen und – im Idealfall – ein Gespräch mit dem Übergewichtigen über die Gründe seines Übergewichts zu suchen. – Ein Gespräch in unserem Sinn, wohlgemerkt.

Unsere Ätiologieforschung hat ganz allgemein gezeigt, daß gesundheitsbezogenes Handeln sich nur dann in erheblichem Ausmaß prophylaktisch orientiert, wenn im Prinzip die Möglichkeit gegeben ist, sich selber, auch seine vom eigenen Interesse bestimmte Gesundheitsnutzung in angemessener Weise zur Sprache zu bringen. Darüber hinaus ist plausibel, davon auszugehen, daß die Bereitschaft zur gesundheitlich orientierten Prophylaxe von der ganz allgemeinen Zukunftsorientierung bzw. deren Beurteilung abhängt. Eine derartige Investition in die Zukunft, verbunden eventuell mit gegenwärtigem Verzicht, muß als sinnvoll empfunden werden können. Auch bei Angehörigen der Unterschicht ist das Bewußtsein von der Konfliktgenese von Risikoverhalten bzw. Krankheit vorhanden und die Bereitschaft wie das Bedürfnis, darüber klärend zu sprechen; bei Frauen eher als bei Männern. Es gälte also, solcher Verständigung, die ja noch keinen sozialen Ort hat, einen solchen oder solche zu verschaffen. Wohlgemerkt, es geht um das *kompetente Sprechen über Gesundheit,* wie wir es im Teil I erläutert und in unseren Gesprächen praktiziert haben. Es kann nicht darum gehen, irgendein Sprechen über Gesundheit zu propagieren, welches die subjektive Seite, das unterdrückte persönliche Interesse, also gerade das in unserem Modell als „Widerstand" identifizierte Potential ausblendet, wie man es von den normalen Klagen über Gesundheit am Kaffee- und Stammtisch annehmen kann, leider aber auch vom normalen ärztlichen Reden (Balint, 1957) weiß.

Die folgenden Vorschläge sind als einander ergänzende Vorgehensweisen in einem sozialen Kraftfeld zu verstehen, in dem bereits mehrmals erwähnten Sinn.

Unterstützung der Laienbewegung

Wer vom Objekt zum Subjekt (seiner eigenen Gesundheit) werden will, muß selber in seiner Lebenspraxis darüber zu reden, sich darüber zu verständigen und damit umzugehen lernen. Der Hamburger Gesundheitstag 1981 hat das in ganz hervorragender Weise gezeigt. Diese *Relaïsierung von Gesundheitskompetenz,* dieses Schaffen von Gesundheitsbewußtsein kann nicht nur unmittelbar gefördert werden, indem solch einer Laienbewegung Unterstützung zuteil und das kompetente Sprechen über Gesundheitsgefährdung protegiert wird. Vielmehr kann man auch mittelbar für eine solche Entwicklung wirksam werden, indem man – über den normalen persönlichen Widerstand hinaus – die gesellschaftlich organisierten Formen des Widerstandes mit in die Überlegungen und politischen Strategien einbezieht.

Wir haben in unseren Gesprächen den Eindruck gewonnen, daß aufgrund der Definitionsmacht und der sozialen Kontrollfunktion des Medizinsystems wohl insbesondere für Unterschichtpatienten eine einschüchternde Wirkung im Hinblick auf einen gesundheitsfördernden Umgang mit dem eigenen Leben ausgeht. Zweifelsohne stärken verschiedene, bereits genannte Faktoren, die man unter der Überschrift „soziale Distanz" zusammenfassen kann, dieses Moment. Wir müssen jedoch vermuten, daß nicht nur gegenüber der von uns untersuchten Patientengruppe diese Definitions- und Kontrollmacht zum Tragen kommt, wenn es hier auch besonders stark der Fall ist. Vielmehr gehen wir davon aus, daß Faktoren wie die immer weiter voranschreitende Spezialisierung der Medizin und deren zunehmende soziale Steuerungsfunktion (der Zugriff der naturwissenschaftlichen Medizin auf die Leistungsfähigkeit des Organismus) auch beim Mittelschichtpatienten eine Entfremdung von der Zuständigkeit für die gesundheitsbezogenen Aspekte des eigenen Lebens hervorbringen. Relaïsierung der heute in spezifischer Weise von der Medizin monopolisierten Kompetenzen heißt zunächst also, ganz generell Front zu machen gegen ein gesellschaftliches Klima, in welchem die Quasi-Enteignung nicht nur des Körpers, sondern der wichtigen Faktoren der Lebensplanung via Zentralisierung der Lenkungsfunktionen[10] das Normale ist, gleichwohl jedoch im Grunde unbemerkt geschieht, weil sowohl das „normale" Vorgehen der Medizin als auch die gesundheitlichen Konsequenzen dieser Institution in aller Regel vermittels Alltagsideologien gegenüber Kritik abgeschirmt sind[11]; eine solche selbstverständliche Gegebenheit, die gemeinhin nicht gerne überprüft wird, ist auch, daß jeder über sich und seinen Körper verfügt. Diesen fragwürdigen bzw. infrage gestellten Selbstverständlichkeiten gegen-

10 Diese Zentralisierung der Lenkungsfunktionen ist ein gesellschaftlicher Vorgang im Gefolge des von Max Weber beschriebenen „Prozesses der Rationalisierung".

11 Das ist insbesondere der Fall für die Arzt-Patient-Beziehung, die zufolge ärztlicher Intention natürlich das kompetente Gespräch einschließt, was aber, wie inzwischen auch empirisch nachgewiesen wurde, in aller Regel eine Illusion ist, vgl. Balint, 1957 sowie Siegrist.

über wäre dem einzelnen Mut zu machen, gesundheitliche Betroffenheit überhaupt wieder als ein in erster Linie ihn selber angehendes Problem zu betrachten, welches er weitgehend in eigener Verantwortung zu regulieren bestrebt sein sollte. In eigener Verantwortung heißt hier natürlich nicht: unabhängig von sozialpolitischen und Versicherungshilfen, sondern in deren Rahmen das Heft im Hinblick auf seine Gesundheit selber in die Hand nehmend. In diesem Sinn ist aber nicht nur der einzelne anzusprechen, sondern diesem auch Mut zu machen, sich mit anderen, womöglich gleichbetroffenen Laien über sein Problem auszutauschen und sich mit Gleichbetroffenen tätig zu solidarisieren. Die *Selbsthilfegruppen-Bewegung* kann als Versuch angesehen werden, solche Kompetenzen für den eigenen Alltag, auch im Hinblick auf Gesundheit und den langfristigen persönlichen und gesellschaftlichen Gebrauchswert des Körpers zu erhöhen.

Der unmittelbaren Unterstützung der Laienbewegung kann eine mittelbare zur Seite treten, welche über die Massenmedien läuft. Auf diese Weise kann eine in diesem Kontext wichtiges Problem thematisiert werden, daß in unserer arbeitsteiligen Gesellschaft sich aufwirft, wenn der eigene Alltag reorganisiert werden soll – was in aller Regel die Voraussetzung für eine aktivere und bewußtere Lebensgestaltung ist. Die bewußtlose, meist an irgendwelchen Konventionen als Reaktion auf zweckrationale Fremdbestimmtheit zeitlicher und inhaltlicher Art orientierte Routine der Tagesabläufe (z. B. daß man mindestens dreimal täglich und zu festgelegten Zeiten essen muß usf.) kann in den Massenmedien zur Diskussion gestellt werden. Für eine Distanzierung von solchen Routinen und Konventionen, soweit sie im weitesten Sinn gesundheitsbezogen sind, sind in erster Linie die Erzeugung von Aufmerksamkeit und Betroffenheit sowie die Anregung der Phantasie wichtig. Zwar ist auch die psychische Ökonomie der Routine von Bedeutung; sie erspart viel Aufwand. Doch ist dieser Aufwand des Umorganisierens – sehen wir einmal davon ab, daß auch darin sekundärer Krankheitsgewinn organisiert sein kann – nicht so konfliktgeladen und angstbesetzt wie die Bearbeitung lebensgeschichtlicher krankheitsbzw. risikorelevanter Probleme. Deshalb kann sie sinnvoll massenmedial angegangen werden.

Psychosoziale Beratung

Denkt man an eine Institutionalisierung des gesundheitsbezogenen bzw. -relevanten Dialogs, so bieten sich dafür in erster Linie die psychosozialen Beratungsdienste an. Diese Einrichtungen (zumeist der freien Wohlfahrtspflege und der Gemeinden) haben den Vorteil, sich nicht erst von den vorherrschenden medizinischen Definitionen von Krankheit distanzieren und gleichsam gegen ihre eigene Logik das Konzept „Krankheit als Konflikt" durchsetzen zu müssen. Dieser Vorteil wird ergänzt durch einen weiteren. Insofern nämlich diese Institutionen in aller Regel nicht in den cordon sanitaire der sozialen Kontrollfunktionen, die der Medizin obliegen, eingereiht sind und die Thematisierung von Krankheit bzw. Risiko nicht unter der dort in erster Linie vertretenen Akzentuierung des gesellschaftlichen Gebrauchswerts der Gesundheit geschieht bzw. geschehen muß, könnte dort von Rechts wegen die Perspektive der einzelnen zur Sprache kommen. Hier könnte der soziale Ort sein, an welchem im umgangssprachlichen, aber gleichwohl gegen die Alltagskonventionen kritisch gerichteten Dialog Erfahrungen gemacht und ausgetauscht werden darüber, wie der symbolische und materielle Austausch zwischen „Gesellschaft" und den einzelnen auch vom einzelnen her, seine Interessen berücksichtigend, steuerbar ist. Zudem werden solche Institutionen bzw. deren Personal vom Klienten in aller Regel nicht in der sozialen Distanz wahrgenommen wie der Arzt, und schon von daher fallen Thematisierungen leichter.

Gleichwohl ist dieser Rekurs auf bestehende Beratungsangebote eher im Hinblick auf deren organisatorische Strukturen gemeint. Zwar befindet sich dieser gesamte Bereich in einer Entwicklung, die weder ein umfassendes Bild noch eine systematische Darstellung erlaubt. Trotzdem läßt sich postulieren, daß die Kompetenz der Mitarbeiter solcher Dienste, was die von uns empfohlene Dialogform betrifft, ganz sicher systematisch verbessert bzw. überhaupt erst geschaffen werden muß. Ebenso ist die Ausbildung dieser Ausbilder wohl noch ein Problem.

Eine „sprechende Medizin" im Medizinsystem selber

Natürlich gibt es eine Reihe wichtiger Gründe, Gesundheitsberatung im Medizinsystem selber anzusiedeln. Zwei Gründe sind besonders hervorzuheben. Zum einen hat die Medizin oder genauer: haben die Mediziner trotz aller Technisierung der Medizin in ihrem Ethos den Anspruch nie aufgegeben, daß die ärztliche Zuwendung zum Patienten ein entscheidender Teil der medizinischen Kunst ist. Diesem Anspruch kommt, wie die allgemeine Klage heute zeigt, die überwiegende Anzahl der Ärzte nicht mehr nach. Sie ist in dieser Hinsicht nicht nur Opfer der Technisierung der Medizin im besonderen, sondern mit in den allgemeinen Trend der Entwertung von Gespräch im Sinne von Verständigung zugunsten von „Information" einbezogen, einen Trend, der mit der Tendenz zur Zentralsteuerung in unserer Gesellschaft zusammenhängt.

Der andere Grund, eine prophylaktische sprechende Medizin im Medizinsystem selber anzusiedeln, ist das dort vorhandene Wissen, welches gesprächsweise zu vermitteln wäre. Nirgendwo sonst in unserer Gesellschaft sind so viele Kenntnisse über Krankheit und Gesundheit versammelt wie im Medizinsystem.

Andererseits waren bereits Problempunkte genannt worden, die es auch schwierig erscheinen lassen, das kompetente Sprechen über die ganz persönliche Beteiligung am Gesundbleiben, Erkranken und Gesunden gerade im Medizinsystem selber zu institutionalisieren.

Zu verändern wäre im Sinne eines langfristigen Zieles vor allem jene merkwürdige Aufteilung der Verantwortung für Gesundheit, welche mit dem und im Medizinsystem institutionalisiert ist. Wir haben da

1. den *normativen Rahmen* des Gesundheitssystems, der erst den Erkankten (und nicht schon den Gesunden) zu einer relativ unspezifischen, eher passiven, aber doch intensiven Mitarbeit auffordert. Schwierigkeiten bereitet weiter

2. der vorherrschende entsubjektivierte *Krankheitsbegriff*. Konsequenterweise ist dann auch für Diagnose, Therapie und Heilung allein die ärztliche Kompetenz zuständig und der Kranke nur in Form bedingungsloser, aber im Grunde inkompetenter Unterwerfung unter die ärztlicherseits vorgeschriebenen, auf Krankheit gerichteten Maßnahmen gefordert. Schließlich spielt eine entscheidende Rolle
3. die über diese Medizin der „pills and needles" hinaus stattfindende *Interaktion Arzt-Patient,* die natürlich umso eher auch zum Gespräch geraten kann, je näher sich Arzt und Patient sozial stehen. Aber dieses Gespräch hat in unserer Medizin keinen systematischen, therapeutischen Stellenwert, ist also zwar gutwillig beigesteuertes, aber zeitlich und methodisch zufälliges Beiwerk und in dieser Form, wie insbesondere Balint (1957) gezeigt hat, d. h. aufgrund seiner selbstreflexiven Naivität, eher Bestandteil der autoritativen Rolle des Arztes („apostolische Funktion") und hat in der Regel gerade keine Aufklärungswirkung im Hinblick auf die Ätiologie der Krankheit im psychosozialen Konfliktfeld.

Natürlich kann eine Umformung des Medizinsystems, welche die persönliche Beteiligung am Erkranken und Gesunden, aber auch am Gesundbleiben systematisch berücksichtigte, nur langfristig und in Kooperation mit den anderen das Gesundheitssystem konstituierenden Institutionen realisiert werden. Deshalb ist aber auch besonders hervorzuheben, daß die in diesem Prozeß anzustrebende Relaïsierung von medizinischer bzw. Gesundheitskompetenz im Sinne der Entwicklung besserer, eigengesteuerter Beziehungen zwischen den einzelnen Bürgern und ihrem leib-seelischen Potential langfristig natürlich überhaupt nicht ohne Kooperation mit der Medizin selber denkbar ist. Nicht nur, daß das Laiensystem naive und deshalb prekäre Entwicklungen bis hin zur Quacksalberei und Scharlatanerie produziert. Ein Verzicht der Laien auf das Potential an medizinischen Erkenntnissen und Praktiken wäre auch als großer Verlust an gesellschaftlich erarbeitetem Wissen und Können zu betrachten. Nur eben: Zu überwinden ist unbedingt die *Entfremdung zwischen dem Medizinsystem und dem aktuellen und zukünftigen Patienten,* und das ist nur dann möglich, wenn der potentielle oder der tatsächliche Patient in einer ganz anderen Weise als bisher gesundheitsbewußt im Sinne von kompetent gemacht wird und das auch werden will. Das ist im Gespräch zwischen Betroffenen und Arzt nicht denkbar, ohne daß allgemeine medizinische Erkenntnisse im Verständigungsgespräch zwischen Arzt und Patienten auf die ganz spezifische Situation dieser einen Person jeweils eingestellt werden. Sich ärztlicherseits auf „Information" zu beschränken, ist ein systematischer Irrtum. Insofern ist eine durchaus im Sinne von Primärprophylaxe zu verstehende Relaïsierung im Medizinsystem überhaupt nicht ohne eine *Strukturveränderung des Medizinsystems* möglich.

Wegen dieser seiner zentralen gesellschaftlichen Bedeutung können wir die aus Bürgersicht gewonnenen Erkenntnisse über das Medizinsystem dahingehend zusammenfassen: Deutlich geworden ist in dieser Untersuchung der *Risikofaktor medizinisches Versorgungssystem.* Bereits im ersten Kontakt mit dem Arzt als dem Vertreter des Versorgungssystems ist für den Fall, daß dieser die naturwissenschaftliche Medizin sine ira et studio praktiziert, die Gefahr gegeben, daß aufgrund des in diesem System vorherrschenden Krankheitsbegriffs jedwedes Problem, das an den Arzt herangetragen wird, auch dann und gerade dann, wenn es nicht unmittelbar in seinen Definitionsrahmen paßt, entweder als „simuliert", d. h. als schlechthin nicht medizinisches Problem, oder aber als „psychisch", d. h. weil es für *diese* Medizin unbehandelbar ist, zurückgewiesen oder aber einer im engeren Sinn medizinischen Definition und Behandlung unterworfen wird. Wie wir bereits entwickelt hatten, wird dieses Handhaben dem Charakter von Krankheit als Konflikt nicht gerecht. Wir insistieren auf dem Medizinsystem als Risikofaktor im Sinne der Störung der Beziehung eines Menschen zu seinem Körper und Geist besonders, weil – wie bereits mehrmals hervorgehoben – das Medizinsystem als das entscheidende Moment sozialer Kontrolle in diesem Sektor die im Hinblick auf Gesundheit gewichtigste Definitionsmacht ausübt und man davon ausgehen muß, daß diese Definitionsmacht auch auf die psychosoziale Beratung und auf Laien Einfluß nimmt, der aus unserer Sicht der Probleme konterproduktiv ist.

Weil wir in unseren Gesprächen die Diskrepanz zwischen den Erwartungen gegenüber dem Medizinsystem und dessen Leistungen als besonders gravierend erfahren haben (vgl. insbesondere Horn u. a. 1984), möchten wir auf dieses Problem noch einmal eingehen. Der Akzent liegt auf dieser Divergenz wegen der Ausstrahlung der Definitionsmacht des Medizinsystems.

In den Sozialwissenschaften ist man sich wie in der psychoanalytischen psychosomatischen Medizin darüber klar, daß am Erkranken stets Konfliktsituationen und ein regressives Ausweichen davor beteiligt sind. Allerdings wird dieser Vorstellung über die Ätiologie kaum im Hinblick auf die Frage der Therapie Rechnung getragen (vgl. Horn 1981a, b). Vielmehr geht das vorherrschende Therapiemuster an jener Vorstellung der Konfliktätiologie vorbei und greift therapeutisch mittels der naturwissenschaftlichen Medizin auf der Basis einer Unterwerfungskooperation des Patienten direkt nach dessen Körper, mehr oder weniger am personalen System vorbei, um vor allem die Arbeitskraft, d. h. die Leistungsfähigkeit des Organismus, wiederherzustellen. Würde man hingegen die spezifische *Kooperationswilligkeit der erkrankten Person als ganzer* bzw. aller potentiellen Patienten mit dem Medizinsystem ansprechen und nicht nur die bereits geschilderte Unterwerfung unter nicht sinnfällig in die eigene Lebenspraxis zu integrierende Techniken verlangen, wäre eigentlich die spezifische, krankheitsrelevante Konfliktsituation (zumindest auf der psychosozialen Ebene) mit den jeweils betroffenen Personen zu besprechen. Gerade auch jene, die gesund bleiben, d. h. Risiken vermeiden wollen, hätten mit dem Arzt das Kraftfeld, in welchem Krankheit entstehen kann, ein Stück weit aufzurollen, um eine wirklich kausale Therapie bzw. Prophylaxe zu betreiben. Denn „die Person als ganze" hätte von ihrem sozialen Ort aus und vor allem nicht ohne und nicht neben „der Medizin", sondern deren allgemeine Errungenschaften auf die eigene Lebenspraxis abstellend, aktiv mitzuarbeiten. Die Verwirklichung dieses Konzepts kann langfristig nur mit Hilfe des Medizinsystems bzw. sicher nicht dagegen gelingen. Auch auf diese Weise kann das Medizinsystem zu einer Form der Primärprophylaxe entscheidend beitragen: Tritt objektiv Betroffenheit ein, so ist diese ja erst subjektiv zu realisieren, bevor jemand in angemessener Weise damit umzugehen beginnt. Angemessene Realisierung von Betroffenheit ist der Beginn des Handhabens eines Risikos oder einer Krankheit im Laiensystem. Die für Gesundheitsbelange zuständigen gesellschaftlichen Institutionen sollten also nicht konterproduktiv organisiert sein, d. h. diese Form der Primärprophylaxe stützen, damit bereits der Gesunde aufgrund seiner Erwartungen und Erfahrungen eine aktive Kooperation mit diesen Institutionen für sinnvoll hält, und zwar vor allem auch im eigenen Interesse, nicht nur aus Angst vor möglichen Sanktionen.

Ohne solche langfristig anzustrebenden Veränderungen im Medizinsystem selber werden ständig und systematisch psychosoziale Konflikte, damit auch die von einer aufgeklärten Prophylaxe thematisierten Entstehungsgründe von Risikoverhalten und Krankheit, deren Schlichtung insgeheim beim Doktor als Vertrauensperson gesucht wird, von dem umdefiniert und für die Maschinerie der medizinischen Definition und Therapien zugänglich gemacht. Diese Praxis, welche aus der verkürzten Sicht naturwissenschaftlicher Medizin auf Heilung der Krankheit dient, wird aus der Perspektive unserer Erfahrung zweifelhaft: Der stattfindende *Definitions- und Bearbeitungsprozeß* verursacht, wie wir feststellen konnten, sowohl zusätzliches *persönliches Leiden*, als auch *persönliche* und *gesellschaftliche Kosten* im Übermaß.

Eine Weichenstellung für eine *ganz allgemeine Prophylaxe* im Laiensystem mittels einer psychosozialen Versorgung und auch in der medizinischen Versorgung selber muß im Hinblick auf die Konfliktgenese von Krankheit und Risikoverhalten die Probleme in Kooperation mit den Betroffenen wirklich dort zu lokalisieren versuchen, wo sie als Mißverständnisse, als unerledigte, deplazierte Konflikte zwischen Menschen und zwischen Menschen und ihren Produkten liegen. Eine derartige gesellschaftsrelevante, in verschiedenen Organisationsebenen gestaffelte Korrektur am Verständnis von Erkranken und Gesunden ist eine der *dringendsten Maßnahmen der Gesundheitserziehung in einem radikalisierten und generalisierten Sinn des Wortes.* Deshalb ist die Herstellung eines gesellschaftlichen Klimas, welches gestattet, die Konfliktgenese von Krankheit mit dem naturwissenschaftlichen Arsenal der Mittel gegen Krankheiten angemessen zu verknüpfen, eine wichtige Voraussetzung, um der Primärprophylaxe, was immer das im einzelnen heißen mag, den gesellschaftlich wünschenswerten Stellenwert zu verschaffen.

Wenn wir solche Versuche, Subjektivität als einzelne und sich ihres gesundheitsrelevanten Selbstbezuges bewußt werdende aktiv wieder in die Gesundheitsdiskussion einzuführen, ernst nehmen, lassen sich unsere Erfahrungen nicht in Wenn-Dann-Anleitungen, etwa für psychosoziale Beratungsformen, übersetzen. Vielmehr müßten – dieses Aktivitätsgebot gilt für alle Beteiligten – mit den vor Ort Arbeitenden die Gesamtproblematik des Themas „Krankheit als Konflikt" und Divergenzen zum bestehenden Versorgungssystem diskutiert und gleichzeitig deren Gesprächsfähigkeit im Sinne der von uns praktizierten, an die psychoanalytische Gesprächsführung angelehnten Dialogform ständig verbessert werden. Denn in aller Regel ist man, wie in der Einleitung kurz erläutert, auf Formen von Gesprächen eingestellt, die sowohl einen sehr hohen Anteil an konventionellen Regulierungen als auch an einseitig gegebener „Information" haben, denen gegenüber sich die im Sinne unserer Thematisierungsform zentral wichtigen persönlichen Sichtweisen nicht durchsetzen können. Das theoretische Rüstzeug i. S. von „Krankheit als Konflikt" usf. muß zwar erworben, aber auch persönlich in die situativen Bezüge des jeweiligen Gesprächs vermittelt werden. Man kann auch hier, wie wir im Rahmen des Projekts, systematisch und optimal nur aus Supervision lernen.

Die Verbesserung der Prophylaxe vermittels klimaschaffender Aufklärung

Spitzt man die Erfahrungen aus dem Projekt auf der Folie der Kenntnis des gesellschaftlichen Funktionierens und der Bedeutung des Funktionierens von Erkranken und Gesunden im Sinne der Fragestellung zu, wie man insbesondere mit den Mitteln einer massenmedialen Gesundheitsaufklärung die soeben geschilderten Strukturbildungen zugunsten von Verständigungs- und Selbstverständigungsgesprächen unterstützen kann, bieten sich insbesondere zwei Vorgehensweisen bzw. Argumentationen an. Dabei verstehen wir – das ist vorauszuschicken – die Funktion einer solchen Aufklärung in einem spezifischen Sinn. Ihr Ziel kann im Rahmen unserer Gesamtkonzeption nicht sein, „Einstellungen" vermittels direkter Einflußnahme zu verändern. Vielmehr kann deren Aufgabe lediglich sein, Betroffenheit auszulösen und auf diese Weise Gespräche, Verständigungen zu initiieren. Nur auf diese Weise – nicht etwa als reine Informationsvermittlung, auch nicht im Sinne von Gebrauchs- und Handlungsanweisungen, also nicht technisch und strategisch – wird eine solche Aufklärung zur Auflösung bewußtloser Lebenspraxis zugunsten eines gesünderen Lebens beitragen.

Den persönlichen Gebrauchswert von Gesundheit hervorheben

Ist die generelle Annahme richtig, daß das Medizinsystem Gesundheit vorwiegend im Hinblick auf den gesellschaftlichen Gebrauchswert der Arbeitskraft handhaben muß – Gespräche aus einem vorausgegangenen Projekt haben das im Sinne eines klaren Fremdheitsgefühls gegenüber dem Versorgungssystem immer wieder bestätigt (Horn/Beier/Wolf 1984) –, dann ist wichtig, will man die Kooperation der Bürger für ihr Gesundbleiben gewinnen, *den persönlichen Gebrauchswert von Gesundheit* dagegen besonders herauszuheben. Natürlich gehören in diesen Kontext auch Informationen im schlichten Sinn des Wortes. Aber man sollte sich darüber im klaren sein, daß ein *Interesse an Informationen* bzw. deren angemessenes Verarbeiten wahrscheinlich besonders dann geweckt bzw. gefördert werden kann, wenn sie mit Hinweisen auf ihren persönlichen Gebrauchswert gegeben werden.[12] Auf diese

12 Es gilt also, Wissen über Risikofaktoren gleichsam „personalisiert", d. h. szenisch anzubieten und dabei zu zeigen, daß die jene Szene Spielenden ein Eigeninteresse entdeckt hatten, das sie zu realisieren wünschten; daß sie nicht oder nicht nur der „Vernunft" gehorchten, also einer Autorität. Vielleicht können Ehepartner, die das Rauchen aufgegeben haben oder von denen einer das Rauchen aufgegeben hat, dem Essen neuen Geschmack abgewinnen. Wichtig ist, daß die positive Lebensveränderung nicht erst in ferner Zeit, sondern unmittelbar zu erwarten ist. So z. B. wenn man am Wochenende jeweils nur zwei Mahlzeiten einnimmt und dadurch Zeit für andere Aktivitäten gewinnt, flexibler wird.

Weise könnten die einzelnen sich mit der Zeit sicherer werden, daß Gesundheit gesellschaftlich letztlich nicht nur gehalten werden muß im Hinblick auf deren zweckrationale Verwertbarkeit im Sinne von Leistung, sondern zumindest ebenso konzediert ist im Hinblick auf private Motive ihrer Benutzung. Eine solche klimatische Veränderung könnte langfristig allgemein den Wunsch, sich „Krankheitsgewinn" zu verschaffen, in seiner realen Bedeutung mindern.

Problembewußtsein für „Krankheit als Konflikt" schaffen

Das kann man im hier praktizierten Sinn der Gespräche auch öffentlich propagieren. Man sollte jedoch systematisch darüber hinausgehen. „Krankheit als Konflikt" wird jetzt im Sinne einer Metapher benutzt, die auch über den Rahmen des psychoanalytisch-psychosomatischen Krankheitsbegriffs hinaus kennzeichnen soll, daß Krankheit die Bezeichnung für ein Ereignis ist, das am Ende eines höchst komplexen Prozesses steht, an welchem viele Faktoren beteiligt sind. Wir müssen heute insbesondere aufgrund der Zunahme der chronischen Erkrankungen aus pragmatischen Gründen immer mehr davon ausgehen, daß systematische Hilfe nur von einer breit angelegten Prophylaxe zu erwarten ist; breit heißt sowohl massenhaft mitgemacht als auch das gesamte ätiologische Bedingungsfeld berücksichtigend. Dafür ist das aktive Einbeziehen der potentiell Betroffenen unerläßlich. Sie müssen sich mobilisieren lassen.

Man kann diese potentiell Betroffenen in eine solche Generalprophylaxe nur sinnvoll einbeziehen, wenn *Gesundheit als ein generelles Problem der gesamten Lebensweise* nahegebracht und jedenfalls ansatzweise als so handhabbares zu sehen gelernt wird. Selbst wenn die von uns Interviewten, soweit wir es erfahren konnten, gelegentlich gar kein schlechtes Verhältnis zu ihrer Lebensweise und demzufolge auch zu Gesundheit hatten (vgl. z. B. Familie P.), passen sie noch in einen Rahmen, der menschliche Gesundheit bzw. Krankheit potentiell noch am Funktionieren von Maschinen mißt. Es ist immer etwas von der Scham zu spüren gewesen, der Gefahr ausgesetzt zu sein, einfach als Mensch nicht maschinengleich, sondern anfällig, gleichsam launisch, ja „biologisch behaftet", d. h. älter zu werden und sterblich zu sein. Nicht zuletzt wegen dieser Art des in unserer Gesellschaft ganz gewöhnlichen Schamgefühls ist ja auch Krankheit und Siechtum jener private und – wie in der Einleitung erläutert – öffentlich nicht einfach zu diskutierende Sachverhalt: Das zu thematisieren ist immer das Eingeständnis einer Schwäche, einer Schwäche im Konkurrenzkampf und, wie es Parsons formulierte, beim gesellschaftlich erwarteten „Sich-Ranhalten".

Problembewußt für „Krankheit als Konflikt" zu machen in massenmedialer Aufklärung, heißt im Lichte dieser Erfahrung nicht eigentlich, Gesundheit als wichtiges, aber abstraktes Gut zu propagieren, sondern einer Lebensweise das Wort zu reden, welche die Menschen nicht als minderen Teil der technischen Ausrüstung versteht, sondern als Gestalter ihrer eigenen Lebenspraxis – und dazu gehören insbesondere die Bedingungen gesundheitsgerechten Handelns. Diese Änderung der Perspektive ist sicher nicht einfach zu realisieren, obgleich sich viele Ansätze in unserem gesellschaftlichen Leben in dieser Richtung zu entwickeln beginnen.

Auf der Basis unserer Erfahrungen ist nicht ohne weiteres zu sagen, wie der didaktisch geschickteste Start einer solchen allgemeinen Werbung für den persönlichen Gebrauchswert von Gesundheit auszusehen hätte. Wir halten jedoch dieses Sensibelmachen für Zusammenhänge zwischen Lebensweise im ganz allgemeinen und Gesundheit, wofür die Erfahrung und Lebenspraxis aller einzelnen zu mobilisieren wäre, unter den gegebenen gesellschaftlichen Bedingungen für einen ganz entscheidenden strategischen Ansatzpunkt von Gesundheitsaufklärung.

Gesundheitserziehung kann, das ist deutlich geworden, nur Teil einer gesellschaftlichen Gesundheitsförderungspolitik sein, wie es neuerdings auch die WHO empfiehlt[13]. Ihr Stellenwert gegenüber anderen sozialisatorischen Einflüssen, insbesondere der Arbeitswelt ist richtig einzuschätzen. Freudenberg (1981) hat deshalb im Sinne einer integralen Gesundheitspolitik vorgeschlagen, das soziale Umfeld der handelnden Individuen und die Politik der Behörden mit in die Gesundheitsförderung einzubeziehen: Das Interventionsfeld ist über die Ebene sozialen Handelns hinaus entscheidend zu erweitern, wenn man eine Verbesserung der gesundheitlichen Situation herbeiführen will. Auf diese Weise ergibt sich auch die Möglichkeit, daß die vom Gesundheitsverschleiß Betroffenen das gesundheitsrelevante Feld von sich aus strukturieren (Kickbusch 1981). Gesundheitsförderung, deren Teil Gesundheitserziehung ist, muß, wie hervorgehoben wird (Franzkowiak/Wenzel 1983, Wenzel 1981) auf die gesellschaftlichen Bedingungen des Lebens der einzelnen zielen, die als gesundheitsrelevante erkennbar sind. Nur unter dieser Bedingung kann das Gesundheitssystem davor bewahrt werden, auflaufende gesellschaftliche Kosten bereinigen zu müssen, die mit seinen heute üblichen Mitteln einer kurativen Medizin nicht mehr bewältigt werden können.

Es ist darüber hinaus vorstellbar, daß dann, wenn die prekären Verhältnisse der Verteuerung und Unproduktivität sich noch zuspitzen, falls der gesellschaftliche Druck auf die einzelnen zum Beibringen von Leistung gleichbleibt oder zunimmt, der Zugang zum Entlastungsmechanismus Krankheit hingegen systematisch erschwert wird (Horn 1983). Es ist nicht absehbar, wie sich Wünsche nach vorübergehender Suspendierung vom Leistungsprinzip äußern, falls der Weg in die Krankheit schwieriger wird. Zusätzlicher Verschleiß, der in Frühinvalidierung mündet, ist denkbar, aber auch eine systematische Schwächung der (bei uns vergleichsweise protestantisch zu nennenden) Arbeitsmoral. Denkbar wäre allerdings auch, daß sich im Rahmen der neuen ökologischen und Friedenbewegung langfristig politischer Protest formuliert, der die systematische Ausdehnung der Naturbeherrschung auf die einzelnen Menschen grundsätzlich infragezustellen versucht. Zwar ist das menschliche Anpassungsvermögen sehr hoch einzuschätzen und irgendwelche festen Grenzen sind im Prinzip nicht zu erwarten. Aber es gibt offenbar Grenzzonen, in denen Menschen sich auf die unterschiedlichste Weise gegen Formen der gesellschaftlichen Verwertung ihrer Lebenskraft massenhaft zu widersetzen beginnen.

13 vgl. Europäische Monographien zur Forschung in Gesundheitserziehung 5, veröffentlicht im Rahmen des Europa-Büros der Internationalen Union für Gesundheitserziehung und in Zusammenarbeit mit dem Regionalbüro für Europa der WHO, Köln 1983: BzgA

Literaturverzeichnis

Die Jahreszahl hinter dem Autorennamen verweist auf das Ersterscheinungsjahr der betreffenden Arbeit; wird aus einer anderen Ausgabe zitiert, ist dies an der abweichenden Jahresangabe ersichtlich, die auf die Nennung des Publikationsortes folgt.

Argelander, H. (1970). Die szenische Funktion des Ichs und ihr Anteil an der Symptom- und Charakterbildung. In: Psyche, 24:325–345.

– (1974). Über psychoanalytische Kompetenz. In: Psyche, 28: 1063–1076.

– (1980). Die Struktur der „Beratung unter Supervision". In: Psyche, 34: 54–77.

Balint, M. (1957). Der Arzt, sein Patient und die Krankheit. Aus dem Englischen von K. Hügel. Stuttgart: Klett (1964).

Beckmann, D. (1976). Paardynamik und Gesundheitsverhalten. Einige Ergebnisse einer repräsentativen Erhebung. In: Richter, H. E./Strotzka, H./Willi, J. (Hrsg.): Familie und seelische Krankheit. Hamburg: Rowohlt, pp 123–130.

Bergmann, J. E. (1967). Die Theorie des sozialen Systems von Talcott Parsons. Eine kritische Analyse. Frankfurt/Main: Europäische Verlagsanstalt.

Bernfeld, S. (1941). Psychoanalyse als Gespräch. (The facts of observation in psychoanalysis). In: Psyche, 32 (1978): 355–373.

Brähler, E. & Beckmann, D. & Müller, St. (1977). Psychosomatische Beschwerden und Schichtzugehörigkeit. In: Medizinische Psychologie, 3: 214–223.

Brede, K. (1971). Die Pseudo-Logik psychosomatischer Störungen. In: Psychoanalyse als Sozialwissenschaft. Frankfurt/Main: Suhrkamp. pp 152–198.

– (1972). Sozioanalyse psychosomatischer Störungen. Zum Verhältnis von Soziologie und Psychosomatischer Medizin. Frankfurt/Main: Athenäum.

– (1974): Problemstellungen in der psychosomatischen Medizin. In: Brede, K. (Hrsg.): Einführung in die psychosomatische Medizin. Frankfurt/Main: Fischer-Athenäum. pp 9–37.

Burgard, R. (1979). Wie Frauen verrückt gemacht werden. Selbstverlag.

Chesler, Ph. (1976). Frauen – das verrückte Geschlecht. Wien: Verlag Neue Presse.

Chorover, St. (1979). Die Zurichtung des Menschen. Von der Verhaltenssteuerung durch die Wissenschaften. Aus dem Amerikanischen von Hanne Herkommer. Frankfurt/Main/New-York: Campus (1982).

Courage (1980). Sonderheft Nr. 2.

Daten des Gesundheitswesens. (1980). Schriftenreihe des Bundesministers für Jugend, Familie und Gesundheit, Ausgabe 1980. Stuttgart: Kohlhammer.

Deppe, H.-U. & Priester, K. (1980). Grundzüge staatlicher Sozial- und Gesundheitspolitik. In: H.-U. Deppe, Vernachläßigte Gesundheit, Staat, Gesellschaft in der Bundesrepublik Deutschland. Ein kritischer Überblick. Mit Beiträgen von H.-H. Abholz u. a. Köln: Kiepenheuer & Witsch, pp 61–84.

Devereux, G. (1967). Angst und Methode in den Verhaltenswissenschaften. München: Hanser (o. J.).

Dührssen, A. (1971). Zum 25jährigen Bestehen des Instituts für psychogene Erkrankungen der Allgemeinen Ortskrankenkasse Berlin. In: Zeitschrift für Psychosomatische Medizin und Psychoanalyse, 17: 21–41.

– (1972). Analytische Psychotherapie in Theorie, Praxis und Ergebnissen. Göttingen: Vandenhoeck & Ruprecht.

Fox, R. (1977). The Medicalization and Demedialization of American Society. In: ders.: Essays in Medical Sociology, Journays into the Field. New York, Chichester, Brisbane, Toronto: Wiley & Sons. pp 465–483.

Franzkowiak, P./Wenzel, E. (1983). Risikoverhalten und Gesundheitsförderung. Überlegungen zu einem neuen Ansatz für Gesundheitserziehung, Forschung und Politik. In: Hygie. Internat. Journal für Gesundheitserziehung Nr. I, 1983/1, pp. 30–40.

Freiheit und Gleichheit. (1983). Streitschrift für Demokratie und Menschenrechte. Heft 4, Januar 1983.

Freud, S. (1905). Bruchstück einer Hysterie-Analyse. In: GW, V: London-Frankfurt/Main: Imago-Fischer. pp 161–286.
– (1926). Die Frage der Laienanalyse. Unterredungen mit einem Unparteiischen. In: GW, XIV: London-Frankfurt/Main: Imago-Fischer, pp 207–296.
Freudenberg, N. (1981). Die Rolle der Gesundheitserziehung bei der Veränderung des sozialen Umfeldes. Vorschläge für eine Strategie des öffentlichen Gesundheitswesens in den Vereinigten Staaten. In: internationales journal für gesundheitserziehung XXIV, Heft 3. pp 156–165.
Friedrich, J. (1982). Soziale Auswirkungen von Personalinformationssystemen im Betrieb. In: Arbeitskreis Rationalisierung, Bonn, (Hrsg.): Verdatet, verdrahtet, verkauft: Beiträge zum Thema Informatik und Gesellschaft. Stuttgart: Alektor Verlag. pp 65–86.
Funke, H./Jürgens, U./Watkinson, Ch. (1983). Menschenrechtsverletzungen im Betrieb: Widersprüche zwischen Arbeit und Gesundheit. In: Freiheit und Gleichheit. Streitschrift für Demokratie und Menschenrechte. Heft 4. Januar 1983. pp 73–80.
Geißler, B./Thoma, P. (1975). Medizinsoziologie. Einführung in ihre Grundbegriffe und Probleme. Frankfurt/Main-New York: Campus.
Göckenjan, G. (1980). Politik und Verwaltung präventiver Gesundheitserziehung. In: Soziale Welt 31. Heft 2. pp 156–175.
Habermas, J. (1968). Erkenntnis und Interesse. Frankfurt/Main: Suhrkamp.
Heimann, P. (1964). Bemerkungen zur Gegenübertragung. In: Psyche, 18: 483–493.
Heimbach, G. (1980). Theoretische Erklärung des Präventivverhaltens. Eine konstruktive Kritik. Dissertation. Marburg.
Helberger, Ch. (1977). Ziele und Ergebnisse der Gesundheitspolitik. In: W. Zepf (Hrsg.). Lebensbedingungen in der Bundesrepublik. Sozialer Wandel und Wohlfahrtsentwicklung. Frankfurt/Main, New York: Campus (1978^2). pp 677–741.
Hoffmann, S. O. (1979). Charakter und Neurose. Ansätze zu einer psychoanalytischen Charakterologie. Frankfurt/Main: Suhrkamp.
Holzkamp, K. (1972). Verborgene anthropologische Voraussetzungen der allgemeinen Psychologie. In: Ders.: Kritische Psychologie. Vorbereitende Arbeiten. Frankfurt/Main: Fischer. pp 35–74.
Horn, K. (1974). Das psychoanalytische als Teil eines sozialwissenschaftlichen Krankheitskonzepts. In: Informationen über Psychoanalyse. Frankfurt/Main: Suhrkamp. pp. 134–180.
– (1976). Psychoanalyse und gesellschaftliche Widersprüche. Psyche, 30: 26–49.
– (1979a). Zur gesellschaftlichen Funktion von Politischer Psychologie. Subjektivierung gesellschaftlicher Widersprüche. In: Moser, H. (Hrsg.): Politische Psychologie, Politik im Spiegel der Sozialwissenschaften. Weinheim-Basel: Beltz. pp 315–331.
– (1979b). Zur politischen Bedeutung psychoanalytischer „Technik". Hinweise für eine kritische Sozialwissenschaft. In: ders. (Hrsg.): Aktionsforschung. Balanceakt ohne Netz? Frankfurt/Main: Syndikat. pp 320–375.
– (1979c). The Societal Function of Psychoanalysis as Political Psychology. In: Sigmund Freud House Bulletin. Vol. 3, 2: 46–66.
– (1980a). Psychiatrie und Subjektivierung. In: Heinrich, K./Müller, U. (Hrsg.): Psychiatrische Soziologie. Weinheim: Beltz. pp 52–65.
– 1980b). Das wissenschaftliche und das reale Problem des Gesundheitsverhaltens von Unterschichtpatienten. In: Menne, K./Schröter, K. (Hrsg.): Psychoanalyse und Unterschicht. Soziale Herkunft – ein Hindernis für die psychoanalytische Behandlung? Frankfurt/Main: Suhrkamp. pp 177–222.
– (1981a). Prometheus als Menschenmaterial? Zur gesellschaftlichen Funktion Politischer Psychologie. In: Schülein, J. et al.: Politische Psychologie. Frankfurt/Main: Syndikat.
– (1981b). Medizinisches Versorgungssystem und Herrschaft. Bemerkungen zum historischen Stand der Rationalisierung individueller Subjektivität. In: Politische Psychologie, hrsg. von H.-D. Klingemann/M. Kaase unter Mitarbeit von K. Horn. Opladen: Westdeutscher Verlag. pp 405–416.
– (1983). Gesundheitserziehung im Verhältnis zu anderen sozialisatorischen Einflüssen. Grenzen individueller Problemlösungsmöglichkeiten. Im Auftrag der WHO, Regionalbüro für Europa: Kopenhagen. In Druck.
– /Schülein, J. (1976). Politpsychologische Bemerkungen zur Legitimationskrise. In: Kielmannsegg, P. Graf v. (Hrsg.): Legitimationsprobleme politischer Systeme. In: Politische

Vierteljahreszeitschrift (1976). Sonderheft 7, 17. Jg. Opladen: Westdeutscher Verlag. pp. 123–178.
– /Beier, Ch./Wolf, M. (1984). Krankheit, Konflikt und soziale Kontrolle. Eine empirische Untersuchung subjektiver Sinnstrukturen. Opladen: Westdeutscher Verlag.
Kernberg, O. F. (1975). Borderline Störungen und pathologischer Narzißmus. Frankfurt/Main: Suhrkamp. (1978).
Kickbusch, I. (1981). Betroffenheit und Beteiligung: Ein soziales Konzept der Gesundheitserziehung. In: internationales journal für gesundheitserziehung. Supplement für Vol. XXIV, Ausgabe Nr. 4, Oktober/Dezember 1981. pp 1–16.
Kickbusch, I./Trojan, A. (1981). Gemeinsam sind wir stärker. Selbsthilfegruppen und Gesundheit. Frankfurt/Main: Fischer.
Klüwer, R. (1974). Die Zielsetzung der Psychoanalyse und einiger anderer psychotherapeutischer Verfahren. In: M. Muck u. a.: Information über Psychoanalyse. Frankfurt/Main: Suhrkamp. pp 64–77.
Kohut, H. (1971). Narzißmus. Frankfurt/Main: Suhrkamp (1973).
Kramer, D./Kramer, H./Lehmann, S. (1976). Sozialtechnologie und soziale Bewegungen. Am Beispiel neuerer Arbeiten zur Jugend- und Studentenforschung. In: Leviathan, 4: 79–96.
Kutter, P. (1980). Konflikt und Krankheit. Das psychoanalytische Krankheitskonzept einschließlich einer psychoanalytischen Erklärung kriminellen Verhaltens. In: Psychoanalyse, 1: 8–23.
Lanc, O. (1975). Ergonomie. Psychologie in der technischen Welt. Stuttgart-Berlin-Köln-Main: Kohlhammer.
Lorenzer, A. (1970a). Sprachzerstörung und Rekonstruktion. Vorarbeiten zu einer Metatheorie der Psychoanalyse. Frankfurt/Main: Suhrkamp.
– (1970b). Kritik des psychoanalytischen Symbolbegriffs. Frankfurt/Main: Suhrkamp.
– (1972). Zur Begründung einer materialistischen Sozialisationstheorie. Frankfurt/Main: Suhrkamp.
– (1974). Die Wahrheit der psychoanalytischen Erkenntnis. Ein historisch-materialistischer Entwurf. Frankfurt/Main: Suhrkamp.
Mahler, M. S./Pine, F./Bergmann, A. (1975): Die psychische Geburt des Menschen. Frankfurt/Main: Fischer (1980).
Maurer, R. (1974). Das Subjekt der Erfahrungswissenschaft. In: R. E. Vente (Hrsg.): Erfahrung und Erfahrungswissenschaft. Die Frage des Zusammenhangs wissenschaftlicher und gesellschaftlicher Entwicklung. Stuttgart-Berlin-Köln-Mainz: Kohlhammer. pp 50–70.
Menne, K./Schröter, K. (Hrsg.): (1980). Psychoanalyse und Unterschicht. Soziale Herkunft – ein Hindernis für die psychoanalytische Behandlung? Frankfurt/Main: Suhrkamp.
Mentzos, St. (1976). Interpersonale und institutionalisierte Abwehr. Frankfurt/Main: Suhrkamp.
– (1980). Hysterie. Zur Psychodynamik unbewußter Inszenierungen. München: Kindler.
Mering, O. v./Early, W. L. (1966). Die Diagnose bei Problempatienten: Ein unterentwickeltes Gebiet der zeitgenösschen naturwissenschaftlichen Medizin. Aus dem Amerik. von K. Horn. In: Mitscherlich, A. u. a. (Hrsg.): Der Kranke in der modernen Gesellschaft. Köln: Kiepenheuer & Witsch. pp 325–331 (1967).
Metzger, H.-G. (1979). Selbstkontrolle und Selbstsicherheit. Zu neueren Techniken d. Verhaltensforschung. In: Psyche 33: 29–62.
Mitscherlich, A. (1966/7). Krankheit als Konflikt. Studien zur psychosomatischen Medizin. 2 Bde., Frankfurt/Main: Suhrkamp.
Mitscherlich, M. (1978). Zur Psychoanalyse der Weiblichkeit. In: Psyche, 32: 669–694.
Muck, M. (1974a). Krankheit, Konflikt und das Konzept der Psychoanalyse. In: Muck u.a.: Information über Psychoanalyse. Frankfurt/Main: Suhrkamp. pp 10–26.
– (1974b). Die psychoanalytische Behandlung und ihre Wirkung. In: Muck u. a.: Information über Psychoanalyse. Frankfurt/Main: Suhrkamp. pp 37–44.
– (1977). Übertragung und Gegenübertragung. In: Die Psychologie des XX. Jahrhunderts, Bd. 3, Zürich: Kindler, pp 1109–1124.
Naschold, F. (1974). Systemanalyse des Gesundheitswesens in Österreich. Eine Studie über Entstehung und Bewältigung von Krankheit im entwickelten Kapitalismus. Wien: Ms.
Overbeck, G. (1977). Das psychosomatische Symptom. Psychische Defizienzerscheinung oder generative Ichleistung? In: Psyche, 31: 333–354.

Parsons, T. (1964). Definition von Gesundheit und Krankheit im Lichte der Wertbegriffe und der sozialen Struktur Amerikas. In: Mitscherlich, A. et al. (Hrsg.): Der Kranke in der modernen Gesellschaft. Köln: Kiepenheuer & Witsch (1967). pp. 57–87.

Prokop, D. (Hrsg.): (1973). Massenkommunikationsforschung. II. Konsumtion. Frankfurt/Main: Fischer.

Prokop, U. (1976). Weiblicher Lebenszusammenhang. Frankfurt/Main: Suhrkamp.

Przytulla, H. (1972). Über die Benutzung einer bürgerlichen Wissenschaft. In: Kursbuch 29. Das Elend mit der Psyche. II: Psychoanalyse. Berlin: Wagenbach. pp 102–124.

Rammstedt, O. (1981). Subjektivität und Sozialwissenschaften. In: Schülein, J. et al. Politische Psychologie. Entwürfe zu einer historisch-materialistischen Theorie des Subjekts. Frankfurt/Main: Syndikat. pp 39–76.

Reinke-Köberer, E./Horn, K. (1979). Einige Probleme beim Wiedereinführen individueller Subjektivität in die Wissenschaft. Methodische als politische Fragen. In: Horn, K. (Hrsg.): Aktionsforschung. Balanceakt ohne Netz? Frankfurt/Main: Syndikat. pp 54–67, pp 245–277.

Renckstorf, K. (1977). Neue Perspektiven in der Massenkommunikationsforschung. Beiträge zur Begründung eines alternativen Forschungsansatzes. Berlin: Volker Spiess.

Richter, H.-E. (1972). Patient Familie. Reinbek: Rowohlt.

Ritter-Röhr, D. (Hrsg.) (1975). Der Arzt, sein Patient und die Gesellschaft. Frankfurt/Main: Suhrkamp.

Rosenbrock, R. (1980). Die Rolle der chemisch-pharmazeutischen Industrie im Gesundheitswesen. In: H.-U. Deppe: Vernachlässigte Gesundheit. Zum Verhältnis von Gesundheit, Staat, Gesellschaft in der Bundesrepublik Deutschland. Ein kritischer Überblick. Mit Beiträgen von H.-H. Abholz, P. Botschafter-Leitner, J. Breddemann, H.-U. Deppe, R. Rosenbrock, U. Schagen. Köln: Kiepenheuer & Witsch, pp. 222–256.

Rosenmayr, L./Allerbeck, K. (1979). Youth and Society. With a contribution by Michaela von Freyhold. Current Sociology, 27. London-Beverly Hills: Sage.

Scheu, U. (1977). Wir werden nicht als Mädchen geboren – wir werden dazu gemacht. Frankfurt/Main: Fischer.

Schicke, R. K. (1981). Ökonomie des Gesundheitswesens. Göttingen (Vandenhoeck & Ruprecht)

Schramm, W. (Hrsg.). Grundfragen der Kommunikationsforschung. München: Juventa (1964).

Schröter, K. (1974). Psychoanalytischer Dialog und alltägliche Kommunikation. In: M. Muck u. a.: Information über Psychoanalyse. Frankfurt/Main: Suhrkamp. pp 45–63.

– (1979). Einige formale Aspekte des psychoanalytischen Dialogs. In: Flader, D. & Wodak-Leodolter, R. (Hrsg.): Therapeutische Kommunikation. Kronberg: Scriptor. pp 179–185.

Schülein, J. (1979). Aktionsforschung als soziale Praxis. Überlegungen zu Voraussetzungen und Problemen alternativer Sozialwissenschaft. In: Horn, K. (Hrsg.): Aktionsforschung. Frankfurt/Main: Syndikat. pp 281–319.

Schütze, F. (1977). Die Technik des narrativen Interviews in Interaktionsfeldstudien – dargestellt an einem Projekt zur Entstehung kommunaler Machtstrukturen. Bielefeld: Ms.

Schwanenberg, E. (1970). Soziales Handeln. Die Theorie und ihr Problem. Bern-Stuttgart-Wien: Kohlhammer.

Siegrist, J. (1980). Expertise zur Durchführung von „Motivationsstudien zum Gesundheitsverhalten" (unter besonderer Berücksichtigung der koronaren Herzkrankheiten). Marburg: Ms.

Spitz, R. A. (1965). Vom Säugling zum Kleinkind. Aus dem Engl. von G. Theusner-Stampa. Stuttgart: Klett (1967).

Stierlin, H. et al. (1977). Das erste Familiengespräch. Stuttgart: Klett-Cotta.

Voigt, D. (1978). Gesundheitsverhalten. Zur Soziologie gesundheitsbezogenen Verhaltens. Stuttgart-Berlin-Köln-Mainz: Kohlhammer.

Wenzel, E. (1982). Health Promotion and Lifestyles. Perspektives of the WHO Regional Office for Europe. Health Education Programme. Paper presented to the 11th International Conference on Health Education, Tasmania 15.–20. August 1982 on behalf of WHO, Regional Office for Europe, Kopenhagen.

Klaus Horn/Christel Beier/Michael Wolf

Krankheit, Konflikt und soziale Kontrolle

Eine empirische Untersuchung subjektiver Sinnstrukturen

1984. Ca. 240 S. 15,5 X 22,6 cm. Br.

Die mit neuen qualitativen Methoden gemachte Untersuchung zeigt anhand reichen Fallmaterials und einer daraus entwickelten Typologie, welche Schwierigkeiten Arbeiterinnen und Arbeiter mit medizinischer Versorgung insbesondere dann haben, wenn der Definitionsprozeß ihrer Krankheit spezifisch geschulter ärztlicher Hilfe bedarf, die sie in aller Regel nicht bekommen. Die Ergebnisse zeigen, daß die gängige Annahme, Unterschichtpatienten könnten über Krankheit bzw. pathogen wirkende Konflikte nicht reden, falsch ist. So ergibt sich – mit dem Ziel der Reduktion persönlicher und gesellschaftlicher Kosten – die Forderung ans Medizinsystem, methodisch regulierte Gesprächsmöglichkeiten jenseits der spezialisierten Psychotherapie zu institutionalisieren, um am Rand des Versorgungssystems Primärprophylaxe zu betreiben.

Inhalt: Einleitung: Die gesellschaftliche Bedeutung von Gesundheit, „Krankheit als Konflikt" und Aufklärung – Das Scheitern leib-seelischer Selbstaneignung, der Prozeß der Rationalisierung und unser Forschungsparadigma – Die Methode der Untersuchung: Szenisches Verstehen als empirische Hermeneutik in den Sozialwissenschaften – Das szenische Interview – Dateninterpretation und Auswertungsverfahren – Typen von Krankheits- und Konfliktverhalten: Abwehr und Thematisierungstendenzen – Geschlechtsspezifische Differenzierung im Krankheitserleben und Konfliktverhalten – Literaturverzeichnis.

Westdeutscher Verlag

Jochen Gerstenmaier/Frank Nestmann

Alltagstheorien von Beratung

1984. 227 S. 15,5 X 22,6 cm. (Beiträge zur psychologischen Forschung, Bd. 1.) Br.

Diese Studie ist das Ergebnis einer empirischen Untersuchung der beruflichen Alltagstheorien von Praktikern der psychosozialen Beratung. Es werden die Wechselwirkungen zwischen sozialen Deutungsmustern und deren Rahmenbedingungen — insbesondere die Struktur der Organisation und die Qualifikationen der Berater — analysiert. Ziel dieser qualitativ orientierten Studie war, anhand von beruflichen Selbstdefinitionen zu einer Klärung von Beratungskonzepten zu kommen, die in der Praxis von Bedeutung sind. Zugleich wurden sonst eher formalisierte Modelle wie implizite Persönlichkeitstheorien oder Situationskognitionen inhaltlich stärker gefaßt und Konsequenzen für die Ausbildung von Beratern in diesem Tätigkeitsfeld sichtbar gemacht.

Christiane Schmerl

Drogenabhängigkeit

Kritische Analyse psychologischer und soziologischer Erklärungsansätze

1984. VIII, 202 S. 15,5 X 22,5 cm. Br.

In dieser Arbeit werden die individualistischen Drogentheorien aus Psychologie und Psychiatrie ausführlich kritisiert und neueren, in der BRD noch wenig diskutierten amerikanischen Ansätzen gegenübergestellt, die stärker dynamische, mikrosoziale Prozesse berücksichtigen. Die Analyse wird durch eigene Untersuchungen erhärtet, sowie durch Berichte über das bisher kaum untersuchte Phänomen des „Herauswachsens" aus der Abhängigkeit ergänzt und schließlich konkretisierend zu drogenpolitischen Forderungen fortentwickelt, die sich auf die bundesdeutsche Situation beziehen.

Westdeutscher Verlag